D0825520

Robert Evans

Una (breve) historia del vicio

ROBERT EVANS

UNA (BREVE) HISTORIA DEL VICIO

Cómo el mal comportamiento construyó la civilización

edaf

2017

www.edaf.net

Madrid - México - Buenos Aires - Santiago

Diseño de cubierta: Gerardo Domínguez

Editorial Edaf, S.L.U.
Jorge Juan, 68. 28009 Madrid
Tel. (34) 91 435 82 60
http://www.edaf.net
edaf@edaf.net

Algaba Ediciones, S. a. C.V.
Calle 21, Poniente 3323, entre la 33 sur y la 35 sur
Colonia Belisario Domínguez
Puebla 72180 México
522222111387
jaime.breton@edaf.com.mx

Edaf del Plata, S. A.
Chile, 2222
1227 Buenos Aires (Argentina)
11 43 08 52 22
edaf4@speedy.com.ar

Edaf Chile, S. A.
Coyancura, 2270 Oficina, 914
Providencia, Santiago de Chile
Tel. (56) 2/335 75 11 - (56) 2/334 84 17
Fax (56) 2/231 13 97
e-mail: comercialedafchile@edafchile.cl

Primera edición: febrero de 2017

ISBN: 978-84-414-3726-5
Depósito legal: M-1607-2017

PRINTED IN SPAIN IMPRESO EN ESPAÑA

COFÁS, S. A. - Móstoles (Madrid)

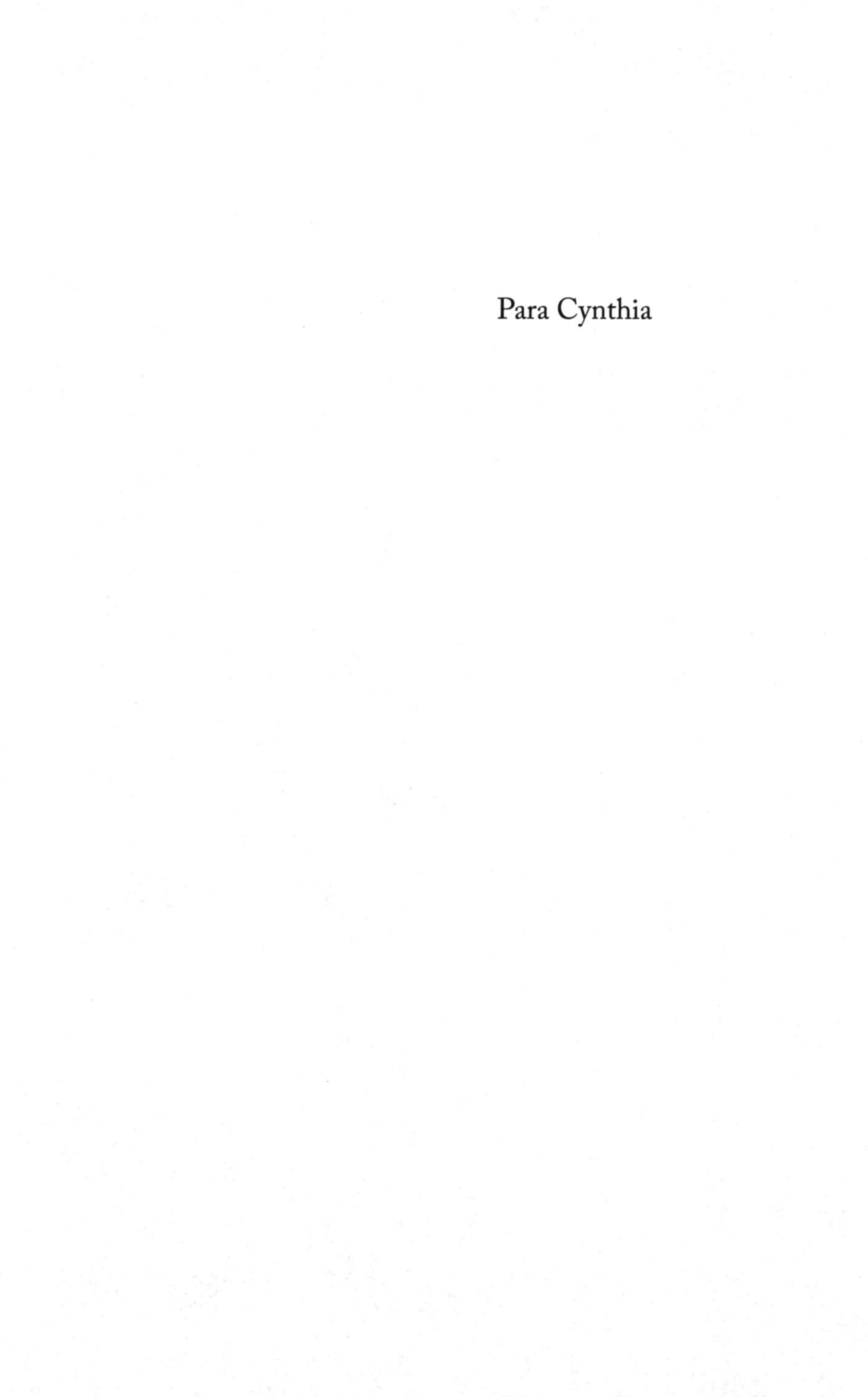

Para Cynthia

Índice

Introducción

Cuando estaba en quinto grado, un agente del DARE[1] vino a nuestra clase a darnos una conferencia sobre los peligros de los estupefacientes. Se dedicó a visitarnos una vez por semana, durante un par de meses, trayendo consigo carteles con imágenes de drogas y explicándonos sucesos y «datos» terroríficos acerca de los diversos narcóticos. Estoy convencido de que aprendí un montón de insensateces acerca de los agujeros que hace la MDMA[2] en el cerebro y sobre las muertes psicóticas que produce aspirar gasolina, pero no recuerdo que esas clases me parecieran ridículas. Mi ciudad, Plano, en Texas, era en esa época la capital de la heroína en los Estados Unidos. Diez jóvenes planenses murieron de sobredosis, solo ese año.

Muchos de mis profesores conocían al menos a alguno de los chicos que murieron en lo que el articulista de *Rolling Stone,* Mike Gray, denominó la «Matanza de la heroína de Texas». Eso fue algo que espantó a todos los padres de la ciudad. Y el resultado fue que nuestro programa de educación sobre drogas se triplicó por culpa de la epidemia de miedo. Cualquier posible droga en la que pudiéramos iniciarnos, y eso incluía al alcohol o el tabaco, era considerada una posible puerta a una inyección de muerte en nuestros

[1] Drug Abuse Resistance Education. Programa dirigido a los jóvenes para prevenir la drogadicción, en EE. UU. (N. del T.)

[2] Metilendioximetanfetamina, más conocida como *éxtasis* (N. del T.)

brazos. Al concluir ese curso de DARE, mis compañeros y yo firmamos una declaración, prometiendo que nunca tendríamos nada que ver con las drogas.

Esa filosofía del DARE, de «no hay nada como la sobriedad», no caló en mí. Tampoco creo que lo hiciera en la *mayoría* de los chicos que siguieron el cursillo. En 2009, un análisis a partir de veinte estudios sobre la eficacia de los programas DARE llegó a la conclusión de que los adolescentes que participaron en el programa no resultaron menos proclives a experimentar con drogas que los que no lo hicieron.

Yo no tardé mucho en comenzar a experimentar. Bebí mi primer trago a los diecisiete, mi primera calada de hierba a los diecinueve y tuve mi primera experiencia con alucinógenos como un par de meses más tarde, cuando un amigo y yo tomamos grandes dosis de un «fármaco experimental» (una droga demasiado nueva como para haber sido declarada aún ilegal) llamado 2Ci. Mi amigo la compró a alguna dudosa compañía canadiense usando una moneda antecedente de los Bitcoins. Y, mientras yo me iba extasiando con la plétora de estupefacientes del siglo XXI, el gobierno de los Estados Unidos iba abandonando poco a poco su guerra contra la marihuana y, a disgusto, comenzaba a aprobar lo que serían las primeras investigaciones sobre el uso medicinal de las drogas realizadas en una generación.

Eso era parte de una tendencia más amplia: la población estaba comenzando a adquirir una nueva percepción de todo aquello que otrora llamó *vicio*. En 2003, el valor terapéutico del trabajo sexual se confirmó cuando la subrogación sexual (esto es: gente que tiene relación sexual con sus pacientes para ayudarles a superar alguna disfunción sexual) se legalizó en todo el país. El desnudo integral y la exhibición explícita del acto sexual han pasado, del territorio de la pornografía y de unas pocas películas de arte y ensayo, a jugar un papel importante en algunos de nuestros programas más populares de televisión. Nuestra actitud nacional hacia las drogas deriva con lentitud desde un «Dile no» a un «Podría ser, a veces, Sí».

El vicio está recuperando las simpatías del público. En estos últimos años, es muy probable que hayan leído artículos como el que se publicó en el *New York Times* en 2013, con el título de "How Beer Gave Us Civilization"[3], en el que se adelantaba la idea de que los primitivos seres humanos comenzaron a instalarse en granjas para poder producir más cantidad de bebida fermentada. Pero, como comprendí al hablar con el científico que estaba detrás del estudio citado en ese artículo, la teoría real es mucho más interesante. La «cerveza», por sí sola, no alumbró a la civilización. Fue el deseo de lograr mejor y mayor abastecimiento para las fiestas lo que lo hizo. Eso es hablar de cerveza, sí, pero también de montañas de comida y música, que es lo que llevó al nacimiento de la civilización humana.

Literalmente, comenzamos a construir pueblos y, al cabo, ciudades, para poder hacer fiestas más divertidas.

Verán: soy un nerd[4]. Por eso, cuando me doy cuenta de que algo me atrae (en este caso, el «libertinaje en general»), mi impulso natural es lanzarme a leer cuanto pueda sobre el tema. Así fue como aprendí que una de las primeras grandes victorias de la causa de los derechos de la mujer fue gracias a una prostituta que llegó a emperatriz. Es así también cómo aprendí que la actual ciencia genética fue posible gracias a dos viajes en ácido de dos científicos diferentes.

Y, según he ido aprendiendo más sobre las formas prodigiosas en las que el vicio ha cambiado la historia humana, he ido leyendo sobre las formas —extintas hace mucho— en las que la gente solía disfrutar de sus vicios. La verdad es que estuve inspirado. Experimenté con pipas nasales de los antiguos nativos norteamericanos. Comí bolas de café y mantequilla al estilo de los antiguos etíopes. Estuve sin comer durante cuatro días y bebí vino mezclado con cebada y queso, para comprobar si eso me daría un viaje como los que tenían los antiguos filósofos griegos. Perseguí la fórmula de una mítica bebida alucinógena hecha al meter salamandras ponzoñosas en bebida alcohólica.

[3] Cómo la cerveza nos aportó civilización

[4] Término algo despectivo, como friki, que se aplica a los devotos de la ciencia y tecnología, que están siempre buscando, experimentando, estudiando en esos campos (N. del T.)

El libro que sigue a esta introducción contiene todo lo que he aprendido acerca de las cosas que fingimos que no nos gustan cuando estamos en sociedad. Es un homenaje a los pioneros valientes y borrachos que construyeron nuestra civilización global. Al leer este libro, se armará con algo más que la información precisa; obtendrá sus propias guías para recrear paso a paso las estupefacientes experiencias de nuestros antepasados. Espero que lo que he escrito aquí le ayude a apreciar la importancia del vicio en nuestra historia humana común y a entender que, si somos capaces de llegar más arriba que cualquier pueblo precedente, se debe solo a que reposamos sobre los hombros de gigantes.

CAPÍTULO 1

La Madre Naturaleza: el primer tabernero de la historia

La lección de historia más importante que jamás haya recibido comenzó con un gran cubo blanco, lleno de fruta podrida, en la cocina de mi primer apartamento.

Yo tenía entonces diecinueve años. Era demasiado joven para comprar bebida, pero demasiado mayor para pasar sobrio los fines de semana. Estaba en un dilema. Por supuesto, conocía a gente de más de veintiún años dispuesta a comprarme alcohol. Pero la mayor parte de ellos eran tan dudosos como cabe esperar de tipos capaces de comprar alcohol para adolescentes. Por otra parte, era lo bastante pobre como para que mis alternativas a la hora de adquirir bebida se limitasen a botellas de seis dólares de garrafón y, si estaba de verdad desesperado, *Boone's Farm*[5].

No obstante, un buen amigo hacía cerveza en su cocina y me inició en la química básica del proceso de fermentación. Yo sabía que todo comenzaba con la levadura, esos hongos unicelulares que forman grandes colonias, que se ceban en el azúcar y producen alcohol. Los cerveceros tan solo tenían que meter levadura, un puñado de materia vegetal con azúcares y en descomposición, y agua en un recipiente, y

[5] Una especie de fermentado de manzana, de baja graduación (N. del T.).

dejarlo todo asentar por un tiempo hasta que, al final, se produce la cerveza.

Pero no podía permitirme elaborar cerveza. Una unidad de dos litros sale por cuarenta dólares en ingredientes; una fortuna en la escala de los adolescentes. Por suerte, había una forma más sucia y fácil: podía comprar un lote de fruta barata, triturarla, echarla en un cubo con agua y levadura, y esperar a que se volviese algo extraño pero embriagante. Mis amigos y yo llamábamos a la bebida resultante «vino del indigente» y aquí les dejo la receta.

Ingredientes

1 cubo de veinte litros, de calidad apta para alimentos
1 tramo de manguera, de un dedo de diámetro, más o menos
1 cubo más pequeño
La suficientes piñas/naranjas/manzanas/cualquier otra fruta que sirva para llenar el cubo hasta la mitad.

Instrucciones

Pelar y picar la fruta, y llenar con ella el cubo hasta la mitad. Reducirla a pulpa y añadir entonces agua y azúcar de caña, si de verdad quieren poner su sobriedad a prueba. Si son tan pobres como yo lo era, pueden conformarse con el cartón de dos litros de concentrado de zumo de fruta que venden en los hipermercados, en vez de la fruta honrada y temerosa de Dios. Añada un paquete de levadura (levadura de pan *Fleischmann* sirve a la perfección) a la mezcla, remueva y ponga la tapa.

Aquí viene la parte crítica: la bebida emite un montón de CO_2 mientras está fermentando. Tendrá que hacer un pequeño agujero en la tapa del cubo y pasar la manguera, desde allí hasta el cubo pequeño, que debe estar lleno de agua. Eso permitirá que escape el suficiente CO_2 como para que su cubo grande no explote convertido en metralla de plástico tan aguda como dolorosa. (Si no mete la manguera en agua, se va a encontrar con trocitos de fruta dispersos por todos lados). Alternativamente, pueden comprar lo que se conoce como válvula de seguridad en su almacén de bebida local, así como un cubo de plástico de veinte litros para fabricar bebida, con su agujero y todo. Sea como sea, dejen reposar ese vil brebaje de dos a cuatro semanas.

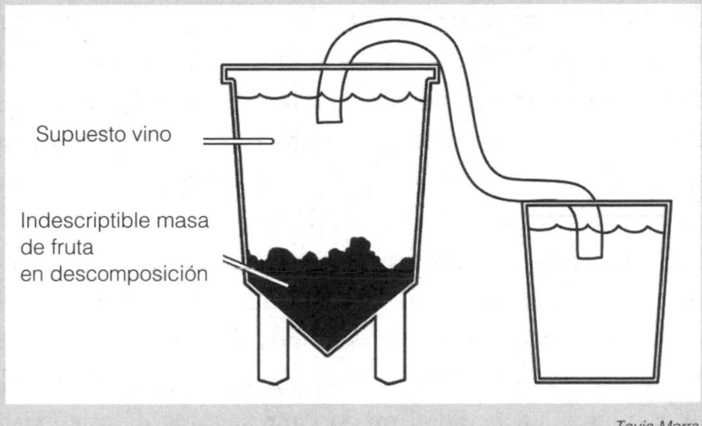

Tavia Morra

Mi primera cosecha de vino del indigente estuvo bullendo en la cocina durante tres semanas, antes de que destapásemos para decantarlo en botellas. No voy a pretender que el brebaje oliese *bien*, pero quisiera recordarles que yo tenía diecinueve años y que estaba viviendo en mi primer apartamento. El olor de la fruta en fermentación distaba mucho de ser el peor olor de esa cocina. Lo que importa es que funcionó. Había producido una bebida alcohólica.

Era ligeramente ácida, un poco dulce y con regusto con algo más que trazas a pan mohoso. Pero también tenía ese ardor delator del alcohol al deslizarse por mi garganta y, hacia el tercer vaso yo ya no estaba sobrio y, por tanto, era mucho menos crítico con respecto al sabor. En aquel momento, todo lo que sabía que había encontrado la clave para ser un adolescente borrachín sin dinero. Solo años más tarde, mientras investigaba para este libro, comprendí que mi joven yo había recreado, sin querer, algo que se parecía mucho al primer brebaje que se trasegaron nuestros antepasados primates.

Antiguo alcohol en el reino animal

Los humanos no somos la única especie que aprecia el alcohol. Ni siquiera somos los únicos con tendencia a llevar ese aprecio demasiado lejos. En 2002, un grupo de elefantes (machos jóvenes, por supuesto) invadieron un pueblo de Assam, en la India, robaron cierta cantidad de vino y se entregaron a una juerga violenta y ebria que les costó la vida a seis personas. Por tanto, los problemas con el alcohol no son exclusivos del *Homo sapiens*, aunque, desde luego, somos de las especies que va más lejos con el asunto del alcohol.

Resulta fácil de imaginar a algunos hambrientos humanos de la antigüedad metiéndose en la boca un puñado de frutos de marula[6] en descomposición y, a los pocos segundos, descubrir que sabe *condenadamente bien*. Pero la historia de la iniciación de la humanidad al alcohol comienza en realidad mucho antes, antes de que existieran los hombres y las mujeres, o cualquier cosa que se les pudiera parecer remotamente. Nuestra capacidad para metabolizar el alcohol y, por tanto, para emborracharnos, surgió en alguno de los primates más antiguos de la tierra. La encima ADH4 que nos permite (a nosotros, a los gorilas y a los monos) digerir alcohol, y la variante de esa encima que permite a nuestras especies apreciar el etanol del whisky sour apareció hará unos *diez millones* de años.

Eso significa que ha habido homínidos empinando el codo desde mucho antes de que aparecieran los seres humanos. La pregunta obvia es: *¿Por qué mantenemos esta adaptación?* Los primates que comenzaron a emplear el alcohol debieron obtener algún tipo de recompensa por esa tolerancia, así como por su deseo de buscar más. Y recompensa en esta última frase significa «que tenían cantidad de sexo animal borracho y esporádico». Una ojeada al azar a la calle principal de su ciudad, un viernes por la noche, ilustrará la parte más embaru-

[6] Árbol de la misma familia que el mango, que crece en África y da frutos carnosos (N. del T.)

llada de esta historia: los borrachos no son buenos para nada que no sea comenzar peleas, vomitar por las ventanas de los automóviles y tener problemas de erección.

Y, aun así, el alcohol es una droga que sabemos que nuestros abuelos y abuelas primates, empleaban hace ya millones de años. Entonces, ¿por qué nos gusta beber de más? La respuesta más extendida se basa en una teoría científica cuyo nombre no puede ser más acertado...

La hipótesis del mono borracho

Según la «hipótesis del mono borracho» existe una razón muy sólida para que nuestros antepasados comenzasen a beber incluso antes del equivalente a las cinco de la tarde en la línea evolutiva temporal. La hipótesis del mono borracho (sí, ese es el nombre que le dan) sostiene que beber de forma regular acarreaba beneficios sustanciales a nuestros adorables y peludos ancestros.

En el momento en el que la fruta comienza a fermentar, ha madurado hasta su punto máximo. *Maduro* significa también «lleno de azúcar» y, por tanto, pletórico de calorías. Uno necesita un montón de calorías cuando se pasa el día colgando de los árboles y huyendo de los jaguares. Después de todo, uno de los efectos secundarios más conocidos del alcohol es la barriga cervecera. La cerveza y el vino y el licor tienen muchas calorías. El hábito del consumo habitual de bebida, combinado con el comer de forma regular lleva a un animal al sobrepeso. Los seres humanos actuales no son nada fans de todas esas calorías extras, pero eso se debe a que los establecimientos de comida rápida están llenas de ellas y todas bien dispuestas a acomodarse en nuestras cinturas.

Uno de los mayores desafíos para cualquier especie en estado libre es algo tan simple como no morir de hambre. Cuando para ir del punto A al punto B solo puede hacerse andando o corriendo, y ser tiene que cazar y recolectar para comer, uno carga combustible por encima de lo justo para seguir vivo. El alcohol garantizaba a nuestros ancestros más de esas preciosas calorías, necesarias para la vida. Y el aroma delator de la fermentación les resultaba una manera fácil de saber cuándo un alimento estaba en su momento más calórico. Coger un buen pedo suponía la suficiente ventaja como para que nuestros retatarabuelos simiescos desarrollasen narices *especialmente orientadas* a captar el olor del etanol.

Los científicos han ido incluso tan lejos como para confirmar que beber alcohol, al tiempo que ingieren comida, aporta más calorías que si solo se hace lo segundo. Mezclar bebercio y comida es tan buena estrategia de supervivencia como para que solo los monos que bebían fueran los que conseguían lo suficiente como para trasmitir sus genes. Y sí, hay pruebas científicas, sólidas y abundantes, que soportan esta teoría.

Frank Wiens y Annette Zitzmann, expertos en fisiología animal de la universidad de Bayreuth, Alemania, constataron en 2008 que las musarañas arbóreas de cola prensil parecen preferir ingerir calorías a partir del néctar de frutas fermentadas, antes que de ninguna otra cosa.

Las musarañas arbóreas de cola prensil son dignas de mención porque, aparte de que parecen el cruce entre un mapache y una pera,

En términos evolutivos, este es el tío lejano del que mamá evita hablarnos.

están consideradas la viva imagen de los primeros pre primates, genéticamente hablando. Y, puesto que estos seres tienen mucho en común con nuestros ancestros más primitivos, también comparten algo con los estibadores rusos; por ejemplos, la habilidad de meterse entre pecho y espalda ocho o nueve copas en una noche sin inmutarse. Las musarañas arbóreas de cola prensil viven su vida como un deambular por un bar gigante, con las ramas de los árboles haciendo de grifos y el néctar de palma fermentada a modo de cerveza artesanal.

Ese néctar, invadido por levaduras transportadas de manera natural por el aire, puede tener un 3 o 4% de alcohol en el momento en el que las musarañas comienzan a empinar el codo. Nueve cervezas parecen demasiado para que una rata-mono chiquitita pueda manejarse sin peligro de estar demasiado beoda como para esquivar el peligro. Pero la musaraña arbórea de cola prensil ingiere alcohol como un Boris Yeltsin. El hecho de que las junglas de Malasia no estén llenas de musarañas borrachas cayendo del cielo y espachurrándose es la prueba de que el alcohol no les afecta de igual manera que a nosotros.

Repitamos: los científicos suponen que la musaraña arbórea de cola prensil se parece mucho a nuestros primeros ancestros primates. Eso sugiere que nuestra habilidad de disfrutar de los efectos intoxicantes del alcohol se desarrolló *después* de nuestro deseo de buscarlo y consumirlo. Comenzamos nuestra relación con el alcohol gracias a que nos dejaba menos a merced del hambre. Con el tiempo, conseguimos ponernos erectos y, al cabo, inventar Netflix. En algún punto a lo largo de todo ese tiempo también conseguimos emborracharnos, y no solo engordar, gracias al alcohol.

A día de hoy, el alcohol es el intoxicante más consumido de la tierra. Gastamos alrededor de unos diez mil millones de dólares, en todo el mundo, para mamarnos y también para propósitos más sacros que la borrachera; las iglesias cristianas de todo el mundo emplean el vino para simbolizar la sangre de su dios. Los antiguos griegos y romanos tomaron la vía opuesta y convirtieron al alcohol en un dios, Dionisos. No existe ninguna droga en toda la tierra que nuestra especie haya llevado tan lejos o le haya dado tanta creatividad como el alcohol. Y todo empezó con el néctar fermentado de palma.

La curiosa historia de las palmeras y el alcohol

Las palmeras, por sí solas, casi bastan para hacer creer en la existencia de un Dios amigo del bebercio. La palmera *bertam*, la favorita de las musarañas arbóreas de cola prensil, es en esencia un bar viviente. Segrega un flujo constante de néctar a través de centenares de florecillas durante mes y medio, cuando su polen madura. Esas flores se ven invadidas por una clase especial de levadura, que fermenta el néctar de manera inmediata. Los pequeños animales, como la musaraña arbórea, se ven atraídos por el aroma del azúcar y el reclamo irresistible de un bar abierto.

Visitar la taberna de la palmera del vino beneficia tanto a los pequeños alcohólicos peludos como al árbol. Las musarañas arbóreas tienen surtidores abiertos para atiborrarse y la palmera consigue un pequeño ejército de borrachos que le ayudan a llevar su polen por todos lados. El mecanismo asombra por su complejidad: las levaduras se nutren de los azúcares del néctar y el aroma a bebercio de esos azúcares fermentando atrae a las musarañas arbóreas, a los perezosos y a otros animales. Mientras que cada palmera *bertam* segrega néctar tan solo un corto periodo por año, los individuos de las distintas especies son fértiles en diferentes épocas de ese año, asegurando un suministro regular de cerveza libre a los variopintos borrachines de Malasia.

La palmera *bertam* no es la única especie de palmera capaz de proporcionar priva a los primates. La *Phoenix dactylifera*, la palmera datilera, está considerada una de las primeras fuentes de alcohol de la humanidad. El jarabe producido por la palmera datilera contiene mucho azúcar y las plantas mismas son acogedoras con la levadura, por lo que cada planta es, básicamente, su propia barrica cervecera.

Fermentar cerveza de cualquier graduación lleva de dos a tres semanas y, por lo normal, un poco más. Una vez extraída y expuesta al aire, el sirope de palmera puede alcanzar un 4% de alcohol en tan solo *dos horas*. En algunos lugares de Sri Lanka y Malasia, se prepara todavía mucho vino de esta forma. No es nada raro encontrar a gente que bebe más de un litro al día. Este vino de palma se suele consumir al día o así de fermentar (resulta obvio que el sabor no envejece bien).

Hablé con el doctor Brian Hayden, un arqueólogo que ha dedicado gran parte de su vida al noble propósito de estudiar los hábitos de bebida de los antiguos humanos. Me señaló que la facilidad con la que la savia de palmera fermenta es una solución perfecta para los musulmanes que quieren empinar el codo y al tiempo negarlo de manera plausible.

«Estuve trabajando en el Norte de África cierto tiempo y la savia de palmera que suelen vender en los mercados... bueno, se supone que los musulmanes no beben alcohol pero eso está fermentando mientras lo compras. Burbujea».

El jarabc dc palmcra cs algo así como lo contrario de la miel. Los humanos los han usado a ambos para hacer bebidas alcohólicas desde tiempos inmemoriales. Pero la miel tarda largo tiempo para fermentar: la mayor parte de los hidromieles (vinos a partir de la miel) tardan muchos meses en estar listos. Incluso el moderno hidromiel rápido, que se hace con frutos para suministrar a la levadura azúcares de fermentación más fácil, tarda sus buenos seis meses en dar bebida. Por el contrario, el sirope de palmera se convierte en bebercio casi de inmediato, pero luego va empeorando.

Está claro que las palmeras nos querían borrachos y rápido. Por el otro lado, me imagino que las abejas se cabrearían y mucho con nosotros si supieran que convertimos su preciosa miel en combustible para los malos hábitos. Pero la relativa dificultad de fermentar la miel y los peligros que conllevaba obtenerla, hacían del vino de miel el más cotizado para los antiguos bebedores. El vino de palma nunca se difundió a escala global, pero seguro que puede acercarse a su licorería local y conseguir hidromiel.

No puedo evitar sentir cierta tristeza ante todo esto. Hemos olvidado nuestras raíces. Los primates no se iniciaron en los prodigios y los terrores del alcohol gracias a las abejas. La palmera del vino no existía hace diez millones de años, pero hay una buena probabilidad de que algo muy parecido a la palmera datilera fuera uno de los primeros taberneros de la tierra.

Y, ¿a qué habrían sabido sus bebidas? Bueno…

Cómo hacer: brebaje de Ur.

Voy a responder en el acto a la pregunta, antes de dar la receta. El brebaje de Ur sabe a rayos. A menos que sea un absoluto adicto a lo dulce o tenga una obsesión, rayana en lo sexual, con el sabor del jarabe para la tos, no le va a gustar el brebaje de Ur. Tendrá que esforzarse por acabar una copa de eso. Pero si lo que le he descrito le suena bien o si odia a sus compañeros de bebida, esto es lo que necesita…

Ingredientes

Setecientos gramos de jarabe puro y orgánico de palma
Trescientos cincuenta gramos de agua (opcional)
1 paquete de levadura
1 cubo de cuatro litros y válvula

Eso de encontrar jarabe de palma es más fácil de decir que de hacer. Había pensado emplear azúcar de una palmera datilera, ya que parece que fue la primera palmera productora de azúcar con la que interaccionaron los humanos. Fue fácil conseguir jarabe hecho a partir de dátiles, pero no la savia del árbol. En parte, eso tiene que ver con el hecho de que países como Bangladesh han prohibido la venta (o exportación) de la savia de palmera datilera, por su tendencia a infectarse con horrorosas enfermedades trasmitidas por los murciélagos.

El jarabe de la palmera datilera se cosecha de la forma más simple posible. Alguien hace un agujero en el árbol, con un machete, y luego cuelga un cubo debajo para recoger la savia durante la noche. Los murciélagos salen de noche y, por culpa de la deforestación rampante, los cubos de savia gratis son una de las pocas fuentes de alimento fiables que les quedan. Así que sorben el exudado de datilera y, en el proceso, dejan ahí fluidos propios. Por desgracia para los amantes de sabia de todo el mundo, esos fluidos a veces contienen el mortífero virus *nipah*.

Sin entrar en demasiados detalles, el *nipah* mata de verdad a la gente. No hay vacuna ni cura, y los dirigentes locales han optado por prohibir la savia de palmera, antes que asumir el riesgo de epidemias mortales. Así pues, nada de savia de palmera datilera. Por suerte, la palmera datilera y la palmera del vino no son las únicas especies sacarosas que hay en el planeta. El sureste asiático y la India son el hogar de la *Caryota urens*, que es muy similar y produce una savia superazucarada que se vende en forma de jarabe en algunas zonas de Oregón y California. Pueden comprar buscando en google «Kandy Mountain».

Instrucciones

Aquí, el objetivo es recrear el primer y accidental sorbo de alcohol que dio un primate. No merece la pena ser sofisticado. Tan solo tome su jarabe de palma, échelo en su tina cervecera y añada la levadura. Eché también agua en mi tina, sobre todo para enjuagar las onzas extras de jarabe en mis botellas. El lote de *Kandy Mountain* sale caro y no quise desperdiciar ni una gota.

La fermentación debe comenzar casi de inmediato. Mi lote se convirtió en una masa de espuma blanca gaseosa en un par de horas. Por la noche, la válvula burbujeaba como loca. La levadura hizo su trabajo con alegría. Veinticuatro horas más tarde, pude escanciar como medio litro de brebaje de Ur en mi copa y me armé de valor para catarlo. Incluso aguado, sabía fuerte y muy dulce, como un tiro mediocre de bolos.

Contenía alcohol, sí, pero en cantidad muy moderada, como de un 2 a 3 por ciento. Beber ese medio litro me hizo sentir como si hubiera masticado medio litro de zumo de naranja mezclado con trozos de papel de aluminio. Era casi insoportable. Conseguir emborracharse con brebaje de Ur habría necesitado un acto de voluntad titánica. Pero eso no quiere decir que no tuviera nada positivo. El subidón de azúcar fue maravilloso. Pegué el primer trago a altas horas de la noche, después de un día agotador, y al poco de acabar mi copa ya estaba de pie y en marcha, limpiando y organizando mi habitación a un ritmo espasmódico y maníaco, que recordaba más al Adderall[7] que al alcohol (el consiguiente golpe de azúcar fue tan espantoso como suponen).

Compartí mi brebaje de Ur con mi prometida, Magenta. Ella tiene una acusada querencia por el dulce y yo quería asegurarme de que aquello no solo resultaba repugnante para un paladar como el mío. También lo encontró demasiado dulce y no pudo ni siquiera beber lo suficiente como para lograr un subidón de azúcar. Así que me decidí a esperar y dejarlo fermentar dos días más, antes de compartirlo con un grupo de amigos.

Tampoco eso funcionó. De las seis personas a las que convencí para probar el brebaje de Ur, solo una lo encontró de gusto agradable y lo comparó con un licor como el Kahlúa. La reacción de mi amigo y colega David Bell fue más estándar:

—Te reto a que trates de emborracharte con esto. Así es como yo imagino que sabe el semen con un toque de gaseosa. Es un ascazo.

Casi tenía razón. El brebaje de Ur es imbebible a palo seco. Pero tiene un uso y me gustaría introducir a los lectores en un nuevo cóctel con un ingrediente muy antiguo.

El café a la Ur

El único sujeto del grupo de prueba al que le gustó el brebaje de Ur sugirió echar un chorro en una taza de café negro caliente. Vertí un golpe del brebaje de Ur en un tazón de café, removí con energía y me lo bebí. Ahora estaba delicioso. No me gusta el café con azúcar, pero añadir el brebaje de Ur le da un agradable toque de dulzura a una taza de café muy amargo. Maridó con el sabor natural del café a la perfección y, mientras que el contenido de alcohol no era particularmente destacable, el aumento de energía del azúcar mezcló bien con la cafeína.

[7] Droga psicoestimulante que se emplea para el tratamiento de la narcolepsia y del trastorno de lahiperactividad con déficit de atención. También tiene propiedades estimulantes y afrodisíacas. (N. del T.).

El café a la Ur no es la mejor bebida para empezar el día. El alcohol a primera hora de la mañana no es para la mayoría de la gente y, si usted es un bebedor temprano, sacará mucho más partido a su inversión optando por un Bloody Mary o un tradicional café irlandés. Recomiendo el café a la Ur para una bebida de media tarde. Prepare unas cuantas tazas para sus amigos y usted mismo, antes de salir a un concierto, un bar o cualquier otra actividad en la que tenga planeado beber. Suministra la suficiente energía como para transitar a través de la caída de la tarde.

Pruebe la receta en usted mismo, mézclela con café para comprobar el gusto y tómela al comienzo de una larga noche de alcohol (responsable). Deje que la empalagosa y burbujeante dulzura le conecte con los primeros primates que comenzaron a llevarnos por un largo y sinuoso camino que habría de conducir, millones de años después, a cada vaso de cerveza artesanal, vino o licor refinado que pueda haber bebido.

Capítulo 2

Música: ¿La primera droga?

¿Es la música una droga?

Según el *Oxford English Dictionary*, una droga es cualquier sustancia «que tiene un efecto fisiológico cuando se ingiere o se introduce de cualquier otra manera en el cuerpo». Clasificar al sonido como «sustancia» ya resulta dudoso de partida. Aunque las ondas sonoras estén formadas por átomos, que tienen masa.

Una pregunta más fácil de responder es: ¿tiene el sonido un efecto fisiológico sobre el cuerpo humano? La respuesta más breve es *sí*. La respuesta larga está en lo que va a leer a continuación y comienza con un doctor de la universidad de Columbia llamado Oliver Sacks. Fue un pionero en el campo de la Drogadicción Musical. Antes de morir en 2015, el Dr. Sacks empleó la música para tratar a un abanico de pacientes, lo que incluía a personas paralizadas por la enfermedad de Parkinson y a niños con trastorno de déficit de atención. Su trabajo con este último grupo es en especial relevante para este libro, ya que la forma en la que la música ayuda a los afectados por el síndrome de déficit de atención da mucho que pensar.

Las personas con trastornos de déficit de atención (TDA) suelen tener una variación genética en el receptor de la dopamina en el cerebro. Leeremos más sobre esta interesante mutación, la DRD4-

7R, en un capítulo próximo. Pero, de momento, es importante que conozcan que la DRD4-7R se asocia con esa clase de personas que se entregan a la búsqueda de lo novedoso más que la mayoría. Están motivados a probar experiencias nuevas porque su cerebro no les recompensa con más dopamina que si atienden a lo inmediato y se centran, como hacen los cerebros de aquellos que tienen receptores normales.

La dopamina es la zanahoria que nos enseña nuestro cerebro. Es el neurotransmisor responsable de todos los sentimientos de satisfacción en nuestra vida. Es la sustancia química que nos provoca el famoso subidón de la victoria. Las personas con TDA pueden beneficiarse de terapias que enseñan a sus cerebros a liberar más dopamina cuando están, por ejemplo, sentados y leyendo con calma. Y, como es lógico, la música, es una de las formas de abrir de forma artificial las compuertas de nuestra caja fuerte cerebral de dopamina.

Dos científicos, Valorie Salimpoor y Mitchel Benovoy, lideraron un estudio de 2011 publicado en *Nature Neuroscience*, que empleó Imagen por Resonancia Magnética Funcional (IRMf) para confirmar que la música induce a la gente a liberar dopamina. Observaron que los sujetos experimentaban placer intenso e incluso, a veces, necesidad de su música favorita. ¿De cuanta dopamina estamos hablando? Salimpoor y Benovoy observaron un aumento del 6 al 9% cuando la mayoría de los participantes oían sus composiciones favoritas, que es más o menos lo mismo que ocurre cuando uno come un manjar delicioso. Uno de los participantes llegó a un *21 por ciento de aumento en sus niveles de dopamina*, que es el equivalente a meterse un tiro de cocaína.

No esperen que escuchar a su grupo favorito sea como un chute, pero tiene su importancia fisiológica. Y la música no es solo una droga en el sentido de que induce felicidad química a su cerebro. En el 2004, dos científicos de la universidad de Tsukuba de Japón, Den´etsu Sutoo y Kayo Akiyama, descubrieron que la música de Mozart disminuía la tensión arterial en ratas con hipertensión.

Supongo que esas ratas no eran grandes fans de Mozart antes de comenzar el estudio. Todo se reduce a que ciertos ritmos interactúan con el cerebro de tal manera que producen cambios físicos medibles, sea o no el cerebro en cuestión fan de tales ritmos. El efecto de la música, como droga, es bastante potente, aunque los efectos de un solo de guitarra sobre el cerebro no sean tan acusados como los de, por ejemplo, un chute de China White[8].

Con independencia de que usted acepte que la música es una droga, no se puede discutir que el ritmo preciso es capaz de alterar la conciencia humana. Eso significa que la música habría sido uno de los primeros, si no el primero, de los métodos de intoxicación a disposición de los primeros humanos. Los instrumentos musicales más antiguos que hemos encontrado tienen cuarenta mil años de antigüedad. La producción de cerveza, la forma artificial de intoxicación más antigua conocida, surgió en el 12.000 o 13.000 a. C. Las primera drogas psicodélicas usadas por los humanos fueron el cactus de San Pedro y los hongos Psilocybe, hacia el 8000 o 9000 a. C.

Así que los seres humanos han estado poniéndose a base de sonido durante mucho, mucho tiempo. Y hay algunas pruebas de que los hombres prehistóricos se las arreglaron para construir el equivalente de la Edad de Piedra a un sistema atronador de sonido para conseguir su dosis…

Stonehenge: ¿Construido para fiestas rave[9]?

Calcular la fecha de cualquier construcción humana, edificada por gentes que no conocían la escritura, es siempre especular. Los científicos están bastante seguros de que Stonehengue se comenzó a levan-

[8] Heroína con fentanil (N. del T.).

[9] Las fiestas o bailes rave aparecieron en los 70 y fueron propias de los 80 y los 90. La gente se congregaba a oír músicas como el house y el acid house, y eran clandestinas porque las autoridades las perseguían debido a que implicaban el consumo de ácidos por parte de muchos asistentes.

tar en algún momento entre el 3000 y el 2200 a. C. Ochocientos años es casi tres veces la existencia de los Estados Unidos, pero es un dato muy preciso, comparado con lo que sabemos acerca de para qué fue exactamente construido Stonehenge.

Las teorías populares van desde lo plausible (un monumento a los antepasados, un calendario astronómico gigante) a lo de la «pista de aterrizaje extraterrestre». La teoría que seguramente no ha oído ustedes es que Stonehenge fue construido para ser un *sistema de sonido gigante*. Es el equivalente antiguo a una multitudinaria sala de conciertos o, para ajustarlo a los parámetros de Inglaterra, una cabina de DJ en un almacén abandonado de Londres.

Las investigaciones de científicos de las universidades de Salford, Bristol y Huddersfield sugieren que la colocación de las piedras, dentro del Stonehenge original, habría producido un efecto acústico perceptible con facilidad por el oído humano, de ahí que los britanos prehistóricos se pasaran la vida emplazándolas poco a poco. El Dr. Bruno Fazenda, un científico que dedicó años de su vida a estudiar la acústica de Stonehenge, es bastante prudente acerca de estos descubrimientos. Cuando hablé con él, me previno contra asumir que Stonehenge hubiera podido tener un único propósito.

Debemos aceptar que Stonehenge fue construido con pragmatismo propio del ejército suizo y por los mejores intelectos de un pueblo antiguo. Los recursos necesarios para alimentar y mantener a los trabajadores que movían esas piedras debieron ser considerables. Hace cinco mil años, las sociedades humanas, en la mayor parte del planeta, todavía no habían perfeccionado el arte de no ser devorados por lobos. Estos pragmáticos antiguos, seguramente, tenían en mente más de un uso para ese Stonehenge que tardaron siglos en construir.

Pero, si Stonehenge se edificó en parte para servir de lugar para la música, eso podría explicar uno de los grandes misterios de la construcción del monumento. Todas las piedras pequeñas de Stonehenge son de dolerita azul o moteada, y la mayoría de los arqueólogos creen que se transportaron más de doscientas millas (aunque hay una teoría que considera que los glaciares pudieron arrastrarlas mucho más cerca). Y está llena de grandes piedras obtenidas mucho más cerca que las doleritas. ¿Por qué los constructores gastarían tanto esfuerzo en buscar en concreto esas piedras?

Bien: la ciencia acústica moderna está empezando a descubrir lo que los músicos paleolíticos sabían de forma empírica. Investigadores del *Royal College of Art* de Londres han encontrado que muchas de las doleritas azules de las colinas de Preseli, en Gales (que es el origen probable de las de Stonehenge) resuenan cuando se las golpea. Percusionistas actuales han hecho pruebas con esas piedras y lograron usarlas como si fueran glokenspiels (un glokenspiel es algo así como un xilófono, pero alemán[10]).

Una de las dificultades para probar cualquiera de estas teorías es el hecho de que Stonehenge es un artefacto cultural de gran valor y no es casual que no se permita, por lo general, que la gente lo aporree con palos. La ley vigente prohíbe incluso el empleo de muchos dispositivos electrónicos dentro de Stonehenge. Por suerte, tenemos en este mundo un modelo a escala real de Stonehenge, en los Estados Unidos. Se encuentra en un museo en Maryhill, Washington, y fue levantado por iniciativa de un millonario.

Sam Hill —nos referimos al personaje, no al antiguo eufemismo estadounidense para referirse al infierno— se dedicó a construir carreteras por la costa del Pacífico Noroeste. En realidad no las hacía él, sino enormes equipos de trabajadores. Pero Sam era dueño de la empresa para la que estos trabajaban y se hizo lo bastante rico como para ordenar que se levantase su propio monumento, en forma de Stonehenge. Eso nos da la medida del progreso humano: lo que antes era un trabajo de generaciones, ahora se puede construir por el deseo de un millonario.

En descargo de Sam, digamos que lo que le movió a levantar una falsificación de Stonehenge fue algo bastante más noble que «eclipsar a esos cavernícolas perezosos».

[10] En realidad, el glokenspiel tiene las láminas de metal y el xilófono de madera (N. del T.).

Quería alzar un monumento a los millones de jóvenes que murieron luchando en la I Guerra Mundial. En esa época, la creencia dominante era que Stonehenge fue construido para servir como altar de sacrificios. En la cabeza de Hill, la I Guerra Mundial fue un altar sobre el que se sacrificó sin sentido a millones de personas. Una reproducción a escala real del santuario del asesinato pagano más famoso parecía un tributo acorde.

El monumento de Hill fue el primer memorial dedicado a los muertos de la I Guerra Mundial, en los Estados Unidos. En realidad, hay pocas pruebas de que Stonehenge se usase para sacrificios humanos. Muchas personas fueron enterradas en esa zona a lo largo de siglos, pero solo unas pocas muestran signos de haber sido ejecutados y quizá sacrificados. En Stonehenge han tenido lugar un montón de sucesos detestables a lo largo del tiempo, pero podemos estar bastante seguros de que no lo construyeron con la expresa intención de que sirviera de Asesinatorio.

El monumento Maryhill sigue siendo un hermoso gesto y además bastante apropiado, ya que el propio Sam Hill está allí enterrado. Yo le estoy agradecido, ya que la existencia de ese monumento me dio la oportunidad de probar cuán bueno podría haber sido Stonehenge como amplificador.

La ciencia de la discoteca de la Edad de Piedra

El monumento Maryhill está construido en hormigón y no en dolomita azul o cualquier otro tipo de piedra. Pero los que lo levantaron se tomaron muchas molestias para darle una textura lo más similar posible a la del Stonehenge real. El equipo del Dr. Fazenda, de la universidad de Salford, optó por hacer su revolucionario trabajo sobre la acústica de Stonehenge allí porque la diferencia en sonido, entre el monumento de Hill y el original, era despreciable.

Su investigación determinó que la reverberación del sonido en el Stonehenge de Maryhill iba en la línea de lo que cabría esperar en una sala de conferencias contemporánea construida de manera eficiente. El estudio descubrió un aumento en la actividad acústica que tenía efectos notables en los discursos y el canto. Y, aunque cualquier estancia grande y circular tiene por fuerza algún tipo de reverberación, la construcción única que es el Stonehenge original resulta más compleja que tan solo eso.

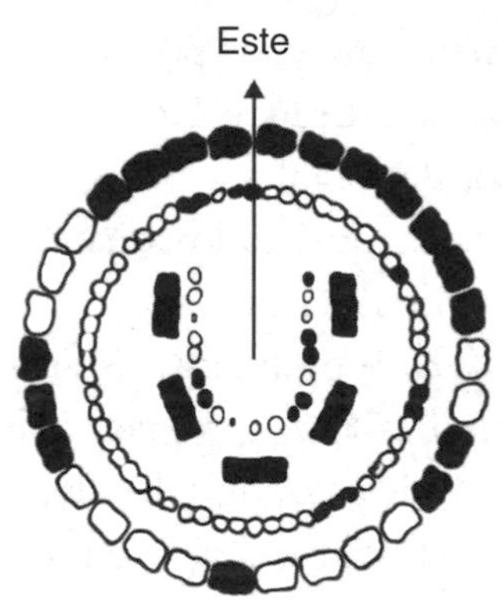

Las piedras oscuras representan la completa y original configuración de Stonehenge, antes de que el paso del tiempo y los turistas la jodieran. Por suerte, el monumento Maryhill está construido como réplica del Stonehenge original y completo.
Tavia Morra

Los anillos discontinuos de piedra tienen una gran influencia en la acústica general, refractando y difundiendo las ondas sonoras. Según el informe de la universidad de Salford, eso significa que «las ondas sonoras, desde cualquier punto del lugar, pueden viajar en muchas direcciones y no en una determinada».

De hecho, eso impide la formación de ecos y consigue que el sonido reverbere de tal manera que sea por igual audible en cualquier sitio dentro del círculo. Pero yo no estaba interesado en ningún tipo de fantasía acerca de una tribuna de la Edad de Piedra. Los nuevos artículos que he leído sobre el trabajo del Dr. Fazenda sobre Stonehenge llevan títulos como:

«Stonehenge fue una antigua sala de Rave»
(Discovery News, 2013)

«Stonehenge: Un impresionante auditorio de Rave»
(NBC News, 2009)

El artículo del propio Dr. Fazenda, de 2012, sobre el tema, "Acoustics of Stonehenge", Universidad de Salford, era muy informativo pero de lo más seco, trufado de matemáticas y sin usar ni una sola vez la palabra *rave* ni la frase *absolutamente impresionante*. Pero, más tarde, encontré algunas entrevistas con el Dr. Rupert Till, el arqueólogo musical que ayudó al Dr. Fazenda a hacer pruebas en el monumento Maryhill.

Pintó un cuadro mucho más vivo al comparar el posible estilo musical de los constructores de Stonehenge con la samba: ritmo rápido, grandes orquestas y cientos de participantes. El Dr. Till es el que llegó a comparar todo aquello con un rave en "Songs of the Stones", un artículo de 2012 en el *Journal of the Independent Association for the Study of Popular Music*. Indicaba ahí que la acústica de Stonehenge implicaba que un «gran número de personas» se reunían para tocar «música amplificada, simple, rítmica y repetitiva», con objeto de «alcanzar un estado semejante al trance». Y el Dr. Till continuaba:

> Similares actividades están presentes en los conciertos de rave, dentro de la Cultura del *Electronic Dance Music*… que han sido descritos por muchos comentaristas como algo con significado ritual o religioso para sus participantes.

Si el Dr. Till tiene razón, los modernos raves y festivales de música no son signos de la decadencia actual que marcó el comienzo de la era hippie. Más bien serían un rasgo muy antiguo de la cultura humana que se reactiva tras largo letargo. Pero ¿Qué quiere decir con «estado semejante al trance»?

La extraña ciencia de los golpes que alteran las mentes

Cada tambor tiene una resonancia propia. Si tocas el tambor a un ritmo concreto, producirá notas más claras y fuertes. Los espacios, como por ejemplo las salas de conciertos y los auditorios, también tienen una frecuencia de resonancia. Si dan ustedes con esa frecuencia, pueden hacer que el espacio entero resuene, arrancándoles un zumbido no muy distinto al causado al pasar el dedo por el borde de un vaso muy grande.

Los doctores Till y Fazenda estimaron que la frecuencia de resonancia de Stonehenge está en alrededor de los 10 Hz. (o Hertzios o Hz), que es como llama la ciencia a la forma de medir el número de ondas por segundo de sonido. Diez hertzios están entre 150 y 160 pulsaciones por minuto (PPM). Así que la teoría es que un número suficiente de antiguos humanos redoblando lo bastante alto a 150 PMP habrían hecho que todo Stonehenge zumbase como un inmenso cuenco tibetano.

¿Y cómo es que un zumbido alto nos puede llevar a entrar en el trance de los raves de la Edad de Piedra? La respuesta está en la sincronización de las ondas cerebrales: el empleo de ciertas frecuencias para inducir estados de conciencia específicos. Los pensamientos y sentimientos se miden como ondas cerebrales. Por ejemplo, el sueño se asocia con las ondas theta, entre 4 y 7 Hz. El cerebro de una persona relajada o en meditación tiende a estar lleno de ondas alfa, entre 8 y 14 Hz.

Se percatarán de que 10 Hz. están justo en la mitad del rango de las ondas alfa. La teoría del Dr. Till es que si un número suficiente de tamborileros lograban mantener esa frecuencia concreta, habrían conseguido un poderoso zumbido capaz de inducir el trance en un gran número de oyentes. El Dr. Till no llegó a señalar que Stonehenge fue un antiguo artefacto de control mental... pero eso es en esencia lo que fue.

En algún momento, también las piedras de Stonehenge se modificaron para amplificar tal efecto acústico. El Dr. Till se dio cuenta de que los muros eran «curvos y pulidos, de forma definida. Las piedras interiores son cóncavas, en tanto que las exteriores no... seguramente para obtener un efecto acústico».

Pueden probar el efecto del arrastre mental por sí mismos mediantes la descarga de algunos «pulsos binaurales». Estos a menudo son descritos por algunos en Internet como «sonidos ¡que te ponen muy arriba!». En términos técnicos, un pulso binaural se consigue reproduciendo en cada oído un sonido de distinta frecuencia. Los dos ritmos «arrastran» al cerebro, consiguiendo que vibre a una frecuencia que es la diferencia entre los dos ritmos. Así pues, un ritmo de 410 Hz en un oído y otro de 400 en el otro arrastran a sus cerebros a un estado mental de ondas alfa de 10 Hz.

Tenga en cuenta que los pulsos biaurales no le van a machacar el cerebro. Podrá notar un ligero efecto relajante al oír un pulso diseñado para sumirle en estado alfa, o una leve agitación, gracias a un pulso de muchos Hz, pensado para llevarle hasta un estado de ondas alfa. Se discute mucho acerca de la capacidad de los pulsos binaurales para alterar la conciencia humana. Una evaluación clínica a fondo de veinte estudios, dirigida por las doctoras Tina Huang y Christine Charyton (financiado por la *Transparent Corporation*, una empresa de software de entrenamiento mental) sugiere que el arrastre mental puede emplearse para aliviar migrañas y estrés, e incluso para mitigar el síndrome Premenstrual. Pero una investigación más reciente dirigida por Patrick McConnell y Brett Froeliger (y otros), para un artículo de 2014 en *Frontiers in Psychology* ("Auditory Driving of the Autonomic Nervous System"), no apreció cambios observables en los sujetos. Eso a pesar de que dichos sujetos manifestaron que se sentían algo mejor y más relajados.

Así que no existe unanimidad sobre los pulsos binaurales. Por mi parte, puedo asegurarles que todo eso de sonidos que provocan viajes semejantes al de las drogas es pura exageración. Pueden buscar en Google si quiere comprobarlo, pero si lo que pretenden es conseguir un viaje de ácido inducido mediante sonido, pierden el tiempo.

Es decir: el empleo del ritmo como calmante del dolor está más que documentado. Y no necesitan escuchar tampoco extraños tonos generados por ordenador. Si alguna vez sufre un dolor intenso y no tiene medicinas a mano, ponga una de sus canciones favoritas y empiece a cantarla a la vez.

La investigación publicada por Bernatzky Goetze en el artículo de 2011, *Fundamentos emocionales de la música como herramienta terapéutica no farmacológica*[11]*, en la medicina moderna*, indica que la música tiene un efecto sobre los receptores cerebrales de opiáceos, lo que puede ayudar a reducir la sensación de dolor y también la cantidad de analgésico necesario en un paciente. Este artículo demuestra también que la mayor parte de los científicos son un desastre a la hora de elegir títulos para sus obras.

En los casos en que el uso de analgésicos para cirugía se considere demasiado peligro para el paciente, se emplea a menudo la música como sustitutivo. Cierta vez, entrevisté a un hombre al que solo se le suministró Mozart durante una operación a corazón abierto, dado que sus problemas de salud eran tales que sus médicos no podían arriesgarse a darle ningún tipo de anestesia. Me dijo que la música ayudó… aunque hubiera preferido de lejos una vía intravenosa llena de opiáceos.

Es interesante reseñar que, lo mismo que poner la música favorita de un paciente funciona, también puede hacerlo la música elegida por otra persona. A veces es incluso más eficaz, lo que sugiere que el ritmo puede tener algún efecto benéfico para la salud, te guste o no esa música.

Por supuesto, la gente que construyó Stonehenge no disponía *ni de la rueda*. Parece casi absurdo suponer que sabían lo bastante de acústica como para construir un amplificador gigante de control mental. Y lo cierto es que, si bien podemos probar la acústica de Stone-

[11] "Emotional Foundations of Music as a Non-pharmacological Pain Management Tool in Modern Medicine".

henge y decir: «Sí, esta disposición puede amplificar el sonido», no podemos saber con qué propósito lo construyeron aquellos antiguos humanos.

Hoy en día, todos los que lean esto se ven acosados por centenares de sonidos de origen humano, algunos casi inaudibles, en todo momento del día. Nos hemos vuelto muy eficaces a la hora de convivir con ellos y centrarnos solo en los sonidos que nos interesan. Los antiguos humanos vivían en un mundo de pocos sonidos de origen artificial.

Es significativo que hayamos estado fabricando instrumentos musicales más del doble del tiempo que llevamos fermentando alcohol. En *The Origins of Music*, publicado en 1998, Walter Freedman, de la Universidad de Berkley, sugirió que los humanos podrían haber estado produciendo música antes de descubrir el fuego. En una época anterior a las drogas, previa a las ciudades, antes de que existieran otras comodidades, el subidón de dopamina producido por escuchar música de la buena debía ser una de las experiencias más intensas que podía experimentar la gente.

Así que, tal vez, los constructores de Stonehenge tenían el suficiente bagaje musical como para, al menos, reconocer los poderes acústicos de la estructura que estaban edificando y modificarla para que funcionase aún mejor.

Y, ¿hasta qué punto funcionó? Yo tenía que averiguar eso.

Cómo recrear una sala de rave de la Edad de Piedra

El Stonehenge de Maryhill está abierto al público. Cualquiera con unos pocos cientos de dólares puede reservarlo para una reunión privada y cualquiera con cero dólares puede también presentarse con un grupo de samba de una veintena de personas y practicar algo de ciencia. Yo era de esos últimos.

Mi amigo Brandon tocaba en *sambAmore*, un conjunto de tambores y pitos radicado en Arcata, California. La banda estaba de gira por Washington en junio de 2015 y pude convencerles para que se desviaran cuatro horas a Maryhill, para ayudarme a probar la teoría *Ravehenge*.

Con anterioridad al viaje, intercambié emails con el Dr. Rupert Till, que dirigió el estudio original. Nos aconsejó situar a los tamborileros dentro del anillo exterior de piedras, de espaldas a las mismas y de cara al centro. También calculó que necesitaría un «ideal de 200» para hacer que eso funcionase. *SambAmore* solo tiene veinte miembros y no todos tocan el tambor.

Decidimos probarlo de todas formas y comenzamos con diez tamborileros distribuidos uniformemente por uno de los lados de Stonehenge, mirando hacia el centro.

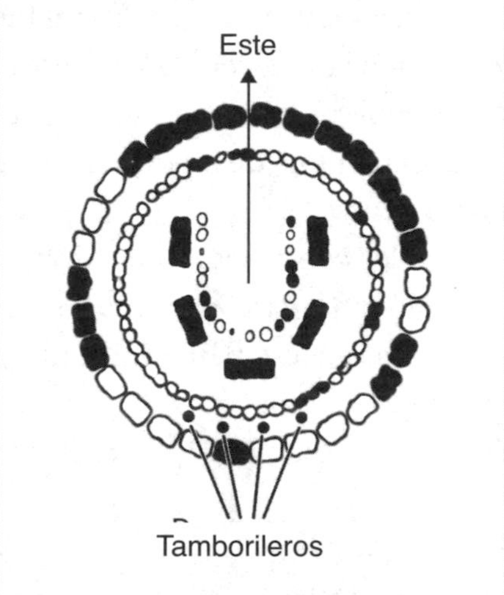

Comenzaron a mediano volumen y a 156 pulsos por minuto. Yo me coloque justo al sur de la banda, frente a ellos, más o menos donde la gran losa de hormigón del centro. El zumbido resultó perceptible al cabo de veinte o treinta segundos, y fue haciéndose más fuerte según pasaba el tiempo. Era casi como el mugido de un didgeridoo[12].

[12] Una especie de gran trompa de madera usada por los aborígenes australianos (N. del T.).

Mi cámara, Matt, se colocó en el lado opuesto de Stonehenge respecto a mí, dentro de uno de los dólmenes interiores. En el video que grabó, el zumbido no resulta de verdad perceptible hasta el primer minuto, y se hace más fuerte al cabo de unos dos minutos. Al revisar los videos, quedó claro lo grande que es la diferencia de efecto según donde se encuentre situado el oyente. La banda sonaba sustancialmente más fuerte en el lugar en el que yo estaba, pese a que Matt se encontraba más cerca.

Al cabo de unos minutos, decidimos dividir la banda: La mitad seguiría tocando tambores y subiendo el volumen, mientras que la otra mitad se me uniría en el centro para oír el zumbido. Los tamborileros comenzaron de nuevo y el zumbido se reanudó. Fue un momento emocionante y los músicos comenzaron a deambular en torno a Stonehenge, tratando de percibir los cambios en el zumbido.

No pasó mucho tiempo antes de que los músicos de *sambAmore* comenzasen a jugar con Stonehenge como si fuera un nuevo tambor gigante, tocado por otros tambores. Brandon tuvo la idea de poner a cuatro tamborileros con grandes *surdos*[13] brasileños, a tocar al tiempo que caminaban en sentido contrario a las agujas del reloj dentro del muro interno de la estructura.

Al cabo de más o menos un minuto, los tamborileros llegaron a la perpendicular de los dólmenes del lado opuesto. Uno de la banda, parado bajo el más alto de los dólmenes interiores, dirigía a todos a gritos. «¡Quietos ahí, quietos ahí, no os mováis!» a la banda y luego «¡Id por allí!» a todos los demás.

Hubo un coro de *ohs*, *ahs* y exclamaciones jocosas durante el minuto siguiente, en el área justo enfrente y tras el gran dolmen, tal como aparece en la foto... era, desde luego, el mejor asiento del lugar. De pie bajo el centro del dolmen o directamente enfrente, la reverberación era tan intensa que sonaba casi como si estuviera uno junto a un gong.

Según donde te hallases, el zumbido tardó de unos pocos segundos a un minuto entero en crecer hasta resultar audible con claridad. En un momento, colocamos cada uno de los cuatro tambores *surdos* separados noventa grados, dentro de Stonehenge y mirando hacia el interior. El zumbido tardó en hacerse audible entre diez y quinces segundos. Desde donde yo estaba, en el centro, junto al altar, el sonido se percibió más profundo y bajo.

[13] Tambor grande y cilíndrico muy empleado en las escuelas de samba (N. del T.).

Matt Black

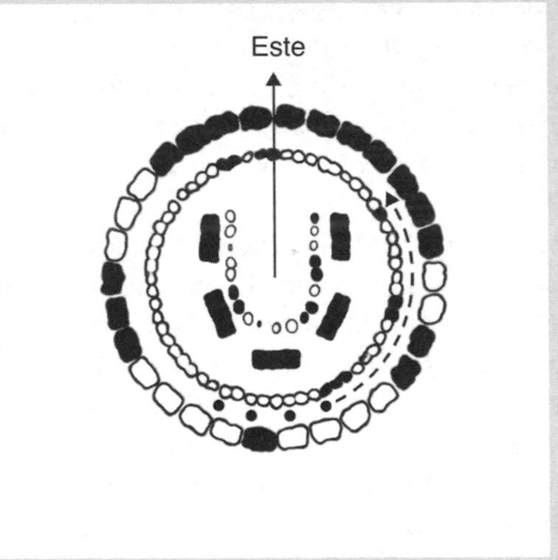

Lo crucial en este caso es que las propiedades acústicas únicas de Stonehengue serían:

1.- Que resultan obvias de inmediato para los músicos que tocan dentro.

2.- Que es sumamente maleable.

Matt Black

En el plazo de dos horas, los músicos de *sambAmore* encontraron distintas formas de alterar el tono y el zumbido de Stonehenge. Tal vez los mil años que costó construir Stonehenge supusieron un proceso de sintonización, en el que se experimentó con diferentes formas y colocación de las piedras, poniendo de continuo a prueba la calidad del sonido producido, para ir encontrando, poco a poco, la forma ideal en la que producir el mejor efecto acústico posible.

Los resultados de este experimento me resultan de lo más concluyente, al menos hasta el punto de poder afirmar que: «Sí, Stonehenge tiene propiedades acústicas que habrían resultado obvias de inmediato a los músicos de la antigüedad». No solo el zumbido, sino también las propiedades naturales de resonancia de los círculos de piedra, al tocar música que, en el interior de Stonehenge sonaría más alta y rica. Era casi estar como en el interior de un pequeño palacio de la ópera.

Pero, ¿qué pasa con todo eso del arrastre de ondas cerebrales? El tamborileo y el zumbido de Stonehenge estaban en el rango de los 10 Hz. No puedo decir que notase que mi cerebro entrase en algo parecido al trance. Tampoco ninguno de los músicos dijo nada al respecto (creo que todos estábamos demasiado excitados tocando con Stonehenge como para pensar en meditación) Quizá con una banda más grande, el sonido podría haber producido estados alterados de la mente.

Sin embargo, cundió cierto mareo entre la banda y los espectadores cuando encontramos la forma de alterar el zumbido. Fue excitante escuchar cómo la piedra y el hormigón cantaban. Quizá, a los músicos de una edad más silenciosa y solitaria, el zumbido de Stonehenge les podría haber sonado como si la propia Tierra tocase con ellos.

Capítulo 3

El culto al famoseo y el griego que predijo la telebasura

La génesis de este capítulo está en el momento en que yo estaba haciendo cola en *Ralphs*, el supermercado más próximo a mi antigua casa de Los Ángeles. Al igual que en todos los hipermercados, supermercados y demás, el pasillo que lleva a la caja estaba lleno de dulces y refrescos por un lado y, por el otro, de atractivas portadas de revistas como *Us*, *GQ*, *People* e incluso de otras menos glamurosas como *Nacional Enquirer*. Todas esas publicaciones se venden siguiendo la misma táctica básica: caras de famosos e historias picantes sobre sus ridículas vidas. No pude por menos que fabular sobre la idea de qué pasaría si fueras uno de los miembros de una tribu aislada en la selva y te topases con todo eso, gracias a un accidente de avión.

Según cómo veas las cosas, esas revistas son un símbolo de nuestra decadencia moderna o una oportunidad de exclamar: «¡Caramba! ¿Viste lo de la caída del niño de Jennifer Aniston?». Incluso si no te gusta el culto al famoseo, no podrás negar que esas caras famosas ejercen una atracción magnética sobre el cerebro de miles de

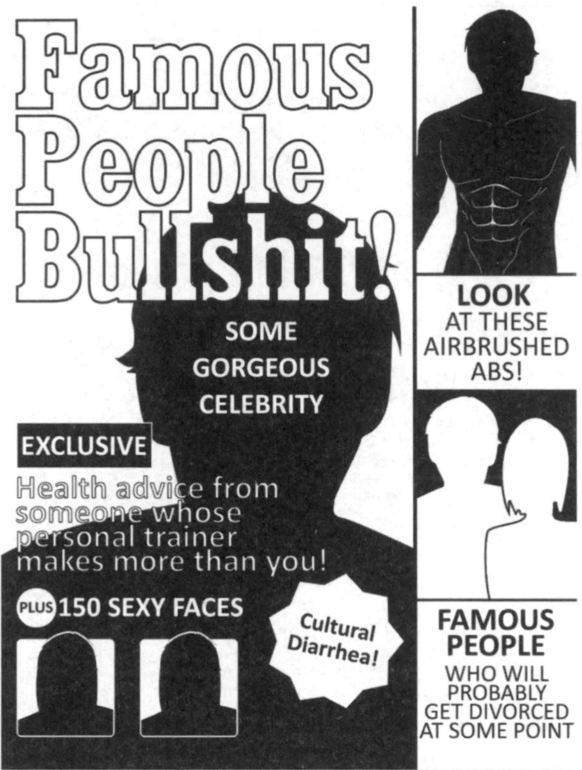

Felicidades por culturizarse de todas formas.

millones de personas. Y eso no es una hipérbole, dicho sea de paso, ni usé el nombre de Jen Aniston al azar.

Allá a finales de los ochenta, un neurólogo llamado Itzhak Fried tuvo la idea de tocar el violín a personas con epilepsia grave, muy en la línea de los de su gremio. Las operaciones de cerebro se realizan a menudo con el paciente despierto. Y, dado que sus pacientes estaban conscientes, sus cerebros estaban tan expuestos como un exhibicionista en un autobús repleto de gente, por lo que el Dr. Fried decidió experimentar. Mostró a un sujeto una serie de imágenes en apariencia al azar: animales, extranjeros e incluso unos pocos famosos. En un momento dado, apareció una foto de Aniston y el Dr. Fried observó activación neuronal en el lóbulo temporal medio.

Hizo la prueba con otros pacientes y apreció exactamente el mismo resultado. Por alguna razón, todos los cerebros que estudió mostraron una reacción especial al estímulo de Jennifer Aniston. Ver la imagen de otras personas no activaba esas neuronas, pero observar a distintas celebridades provocaba diferentes activaciones neuronales en algunos pacientes. Y esas neuronas de famosos eran solo la punta del iceberg, hundidas en lo profundo del cerebro de cada paciente, que está formado por incontables millares de neuronas.

Ya me gustaría a mí darles algún tipo de explicación fascinante y esclarecedora del porqué de esto, pero lo cierto es que todavía no lo sé. Algunos neurólogos, como el Dr. Fried, suponen que esos grupos profundos de neuronas contienen nuestros recuerdos acerca de una persona. El Pez Gordo Neuronal funciona como una suerte de aviso de invasión, haciendo que se activen los Archivos Aniston Cerebrales al verla.

Otros neurólogos tienen otro punto de vista. Pero, sea cual sea la razón, no cabe duda de que algo en nuestro cerebro está programado para reaccionar ante los famosos. El hecho de que jamás hayamos conocido a Aniston no importa: tu coco sabe que por alguna razón es alguien importante y se centra en ella no importa lo que tú pienses.

Esto nos lleva a una reflexión incómoda sobre la naturaleza humana. También es un bálsamo, en la medida en que nuestra obsesión por los famosos en Internet y los medios es algo que, en realidad, proviene de algo mucho más profundo y antiguo. Y, si no teme tragarse su orgullo y admitir que lo cierto es que estamos programados en parte para tragarnos los discursos tipo Donald Trump, haré lo que pueda para llevarle a donde todo comenzó…

Monos y famosos en el alba de los tiempos

Ese rutilante expositor de revistas obsesionadas con los más variopintos embarazos, adicciones a las drogas y dietas extravagantes de los famosos occidentales, se considera un signo de nuestros tiempos.

Solo en una época de insólita opulencia y miseria, la gente es capaz de dedicar su valioso tiempo y dinero a contemplar caras de desconocidos. Es algo que uno no puede imaginar en los cazadores-recolectores, aunque solo fuera porque tenían cosas más importantes en las que ocuparse.

Pero ese impulso irresistible de prestar atención a algunos que destacan entre la multitud no es exclusivo de los humanos modernos… o de los humanos a secas, ya que nos ponemos. En 2005, varios científicos de la universidad de Duke reunieron a un conjunto de monos y los separaron por parejas. De forma periódica, a cada mono se le daba a elegir entre un zumo delicioso o una cantidad de zumo aparejada a una fotografía. Las fotos eran de caras de monos de bajo estatus, de alto estatus y fotos cándidas pero impactantes de hembras de mono.

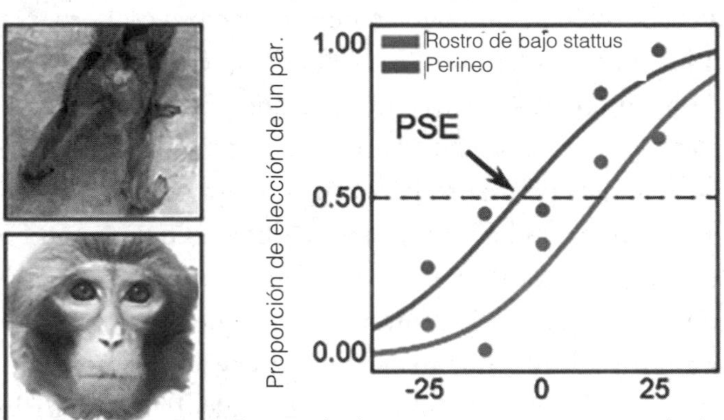

Los científicos llaman a esto una «foto de un perineo», pero nosotros sabemos la verdad.
Michael Platt / Duke Institute for Brain Sciences

Pude hablar con el Dr. Michael Platt, uno de los artífices del estudio/experimento con pornografía simiesca. Así es cómo me describió los resultados:

> Los monos (hemos de suponer que de forma inconsciente) renuncian al zumo con tal de ver fotos de los genitales femeninos y de monos

de estatus elevado, y tienes que darles zumo extra para que presten atención a otras categorías.

Recuerde ahora que esos monos no vivían en un grupo social normal. Se alojaban por parejas, pero en el mismo albergue de monos que los otros adorables demonios peludos y salidos, reunidos para el estudio. Pese a la falta total de contacto, todavía eran capaces de determinar qué monos pertenecían a la clase alta y cuáles a la clase baja.

Si ha estado en alguna ocasión en una colonia de monos reunidos por parejas, pero con acceso visual, auditivo y olfativo a los demás, habrá tenido una impresión muy clara de que desarrollan una jerarquía social y otras relaciones, a pesar de que no entran en contacto.

Sin duda, se podría especular de forma interesante acerca de cómo los gritos y el olor corporal fueron el Facebook primigenio, pero no quiero desviarme demasiado del tema. Lo que aquí importa es que los monos estaba prestos a renunciar a abastecimiento a cambio de ver a la gente (monos) guapa que estaba en lo más alto de su jerarquía social, incluso si jamás tuvieron la oportunidad de conocer a tal gente (monos) en persona. Y ¿qué que sacan los monos de mirar las imágenes de extraños en la élite? ¿Qué sacamos nosotros?

Conocimiento. El Dr. Platt describe los rostros de los monos de estatus alto como de «elevado contenido de información». Los monos son muy hábiles en aprendizaje social. Al prestar atención a las caras (y comportamientos) de sus vecinos más exitosos socialmente, pueden aprender de ellos. Aquí hay una frontera fina: los monos sometidos al estudio prestaban menos atención a aquellos rostros, incluso a los de estatus altos, que resultaban amenazadores. Pero, en general, estaban dispuesto a sacrificar recursos (el zumo es como oro para los monos) a cambio de poder estudiar a sus superiores.

Los macacos no son los humanos primitivos, pero es razonable plantearse la hipótesis de que el experimento del Dr. Platt ha incidido en un comportamiento que han tenido los primates desde hace mucho.

Es fácil ver que prestan atención a las personas con la suficiente cantidad de comida/opciones como para trasmitir su ADN a la siguiente generación, ya desde los tiempos de los cazadores-recolectores. Y también es fácil apreciar que ese comportamiento pragmático se ha ido desarrollando en el tiempo, ya que nuestros grupos sociales fueron creciendo y nuestra percepción del éxito pasó del «no pasar hambre y practicar sexo» a «vivir en mansiones y practicar mucho sexo».

En cierto modo, nuestros problemas modernos con la obesidad y la obsesión por los famosos tienen un origen común. Estas dos plagas modernas comenzaron por el impulso de la gente, poderoso y primario, de encontrar una forma de satisfacer un deseo básico.

Cuando ser fan se convierte en una enfermedad

En 2002, un grupo de psicólogos estableció la «Escala de actitud ante los famosos». Básicamente, consiste en un test que se puede realizar a alguien para determinar si le gusta tal famoso, o si hay que dictar una orden de alejamiento para proteger a ese famoso.

La Escala de actitud ante los famosos consiste en presentar a los encuestados una serie de preguntas acerca de su actitud hacia MFF (mi famoso favorito). Ya que soy un gran fan de Patrick Stewart, utilizaré su nombre, cosa que me hace sonreír. Las preguntas van de lo inocuo (estar al tanto de las novedades sobre Patrick Stewart es algo entretenido) a lo directamente estrafalario (sería feliz de morir con tal de salvar la vida de Patrick Stewart).

La escala de las respuestas va desde el número 1 (muy en desacuerdo) al 5 (muy de acuerdo), para cada pregunta, y luego el encuestado ha de colocarla en una de tres categorías, según su grado. Si yo soy la clase de tipo que tan solo le gusta ver las películas o programas de televisión en los que Patrick Stewart aparecer, lo colocaré en la categoría de «entretenimiento social». Pero si yo estoy íntimamente convencido de que, en el fondo, él y yo tenemos algún tipo de conexión espiritual, lo coloco en «intensidad personal». Y, si soy de la clase de fan que se pondría de escudo humano ante una bala dirigida a sir Patrick mientras este transporta un alijo de drogas ilegales sin duda estaré en «al borde de lo patológico».

La *Escala de la actitud ante los famosos* es todavía algo bastante nuevo, pero las investigaciones más recientes sobre grupos concretos de personas sugieren que el culto a los famosos es un fenómeno en alza. Los efectos pueden ser más sutiles de lo que se supone y van más allá de los aficionados que gritan con ojos desorbitados en YouTube. Recuerde: nuestros cerebros nos recompensan por prestar atención a eso, ya que tiene un sentido evolutivo el imitar a las personas de éxito. Es tan solo cuando eso se acomoda al mundo moderno que la cosa se vuelve estrambótica.

Ese impulso programado a nivel profundo que nos lleva a emular a los más triunfadores de entre los nuestros puede ser ahora literal, gracias a los milagros de la cirugía plástica. Caso concreto: un estudio de 2010, de los doctores John Maltby y Liz Day, para el *Journal of Adolescent Healt*, en el que se abordó la obsesión por los famosos en los porcentajes de cirugía estética entre jóvenes. Más de doscientos mil adolescentes pasan por algún tipo de cirugía estética en los Estados Unidos, cada año. El estudio Maltby-Day descubrió que este grupo de población es en particular proclive a al menos una forma de culto a los famosos: el 22.8 por ciento se describe como en la versión suave de «entretenimiento social, el 8% se coloca en «intensamente personal» y un 2,5 % se califica como «al borde de lo patológico». Todas esas cifras son mucho más altas que en la población «verdaderamente adulta».

Todos esos centenares de horas empleadas en obsesionarse con las fotos trucadas con Photosphop de las Tatums y Cyruses tienen un efecto real. Y el estudio Maltby-Day concluyó que esas personas con una obsesión «intensamente personal» por un famoso son mucho más propensas a pasar por el quirófano (los de «entretenimiento social» parecen a salvo de eso).

El material de investigaciones sobre «cómo parecerse a la gente rematadamente guapa» es en realidad bastante abundante. Un estudio de 2006 descubrió que, con tan solo ver algunos minutos de videos musicales en los que salen modelos delgadas, aumentó la insatisfacción sobre su propio cuerpo entre chicas de dieciséis a diecinueve años. La autoestima no parece ejercer ningún efecto protector; incluso las chicas que se sentían bien con sus cuerpos acusaron los efectos. Esto es algo que va más allá de la idealización de los cuerpos flacos y estilizados. Un estudio del 2011, de Eleni-Marina Ashikali y Helga Dittmar para la *British Psychological Society* indica que el simple hecho de fijarse en el estilo de vida de lujos y propiedades materiales de los famosos puede tener un impacto negativo en la imagen que tienen muchas mujeres de su propio cuerpo.

Sobre esta cuestión, la mayor parte de las investigaciones acerca de cómo los medios de comunicación afectan a la imagen del propio cuerpo se ha centrado en las mujeres, sobre todo en las adolescentes. Pero no se equivoque, colegas: hay pruebas de sobra de que los varones nos vemos afectados de igual forma. Durante la última década más o menos, en las películas, los protagonistas masculinos han pasado de los guapos a los hipercachas. Si quiere ser estar en la cresta de la ola, hoy en día, tendrá que hormonarse a lo bestia y deshidratarse el día antes de rodar una escena sin camisa (porque ya sabe que eso hace que los abdominales resulten más impresionantes).

De alguna forma y en algún momento, nuestra inclinación natural a aprender de los que tiene más éxito se ha torcido hacia intentos absurdos de imitar a lo que podrían considerarse figuras míticas. Los actores más famosos tienen entrenadores personales, equipos de diseñadores gráficos y agentes de relaciones públicas que se ocupan de ocultar cualquier signo de envejecimiento y hábitos personales que no cuadran con la imagen pública. Ni los abdominales ni los estiramientos faciales les convertirán a ustedes en un mito, o un dios, aunque eso es lo que han llegado a ser los famosos.

La extraña relación entre el culto a los famosos y la religión

Si desean echar un vistazo al equivalente antiguo a la prensa rosa, no tienen más que fijarse en la mitología griega. Un recorrido por el pasillo de pre-pago y envíos de su supermercado local le dará una buena idea de lo que con qué ricos y famosos se juntan o se acuestan otros ricos y famosos. Si usted fuese un ciudadano de Atenas del 300 a. de C., tendría que consultar al sacerdote más cercano para satisfacer ese mismo voyerismo.

He aquí una lista breve de las diferentes personas y seres con las que se acostó Zeus, según las crónicas griegas.

1.- Un cisne (Zeus era en ese momento también un cisne. La cosa es complicada)-
2.- Su propia hermana, Deméter.
3.- Su sobrina, hija de Deméter, Perséfone.
4.- Europa, la diosa luna, a la que raptó tomando la forma de un toro blanco, por algún motivo.

Podría seguir así, más o menos, todo lo que queda del libro, pero supongo que ustedes ya han captado la idea. La religión antigua y la cultura del famoseo de hoy en día tienen, con claridad, al menos un par de cosas en común. Volviendo a 2013, leí un artículo de Carian Thus en el *United Academics Magazine* (*Como una plegaria... ¿es la fama la nueva religión?*[14]), que se pregunta si, en una época en la que la religiosidad declina, el culto a los famosos podría estar llenando el vacío en millones de almas.

Religion News Service (una organización sin ánimo de lucro) creó una gráfica sobre la actividad religiosa en los Estados Unidos, entre 1952 y 2012). Nos presenta un panorama un poco tenebroso para el prestigio de la religiosidad actual.

El gran declive: 60 años de religión en los Estados Unidos

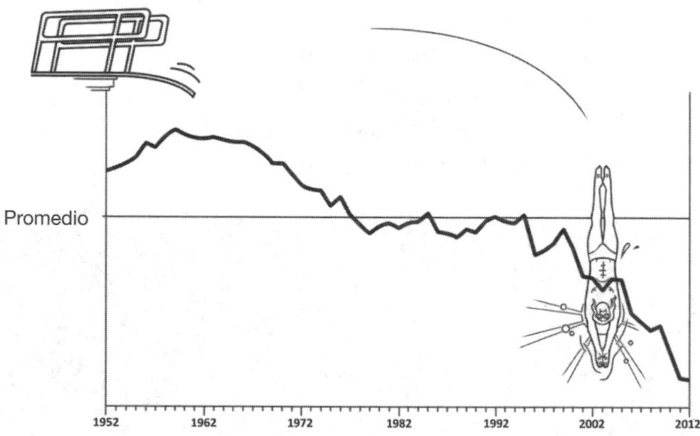

Fuente: Agregate Religiosity Omdex. J. Tobin Grant. Foro Sociológico

Una representación del gráfico original, con el añadido de un trampolín. Tavia Morra

Y la historia es la misma en todo el mundo: un estudio del 2011 realizado por la universidad Northwester puso de manifiesto que las personas «sin adscripción» religiosa son una de las minorías

[14] "Like a Prayer—Is Fame the New Religion?"

de más rápido crecimiento en gran parte del mundo. Una encuesta de Gallup del 2012 reveló que, de media, un 13% de la población mundial se considera atea. Eso supone un incremento del 9% desde 2005. No voy a seguir incidiendo en este punto más: el culto religioso está en decadencia en todo el mundo.

Pero el culto a los famosos vive un crecimiento preocupante. Y existe una clara conexión entre ambos fenómenos. Ya hemos demostrado que las personas pueden obsesionarse (incluso llegando a la cirugía plástica) por parecerse más a sus famosos favoritos. Es un deseo extendido, sobre todo entre los jóvenes, que son los más proclives a abandonar su iglesia y las creencias religiosas.

Una de las funciones tradicionales y más importantes de la religión ha sido la de aliviar y moderar el temor del creyente ante la muerte. La creencia en un Dios, por lo general, cursa con una creencia en algún tipo de vida tras la muerte. Y, como cada vez hay menos entre nosotros que crean en una vida de ultratumba, comenzamos a buscar una forma menos literal de la inmortalidad: la fama.

Los investigadores han acuñado dos frases para provocar lo que ellos llaman «la emergencia de la muerte» en los encuestados. Eso es una forma elegante de decir «causarles el temor al de la guadaña». Y, una vez que estas líneas han prendido su atención…

1.- Por favor, describa las emociones que despierta en usted la idea de su propia muerte.
2.-Escriba, de la forma más detallada posible, lo que cree que le va a pasar físicamente cuando muera y luego de que esté muerto.

… ustedes, como individualidades, percibirán su mortalidad como una mierda y casi seguro que darán respuestas honradas sobre cómo la sombra de la inevitabilidad de la muerte le hace sentir. Un estudio de 2007, para la revista *Self and Identity*, reveló que la percepción de la propia mortalidad lleva a un mayor deseo de fama de las personas, sobre todo del tipo de la cutrez esa de «pagar para que una estrella lleve tu nombre». La percepción de la muerte no hace sin embargo que la gente quiera ser famosa, pero sí que les causó el deseo de estar más en sintonía con los famosos que admiran. Las personas a las que se induce a pensar en su propia extinción se volvían más propensos a elogiar el arte moderno si este era obra de un famoso.

El culto a los famosos sube al mismo tiempo que el culto religioso decae. Nuestra sociedad no es la primera en experimentar este fenómeno. Sucedió la mismo en la antigua Grecia, alrededor del 300 a. de C., si hemos de creer al investigador de lo clásico Eric Dodds. Dado que la buena gente de las agencias de encuestas no estaba entonces por allí, tuvo que leerse las lápidas de los ciudadanos griegos, muertos por aquel entonces, para evaluar sus actitudes hacia la religión. Y comprobó que había un declive en el número de referencias a los dioses o a la otra vida, según avanzaba el periodo helenístico. Esta subida en el descreimiento fue unido a otro parejo en el culto a la personalidad de figuras famosas, como el primer rey de la Macedonia unificada, Demetrio I.

Se percibe con claridad en una oda a Demetrio I, escrita luego de que salvase a Atenas de otro Demetrio que trató de conquistarla: «Otros dioses están lejos o no tienen oídos o no existen o no nos prestan atención, en tanto que a ti te vemos aquí, no de madera o piedra, sino real».

Al escribir sobre esta oda en su libro de 1951, *The Greeks and the Irrational*, el señor Dodd comenta:

> Cuando los antiguos dioses se retiran, los tronos vacíos reclaman un sucesor y, con una buena gestión, o incluso sin gestionarlo, casi cualquiera de carne y huesos perecederos puede ocupar el asiento vacante.

No se habría sorprendido en absoluto ante el hallazgo del Dr. John Maltby que, en 2004, decía que el «puritanismo religioso» tiene un efecto protector contra el culto a los famosos. La gente que cree con firmeza en las reglas prescritas por su deidad tiene una guía clara de cómo vivir la vida. No sienten tan fuerte esa necesidad de tomar ejemplo de otra gente.

Porque lo cierto es, crea o no en un dios, que todos andamos buscando alguna hoja de ruta para las grandes preguntas existenciales. ¿Por qué estamos aquí? ¿Cómo obrar? *¿Qué funciona para conseguir sexo*? Incluso los monos saben que esas respuestas no están en nuestro interior. Y, mientras algunas personas consiguen esas respuestas en la filosofía, la historia o la gente admirable que se ha cruzado en sus vidas… muchos de nosotros nos fijaremos en aquellos que parecen tener más éxito.

CAPÍTULO 4

De cómo las juergas de borrachos crearon (y hundieron) civilizaciones

Todo comenzó con una cerveza.

Y, por «todo» me refiero a la civilización humana y a la organización ciudadana. Y por «cerveza» me refiero a algo que, técnicamente, cae en el mismo saco que ese paquete o caja de seis latas que tienen ustedes en la nevera, aunque lucía y sabía bastante diferente.

Comencé este libro haciéndoles ver cómo en la humanidad prehistórica sentía una gran querencia por las bebidas fermentadas. Los primates han estado bebiendo alcohol mucho antes de que el *Homo Sapiens* entrase en escena. Pero los humanos introdujeron algo muy importante en el tema del bebercio: la intención.

La capacidad de fabricar alcohol a partir de las frutas (y similares) ha acompañado a nuestra especie desde hace mucho; nuestra piel es el albergue permanente de una gran variedad de levaduras. La arqueología clásica de la borrachería cifra la primera fabricación organizada de cerveza entre el octavo y el cuarto milenio antes de Cristo.

Eso es, más o menos, unos 1500 años posteriores al nacimiento de la agricultura y convierte a la cerveza, más o menos, en contemporánea del surgir de las ciudades y civilización humana.

Pero los arqueólogos sospechan desde hace mucho que el arte de los maestros cerveceros se remonta hasta el periodo Natufiense (12.000-9.500 a. de C.). Verán: los granos que se necesitan para fabricar cerveza no tienen mucho valor nutritivo en estado natural, y el trabajo necesario para descascarillarlos y convertirlos en algo parecido a un cereal decente es semejante a un dolor de muelas. Los humanos paleolíticos disponían de alimentos más accesibles. Tenían animales a los que cazar, frutas que recoger, raíces que masticar. Una vasta panoplia de opciones que no pasaban por asentarse en una parcela e inventar la agricultura.

La cerveza, y la promesa de cerveza futura, en cantidades ilimitadas, habrían hecho que el sacrificio resultase mucho más agradable. En 2013, un equipo de arqueólogo (Brian Hayden, Neil Canuel y Jennifer Shanse) publicó un artículo, «¿Qué fermentaban en el periodo Natufiense?»[15], que hace una defensa encendida, aunque circunstancial, de que la civilización se desarrolló porque nuestros antepasados se cansaron del «alcohol natural» y empezaron a buscar un método más fiable. La agricultura es la única forma de producir grano suficiente como para asegurar un suministro constante para producir cerveza. Por eso nos convertimos en agricultores.

Como señalaba en la introducción, puede ser que hayan leído previamente referencias al artículo del Dr. Hayden. Cuando se publicó, en 2013, en Internet eclosionó toda una serie de artículos del tipo «Cómo la cerveza nos dio la civilización» (The *New York Times*) o «¿Creó la cerveza la civilización?» (*Forbes*). El Dr. Hayden cree que esos resúmenes simplifican la verdad y obvian algo que resulta de veras impresionante.

Las parrandas eran algo así como las Naciones Unidas del mundo natufiense. Las tribus invitaban a sus vecinos, incluso a los

[15] "What Was Brewing in the Natufian?"

enemigos, y la celebración solía ser una oportunidad para alardear de lo machotes que eran. Celebrar fiestas era una forma de mostrar su poder, así como de cimentar alianzas y arreglar los conflictos políticos. El Dr. Hayden me describió el proceso:

> Había una especie de sistema rotatorio de festejos. Es decir: una familia hace una fiesta esta semana, otra lo hace a la siguiente... y luego están las fiestas de rotación, que se celebran en una casa después de otra. Siguen y siguen. Esas culturas eran mucho más sociales que la industrial contemporánea. Y todas las relaciones sociales se cimentaban en la cerveza.

En vez de hablar de «cerveza creando civilización», el Dr. Hayden sugirió un resumen alternativo sobre su obra: «las comunidades complejas hacían más fiestas y fermentaban bebidas porque eso representaba una inversión en recursos, lo que incrementa su valor y su estatus. La gente se centró en hacer justo eso y una de sus consecuencias fue la extensión de la agricultura.

Me choca que Internet se centrase en el tema de la cerveza y dejase pasar la oportunidad de recalcar el punto de vista, mucho más interesante, del Dr. Hayden. *Las juergas son la base del gobierno mundial.* Fermentar bebida no era la única razón de ser de la agricultura. Pero, dado que gustaba tanto y resultaba un símbolo del estatus, producir lo bastante era de gran importancia para el gobierno, al menos hace 14.000 años.

La receta más arcaica que conoce la arqueología es una antigua guía sumeria para la elaboración de cerveza. Está escrita en forma de himno a la diosa de la cerveza, Ninkasi (literalmente: «la dama que se llena la boca» (ciertas connotaciones sexuales no se habían inventado todavía)), y ahí describen en detalle el viejo proceso sumerio de elaboración de cerveza.

Tal proceso comienza por la cocción de pan hecho de harina de cebada, malta y miel. Suena delicioso esto, que era el *bappir*, pero no era para comer. Se cocía dos veces y se almacenaba hasta que se desmenuzaba en trozos y se mezclaba con agua para dejarla fermentar hasta conseguir una cerveza espesa e impura. Es probable que no sea la primera cerveza de la historia, pero es la primera —la primera de verdad— de la que tenemos receta.

Los antiguos sumerios le daban sobre todo a la cerveza. No era tan solo un esparcimiento que se permitían. Fue el pegamento que unía a su sociedad y la mantenía productiva. La mayor parte de los hogares fermentarían su propia cerveza para su propio consumo, y el gobierno producía y distribuía un litro de cerveza al día para sus funcionarios. No puedo evitar pensar que la Administración Pública funcionaría mucho mejor si implantásemos la misma política para nuestros funcionarios. ¿Y quién necesita un plan de pensiones?

Es posible que los sumerios fabricasen su cerveza con la familia y los amigos, para consumirla con ellos. La representación pictórica más antigua de la ingesta de alcohol se data hacia el 4.000 a. C. y muestra algo que incluso hoy se reconoce como una fiesta.

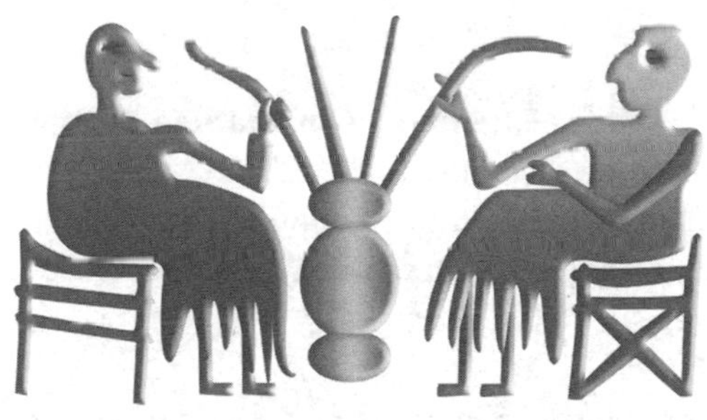

Recreación artística del pictograma original. *Tavia Morra*

Lo que esos tipos consumen no es una pipa de agua para fumar. Es un jarrón inmenso, lleno de cerveza, y beben de él mediante pajas. Es algo así como grifos personales, aunque menos higiénico. La imagen deja patente algo: la resaca es, literalmente, un problema tan viejo como la humanidad.

Llegados aquí, lectores, ya me conocen lo suficiente como intuir qué viene a continuación: es hora de otro experimento.

Cómo: beber como un sumerio

Qué quede claro: no soy el primero en tratar de recrear esta que es la más antigua de las recetas. Ni siquiera soy de los primeros. La *Anchor Brewing Company* desarrolló su propia cerveza de pan sumerio en 1989. Y, al investigar para este capítulo, me topé con una receta muy detallada, para fabricar cerveza sumeria, en un artículo de Dan Mouer de 2007 para la *Brew Your Own Magazine*.

Ambas recetas se basan en interpretaciones del *Himno a Ninkasi*, el devocionario del siglo XIX a. C. que, sin duda, es una muy tosca guía de fabricación de cerveza sumeria. De ninguna manera es una receta perfecta y hay varios pasos que se dejan al albur del cervecero. Pero voy a tratar de recrearla lo mejor posible. Ante todo, necesitan vino de dátiles. Y, a no ser que vivan en Egipto o cerca de un peculiar establecimiento de abastos, tendrán que hacer el suyo propio.

Ingredientes para el vino de dátil (para veinte litros)

Un cubo de plástico alimentario o una barrica de madera, de veinte litros de capacidad
Un bol metálico de más o menos ocho litros
Una válvula (se encuentra en tiendas para cerveceros artesanales y en internet)
2 kilos de dátiles
1 paquete de levadura, sea de pan o de vino (que también se encuentra en su tienda para cerveceros artesanales)

Instrucciones

El himno no entra en detalles sobre cómo fermentar el vino de dátiles. Solo dice que hay que mezclarlo todo. Muchas recetas de vino de dátil hablan de echar azúcar, té negro y demás. Yo voy a tratar de hacerlo tan sencillo como sea posible. Los sumerios no disponían de té negro y es posible que vivieran todavía lo bastante en el asombro de que «la fruta podrida se transformase en algo increíble» como para no alejarse demasiado de los conceptos básicos.

Hay que triturar los dátiles con un artilugio actual o, si quiere hacerlo a la antigua usanza, con mortero y mano. Una vez que los ha triturado, échelos en agua y cueza todo a fuego lento hasta que el agua se tiña del color de los dátiles. Luego, eche esa mezcla en su cuba cervecera y añada agua hasta algo menos de quince litros.

Y ahora eche la levadura. Los antiguos sumerios habrían usado solo (de manera inconsciente) la levadura natural que crecía en la piel de sus dátiles. Los míos, y sin duda los suyos, seguro que han sido rociados de pesticidas —y demás— antes de poder ser convertidos en vino. Así que vamos a tener que hacer algo de trampa con nuestra levadura si queremos asegurarnos de que no hemos comprado los dátiles para nada. Yo empleé levadura de champán, pero una de sidra o incluso una de pan servirá.

Cierren la cuba, coloquen la válvula y dejen que repose durante una semana. A los cuatro días será la hora de hornear el *bappir*.

Ingredientes para el *bappir*

Kilo y medio de malta de cebada.
Medio kilo de harina de cebada.
Unos seiscientos gramos de miel
Agua

Instrucciones

Esto va a requerir un poco de creatividad de nuestra parte, si queremos conseguir una receta válida. Así nos dice el *Himno a Ninkasi* (según la traducción de Miguel Civil):

Eres quien manipula la masa (y) con una pala grande,
Mezcla en un pozo el bappir con especias dulces,
Ninkasi, tú eres la que manipulas,
La masa (y) con una pala grande,
Mezcla en un pozo el bappir con (dátil) y miel.

Tú eres quien cocina el bappir en un horno grande,
Ordenas las pilas de granos pelados,

Ninkasi, tú eres quien cocinas
El bappir en un horno grande,
Ordenas las pilas de granos pelados,

Todo el poema es así, amigos. Se menciona a Ninkasi en cada etapa de la producción de cerveza, como si no hubiera una legión de peones cerveceros peleándose con especias dulces y, claro, paleando la masa. Aunque resulta florida, la mayor parte de la receta es sencilla. Se trata de mezclar la malta y la harina, echar un poco de agua y amasar. Luego se echa la miel y se introduce en el «horno grande».

La mezcla resultante se parece a una barra de proteínas y lo cierto es que sabe muy bien: he descubierto que un par de trozos con café dan para un desayuno de lo más gratificante. Es probable que los sumerios no comieran su *bappir*, a no ser que la cosa se pusiera muy dura, pero a mí me encanta (su sabor es mejor que el de la cerveza).

Una vez cocidos su pan y su vino de dátil, es el momento de convertir a todo eso en cerveza sumeria. Volviendo al himno:

Tú eres quien riega a la malta sobre el piso,
Los nobles perros espantan incluso a los potentados.
Ninkasi, tú eres la que riega la malta sobre el piso,
Los nobles perros espantan incluso a los potentados.

Tú eres quien pone la malta en remojo en una jarra
Las olas suben, las olas bajan.
Ninkasi, tú eres la que pone en remojo
La malta en una jarra
Las olas suben, las olas bajan.

Asumo que todo eso sobre los perros y los potentados se refiere a algunos políticos borrachones que no podían esperar tranquilos a que los cerveceros acabasen su trabajo. De ahí la necesidad de perros para tener a los hombres alejados de los cerveceros mientras estos estaban ocupados haciendo cerveza.

Tradicionalmente, la malta se obtiene a partir de cebada germinada, pero esta receta emplea en su lugar el pan *bappir*. Se desmenuza el *bappir* en cuatro litros de agua, más o menos, en una olla, y se hierve a fuego lento hasta que se ensopa por completo. Hay que estar removiendo hasta que la mezcla forme un emplasto espeso y tome un color blanco amarronado. Eso es lo que los cerveceros llaman mosto.

Acto seguido, extiendan su mosto en «anchas esteras de caña» o, si lo prefiere, pásenlo por un colador. Escurran el agua y luego introduzcan el mosto en su cubeta de vino de dátiles y cierren de nuevo.

Dejen que todo eso se asiente y fermente durante dos semanas, o más, si quieren una cerveza mas fuerte. Una vez que haya terminado de fermentar, pasen la cerveza por un filtro (¿tal vez el mismo colador?) para quitar los restos mayores, llamémoslos así. El himno sugiere el uso de una «cuba de filtrado», pero cualquier trozo de malla servirá igual para el caso. No se preocupe si la cerveza final resulta mucho más espesa de lo que estamos acostumbrados. Es así como debe ser.

El último paso consiste en asegurarse de que consumen su cerveza a la manera sumeria: en un enorme jarrón de gran capacidad y mediante pajita, con un grupo de amigos. Disfruté de mi primera cosecha con mi novia y mi compañero de cuarto, Dave. Echamos alrededor de ocho litros en una cazuela grande de metal y cortamos varios tramos de tubo de plástico, de ochenta a noventa centímetros, para hacer de cánulas.

Y ahora vamos con el sabor. No era gran cosa, aunque tampoco resultaba tan malo. Tenía un gusto ligeramente dulce y algo amargo, en el estilo de la Lambic belga. Y tiene un grado alcohólico de alrededor de un 5-6 %. El arqueólogo de licores, el Dr. Hayden, me aseguró que la cerveza antigua tenía un grado alcohólico de entre 2 y 3%. La presentación tuvo también su importancia. Algo relacionado con la forma en que lo hicimos, sentados entre amigos, reclinados en sillas y tan solo bebiendo cerveza en pajita alentó el consumo excesivo. Me encontré comportándome como si fuese una pipa de agua, bebiendo cada vez que no estaba hablando.

Beber a la manera sumeria es algo más que consumir de manera larga y lenta. Nos emborrachamos con rapidez y seguimos bebiendo toda la noche. En total, debimos consumir unos dos galones en el transcurso de las siguientes cinco horas. Fue suficiente como para que Dave y yo (que fuimos los principales bebedores) quedáramos tocados para toda la noche, aunque no lo bastante como para que ninguno acabase vomitando.

Mi objetivo principal con este experimento tenía más que ver con el estilo de beber colectivo de los sumerios que con la cerveza en sí. Esta no era mala (hice la prueba con cuatro personas y solo una no fue capaz de pasar del primer trago) pero tampoco estaba mejor que una Bud Light. La forma de beber sumeria, sin embargo, es de lo más ingeniosa. Facilita el debate, así como el beber, sin que sea fácil pillar una gran cogorza.

Así que mi consejo es que horneen algunos *bappir* para llevar a fiestas, comprar un par de galones de buena cerveza, echarlos en una cazuela, cortar las pajitas y llamar a algunos amigos. Creo que estarán de acuerdo en que la gente de Sumer tenía algunas ideas sobre la bebida que podríamos imitar.

La Edad del Alcohol (o beber de forma constante pero con moderación)

En 2013, pasé entre cuatro y seis días agonizando en un hotel de Pushkar, India. Es difícil de precisar el tiempo concreto, porque me lo pasé cagando y vomitando de manera constante. Fue la primera vez en mi vida que sentí que una parte de mi cuerpo estaba irritada de verdad. Podía sentir cómo los intestinos se retorcían en mi interior como una anaconda epiléptica. Mis amigos, que dormían en el piso de arriba, podían oír cómo gritaba durante toda la noche.

La culpable la tuvo una taza tibia de café instantánea que pedí el día antes en Jaipur. El café y el té suelen ser, por lo general, apuestas seguras en la India. Si calientas lo suficiente el agua sucia, esta se transforma en agua potable. Pero, mientras me llevaba la taza a la boca, sentí el débil hedor de las mortíferas aguas fecales. Y, para cuando comprendí que estaba en peligro, ya las primeras gotas pasaban por mi garganta. Gotas cálidas. No calientes y, desde luego, nada limpias.

El agua limpia y potable es probablemente la más simple de las grandes ventajas que el Primer Mundo tiene sobre el resto. La mayoría de ustedes tienen acceso fácil a un agua pura que no hará que se caguen en los pantalones hasta morir, por el simple hecho de beberla. Eso es algo de lo más raro. Nuestros antepasados se la jugaban con cada taza.

Si nunca han sufrido la disentería, consideren que han ganado la maldita lotería. La cogí por primera vez en Guatemala, por hacer gárgaras con agua de la ducha, como un maldito estúpido. En las siete u ocho semanas que pasamos allí, recuerdo tres episodios distintos en las que me las pasé vaciándome en el retrete.

Éramos ocho personas en el grupo de Guatemala. La mayoría de nosotros sufrimos la disentería más de una vez y hubo momentos en los que se puede decir que estábamos todos enfermos a la vez. Desde una taza de agua del grifo tomada por descuido a un traguito de la ducha, o a una sopa más que traicionera, y solo uno de nosotros resultó inmune: mi amigo Josh. Tomó la novelesca decisión de acompañar cada sorbo con tragos de una sempiterna botella de whisky de Guatemala. Josh comía la misma comida, bebía el mismo café, hizo lo mismo que el resto del grupo. Y no enfermó ni una sola vez.

Los antiguos sabían lo mismo que Josh: los microbios que nos convierten nuestros intestinos en surtidores no soportan el licor tanto como nosotros. El alcohol hace que el agua mala sea mucho más segura.

Lo mismo que millones de dolientes jóvenes por todo el país, nuestros antepasados no siempre tenían a mano licor al que entregarse. Pero la fermentación de la cerveza tendía a matar a los hostiles microbios del agua. El vino, que tiene mucho más contenido en alcohol, podía incluso mezclarse directamente con el agua. Eso hizo que esta fuese más segura y aseguró a la antigua sociedad no vivir en perpetua cagalera.

Estar bebiendo todo el día, día tras día, es muy divertido… si lo hacen tres o cuatro días, una vez al año como mucho. Si comienzan a hacerlo de manera constante, esos buenos ratos se volverán un problema infernal para su hígado y su vida. Los antiguos sabían eso tan bien como ustedes y yo. No estaríamos aquí si no hubieran controlado lo suficiente sus hábitos como para construir ciudades, inventar filosofías y también tener sexo generación tras generación.

Beber se volvió algo culturalmente ubicuo, como una forma de autodefensa; nuestros brebajes nos protegían del agua poco fiable que necesitábamos para sobrevivir. Pero los antiguos también necesitaban métodos de autodefensa con el potencial altamente adictivo del alcohol. Los antiguos griegos aguaban y mucho su vino y acompañaban la bebida con comida, para evitar el temible efecto del licor en el estómago vacío. Estos hábitos sociales funcionaron a veces. Cuando no, estaba la copa de Pitágoras.

Seguramente conocerán a Pitágoras de Samos por su teorema, que todos los chicos de escuela recuerdan, o recuerdan que solían recordar. Pero, cuando el sabio no estaba tratando de determinar la longitud de los distintos lados de un triángulo, estaba ocupado ingeniando formas de impedir la prematura destrucción de los hígados de sus contemporáneos. La copa de Pitágoras fue la cumbre de sus estudios sobre patosos. Si un bebedor goloso llenaba demasiado su copa, el contenido se derramaba de manera instantánea en su regazo, en el suelo de su anfitrión.

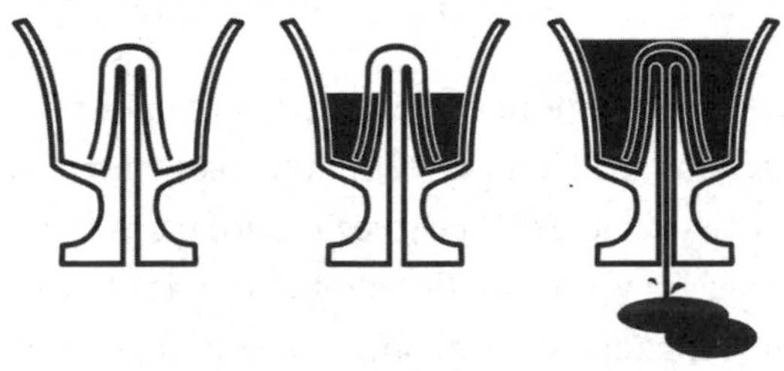

Tavia Morra

También llamada la «Copa de la Justicia» —cosa que suena a algo que gritarías mientras das martillazos— la copa de Pitágoras fue la más sofisticada arma del antiguo arsenal de la sobriedad. Pero no era el único. La mayor parte de la bebida de elaboración casera venía con una limitación natural a su consumo: podías beber solo lo que podías fabricar. Los antiguos egipcios consideraban incluso a las tabernas y los bares (lugares donde se disponía de una cantidad infinita de cerveza y vino, siempre que se tuviera dinero bastante) como lugares intrínsecamente inmorales.

Hipócrates, el filósofo griego del que se puede decir que inventó la medicina occidental, consideraba al alcohol como increíblemente útil para tratarlo todo, desde la fiebre a los gases. Pero clamaba contra los hombres que prescribían bebida para todas las dolencias y que la consumían sin mezclar con agua. Hipócrates se alineaba así con la actitud mayoritaria griega al respecto, al decir:

> Beber vino puro en gran cantidad vuelve a un hombre débil y, al presenciarlo, todo el mundo sabe que tal es el poder del vino.

Por supuesto que el alcoholismo no era un desconocido en la antigua Grecia. Es bien sabido que Sócrates dedicó muchas horas de su vida a juergas etílicas con su adorado Alcibíades. Pero no fue hasta la época de los romanos, con sus grandes viñedos cultivados por esclavos, cuando el alcoholismo fue posible a gran escala. Antes de eso, solo los ricos y poderosos podían permitirse el lujo de tener problemas con la bebida.

Ya se pueden imaginar cómo funcionaban las cosas.

Los borrachos que cambiaron la historia

Alejandro Magno tenía una historia que hará que la mayoría de ustedes simpaticen con él. Fue hijo de un padre distante y adicto al trabajo que bebía de forma constante y en público. El hecho de que su padre, Filipo II de Macedonia, fuese el caudillo más poderoso de su época, no hizo que el joven Alejandro sintiera menos vergüenza de sus disparates etílicos.

Los antiguos macedonios no usaban copas de Pitágoras ni tampoco aguaban el vino. Eran una nación de jinetes (hetiaroi) y a menudo cabalgaban como cubas a la batalla, o por lo menos bien contentos. Beber de más fue algo habitual, sino una constante, en su cultura guerrera. Y Filipo, su rey, bebía tanto como cualquiera de sus soldados.

El joven Alejandro fue tutelado (y también encumbrado en parte) por el famoso filósofo Aristóteles. Ya que Aristóteles era griego, no es exagerado suponer que alguna valoración sobre las bárbaras tradiciones etílicas de los macedonios transmitiría a su pupilo. Es bien conocido el clímax que se produjo en el banquete con el que Filipo quiso celebrar su segunda boda, con una mujer llamada Cleopatra que, desde luego, no era la madre de Alejandro.

La celebración degeneró con rapidez en una fiesta de borrachos, como era habitual entre macedonios, y uno de los parientes de Cleopatra comentó a Filipo, con sarcasmo, que ahora podría tener un heredero «real». Alejandro se tomó eso como una ofensa y le lanzó su copa de vino, lo que condujo a un tumulto de beodos. Filipo sacó su espada y se arrojó contra Alejandro pero, como iba como una cuba, tropezó con uno de los lechos y se cayó de culo. Alejandro no pudo evitar burlarse de él por eso:

> Miren, hombres, pretende cruzar de Europa a Asia y se cae al pasar de lecho.

Alejandro y Filipo nunca se reconciliaron del todo. Y por «nunca se reconciliaron» me refiero a que lo más seguro es que Alejandro y su madre biológica estuviesen detrás del asesinato de Filipo. Nunca sabremos la verdad, porque los caudillos borrachines acumulan enemigos como los culos de los caballos lo hacen con las moscas. Pero sí sabemos que los modales ebrios de Filipo se trasmitieron de padre a hijo.

A lo largo de su breve vida, Alejandro pasó de ser lo más parecido a un abstemio en esa sociedad rebosante de alcohol a convertirse en uno de los mayores borrachos airados de la historia. El alcohol fue para él un problema tan en aumento como las tensiones de dirigir un gran imperio, a lo que había que sumar una multitud de heridas de guerra. Alejandro organizaba bacanales alcohólicas épicas de forma casi diaria y es poco probable que estuviese sobrio mientras planificaba (o luchaba) en la mayoría de sus campañas.

Pero el efecto más evidente de la bebida sobre Alejandro se puso de manifiesto durante la ocupación de Persépolis, antigua capital del imperio persa y una de las ciudades más grandes de la tierra en esa época. Inicialmente, Alejandro pretendía dejar intacto el palacio. Pero, durante el festín de la victoria, él y sus hombres se emborracharon hasta tal punto que, cuando uno de los celebrantes sugirió alumbrar todo aquello, a Alejandro no se le ocurrió otra cosa que ponerse a repartir antorchas.

Con treinta y pocos años, Alejandro gobernaba el imperio más grande de la tierra. Murió antes de que sus tropas pudiesen conquistar la India; una invasión que seguramente habría cambiado la historia del curry y también la del mundo. El rey de Macedonia se sintió enfermo durante una fiesta. Tras trasegarse una copa de vino, se agarró un costado de forma agónica y declaró que era como si hubiera recibido un flechazo en el hígado.

La mayoría de los historiadores sospechan que fue la fiebre tifoidea la que se llevó a Alejandro pocos días después. Pero años de borracheras y un sistema inmunológico debilitado por el alcohol ayudaron, sin duda, a que las fiebres tifoideas hicieran su trabajo.

La historia está llena de conquistadores borrachos: Atila y Gengis Khan eran dos alcohólicos a la altura de Don Draper[16]. Pero la influencia exacta del alcohol sobre el proceso de toma de decisiones de un líder mundial borracho no siempre resulta fácil de analizar, sobre todo si este bebió a lo largo de todo su reinado.

Uno de los pocos ejemplos claros de cómo el alcohol cambió el curso de la historia mundial lo tenemos en Rusia. Según la Crónica Primaria (que es literalmente la única historia escrita, de ese periodo, sobre los Rus de Kiev, también llamados proto-rusos), el príncipe Vladimir de Kiev, pagano, comenzó a interesarse por una nueva religión hacia el 988 d. C. Los musulmanes búlgaros le ofrecieron ar-

[16] Protagonista de la serie de TV *Mad Men* (N. del T.)

gumentos serios, con la promesa de «mujeres y perdón», aunque tuvieron que admitir que los rusos tendrían que dejar de beber alcohol si querían convertirse al Islam. El príncipe Vladimir ni consideró tal posibilidad.

> Beber, les dijo, es la alegría de los Rus. No podemos existir sin tal placer.

El Príncipe Vladimir optó por unirse a los cristianos en lugar de al orbe musulmán. No hay manera de saber hasta qué punto habría sido diferente la historia humana con una Rusia islámica. Aunque podemos asumir sin riesgo de equivocarnos que la popularidad mundial del vodka habría salido muy mermada.

Esa no es la última vez que el alcoholismo y Rusia colisionaron para cambiar la historia. Joseph Stalin era un famoso alcohólico, sobre todo durante la II Guerra Mundial. Lo único que el primer ministro británico, Winston Churchill, y él tenían en común era un hábito de lo más insalubre. Ambos hombres bebían todo el día, cada día, mientras pilotaban sus estados a través de la guerra más sangrienta y violenta de la historia humana.

Ese par no se llevaban bien en absoluto, en parte porque Stalin era un asesino en masa, sediento de poder, y también porque no había nadie que pudiese congeniar con Winston Churchill. En 1942, la pareja se reunió en Moscú para tratar de limar asperezas y así facilitar el importante trabajo de matar nazis.

La cosa no salió bien.

Quiero decir que no salió bien al principio. Los dos hombres se reunieron durante dos días de negociaciones, con Stalin reculando y discutiendo cada punto. La última noche, la cosa no parecía tener ninguna posibilidad. Se celebró una cena horrible y parecía que se despedirían dejando las cosas peor que antes.

Pero entonces, Churchill y Stalin comenzaron a beber. Y siguieron haciéndolo durante horas. Hacia la una de la madrugada, el primer ministro británico mandó llamar a su secretario, sir Alexander

Cadogan, que llegó a la fiesta *in media res* y dejó por escrito lo que presenció:

> Me encontré con Winston y Stalin, y Molotov, que se les había unido, los tres sentados ante una mesa atestada con comida de todo tipo, rematada con un lechón, e innumerables botellas.

Los dos líderes mundiales se las arreglaron para llegar a un terreno común a golpe de bebida. La juerga no terminó hasta las tres de la madrugada y, para entonces, el humor era «festivo como una campana de boda». Es difícil atribuir esa reunión a una política o plan definido, pero Stalin y Churchill parece que lo consideraron un ejercicio de «formación de equipo» aliado; algo así como pasar por la cuerda floja, pero con toda la civilización humana dependiendo de si llegaban o no a un acuerdo.

El alcohol acercó a Churchill y Stalin y, con ello, pudo desempeñar su pequeño papel a la hora de salvar a la civilización occidental del nazismo. Pero el alcohol también tuvo su papel en el final de algunas civilizaciones, como por ejemplo el gran imperio Wari de Sudamérica.

Wari: El Imperio que terminó en una gran borrachera

El imperio wari controló un gran parte de la costa occidental de América del Sur, sobre todo en lo que ahora es Perú, entre el 600 y el 1100 d. C. En muchos aspectos, era el tradicional imperio, conquistando a cualesquiera naciones que no aceptasen doblar el espinazo ante ellos, suprimiendo de forma brutal las tradiciones locales... comportándose básicamente como unos malos de película.

Pero los wari se diferenciaban de manera drástica de la mayoría de los imperios. Organizaban las mejores juergas.

Estoy hablando de un consumo de alcohol tal que haría que San Patricio se cagase en sus calzoncillos de tréboles bordados. Los wari se reunían en masa para bailar y beber enormes cantidades de su tradicional cerveza, la *chicha*. A menudo consumían más de once litros de cerveza en una sola sesión. Incluso aunque estemos hablando de la antigua equivalente a la Miller High Life[17], resulta una cantidad heroica de alcohol. Los wari bebían como universitarios de sus recipientes de emborracharse: estrafalarios vasos de casi cuatro litros, algunos de ellos con forma de pie humano.

Tavia Morra

Así pues, esos tenderetes de Las Vegas en que venden botas gigantes de plástico, llenas de licor, forman parte en realidad de una tradición antigua.

Los wari construyeron ciudades grandes y ordenadas, gigantescas fortalezas defensivas y toneladas de arte exquisito, en honor a sus dioses. Pero es lo que han hecho todos los grandes imperios. Lo que convierte en especial a los wari, al menos a los enrojecidos ojos de este autor, eran sus fábricas de cerveza. Esas enormes estructuras de madera conteniendo no menos de veinte tinas cerámicas de cerveza, cada una con capacidad para de noventa a ciento treinta litros. En un día, uno de esos titánicos santuarios de cerveza podía producir casi dos mil litros de chicha.

[17] Cerveza estadounidense de 4,6% de alcohol (N. del T.)

No sabemos mucho sobre las relaciones entre sexos en el antiguo imperio Wari. La mayor parte de sus registros se guardaban en kipus, una forma temprana de Mesoamérica con la que guardar información mediante nudos complejos. Por desgracia, la mayor parte de los kipus se pudrió mucho antes de que naciese el primer arqueólogo. Pero las pruebas obtenidas entre las ruinas sugieren que la gran industria de la cerveza wari estaba a cargo por completo de mujeres.

Los wari bebían por muchos de los motivos de siempre: en celebraciones religiosas, durante el cambio de estaciones o por el gusto de llenar las calles de vómitos. Pero también solían emplear la cerveza como arma diplomática, invitando a sus rivales, incluida la vecina Tiahuanaco, a épicas cogorzas. Esas celebraciones internacionales debían servir para forjar nuevas alianzas, pero también daban a los wari una oportunidad de mostrar su opulencia y organización. El mensaje implícito era: «nos encanta fabricar cerveza de momento, pero, si nos hacen enfadar, nos centraremos en fastidiarles el día».

Los wari comenzaron a declinar alrededor del año 1100. Sabemos que Tiahuanaco cayó hacia el año 1000, probablemente causando una reacción en cadena que condenó a los wari. También es posible que ellos fueran las primeras víctimas de lo que por último acabó con los wari. No sabemos por qué cayó el imperio de estos últimos. Pero, gracias a los científicos de la Universidad de Florida y el Field Museum de Chicago, sí sabemos cómo cayeron: en una gigantesca orgía de alcohol.

Las excavaciones en la ciudad wari de Baúl han puesto de manifiesto que la gran fábrica de cerveza y la mayor parte de la urbe resultaron destruidas por un gigantesco incendio ritual, como colofón a la última juerga de borrachos de los wari. Mientras la fábrica de cerveza y la circundante casa de festejos se derrumbaban, los nobles wari echaron sus jarras de cerveza de medio litro, con forma de bota, al fuego. Terminaban así de forma simbólica con su imperio, en lo más parecido que se recuerda a una bajada de telón.

Despedirse de toda tu civilización con una borrachera épica es algo que suena completamente descabellado, al menos en apariencia. Y además no tiene demasiado sentido. ¿Por qué un pueblo en sus últimos estertores, obligados a abandonar su hogar, malgasta recursos fundamentales en una última fiesta imponente? La historia nunca tendrá una respuesta completa a esa pregunta. Pero esa Canción de Bebercio y Fuego tiene mucho más sentido si sabe más acerca de la…

Chicha: la cerveza que mantuvo unida a Mesoamérica

Diversos tipos de chicha eran, y siguen siendo, muy populares en toda América del Sur y Central. Los wari hacían la suya con granos de pimienta rosa, la baya de la *schinus molle*. La mayoría de los mesoamericanos antiguos usaban maíz o alguna otra planta feculosa como la yuca. Los wari usaban probablemente *molle* por varias razones, entre las que no era la menor que así conseguían una cerveza más fuerte. Pero elegir una única cerveza supuso a una importante toma de postura política.

Verán, la chica no es como la cerveza normal. En la antigua Mesoamérica se hacía tanto en fábricas cerveceras públicas como en las casas privadas —ahí las fabricaban sobre todo las mujeres— que mascaban y escupían el ingrediente clave. La *amilasa*, una enzima que se encuentra en la saliva humana y que convierte a los almidones de una infermentable planta en azúcares fermentables. Si se juntan levadura y agua con fajos de materia vegetal ensalivada, se obtiene cerveza en un par de semanas. Hay muchas y muy diferentes recetas de chicha por todo el mundo, pero los fundamentos son siempre los mismos (pueden leer más sobre la chicha en el artículo de Justin Jennings, de 2004, titulado *La chichera y el patrón*[18]).

[18] En español en el original (N. del T.).

La chicha es una cerveza del pueblo y, de manera bastante literalmente, para el pueblo. Y no hay gran imperio que alcanzase el poder en Mesoamérica sin una gran cerveza respaldándole. Imperios como el wari o el inca difundieron su cultura y su palabra gracias a su capacidad para organizar fiestas y celebraciones alcohólicas, tanto para sus enemigos como para los pueblos sometidos.

En la sociedad andina, las borracheras adquirieron un papel aún más crucial: fueron la base de toda la economía. En una era anterior a que el dinero fuese de verdad importante para una mayoría de población anclada en la agricultura de subsistencia, los trabajadores recibían a menudo su paga por el trabajo duro mediante fiestas elaboradas. La chicha era una parte fundamental de este sistema de reciprocidad y, de esa forma, un imperio como el inca podía construir ciudades y monumentos, tan solo haciendo correr la cerveza.

No se puede almacenar la chicha; una vez fabricada, tienen ustedes un par de días antes de que empiece a estropearse. Eso significa que la elaboración de la cerveza era continua, una ocupación para todo el año. Y, en la mayor parte de Mesoamérica, la industria de la cerveza estaba dominada por mujeres. Doña Lapo era famosa por hacer la mejor chicha. Los incas tenían una clase especial de cerveceras, las llamadas *aqllas* o «mujeres selectas». Las mujeres selectas eran básicamente célibes reales cerveceras. La mayor parte de ellas estaban relacionadas con el gobernante inca y hacían voto de castidad.

Se necesita un tipo muy concreto de persona que esté dispuesta a renunciar al sexo por el privilegio de tener a cientos de personas bebiendo su esputo. Pero el papel central que la chicha jugaba en la vida pública significaba que esas mujeres debieron gozar de un elevado status. Su chicha representaba al estado inca durante las festividades públicas y en los actos oficiales. *Emperadores y reyes visitantes se emborrachaban con la saliva de las aqllas.*

Debemos admitir que la cosa tiene su miga.

Experimento: ¿Los escupitajos de mujer hacen mejores cervezas?

Estoy seguro de que a todos les ronda la misma pregunta que me asaltó a mí apenas comencé a leer sobre la chicha: ¿por qué su fabricación era solo un asunto de mujeres?

Hice esa pregunta al Dr. Brian Hayden, arqueólogo cervecero y profesor de la universidad Simon Fraser. Me ofreció una explicación bastante difusa para el hecho de que el club de maestros cerveceros fuese solo para chicas.

> En muchas fiestas, son los hombres los que hacen la matanza y a menudo cocinan la carne. Podría ser que la elaboración de la cerveza fuese tan ardua que se la confiasen a las mujeres.

Pero también me ofreció una hipótesis mucho más atrayente, en la línea de que «podría haber algún tipo de diferencia entre la encima de la saliva de las mujeres y la de los hombres». Así que ¿probablemente se debía al sexismo, pero tal vez porque la saliva de las mujeres hace mejor cerveza? Eso era cuanto necesitaba para justificar otro experimento. Pueden reproducir mi experimento si reúnen amigos masculinos y femeninos y:

Ingredientes

Jarras de vidrio de unos siete litros, obtenidas en una tienda de cerveza o gracias a beber mucho vino Carlo Rossi.
2 válvulas
Alrededor de cuarto de kilo de harina de maíz o maíz molido
2 sobres de levadura
2 tazones de saliva

Instrucciones

Dividir a los participantes en un grupo de chicos y otra de chicas. A cada sexo se le entrega un bol y algo más de cien gramos de harina de maíz, más o menos.

La tarea no va a ser fácil. Cada uno ha de meterse una buena cucharada de harina de maíz en la boca y masticar. Intente mantener el maíz en la parte anterior de la boca, para evitar tragársela y para asegurar una saturación máxima. Debe salir algo así como una masa densa y pegajosa, pero lo más probable es que los masticadores novatos consigan una especie de lodo.

ADVERTENCIA: Masticar esa cantidad de harina de maíz exige concentración y dos de cada cuatro experimentadores acaba sangrando. Dado que los boles de las chicas y los chicos terminaron con cantidades aproximadamente iguales de sangre, decidí que el experimento seguía siendo válidos.

Cuando cada parte ha masticado sus más de cien gramos (o más, si están locos) viertan o derramen la bocanada de maíz en sus respectivos recipientes. ¡Asegúrense de etiquetar los que contienen la saliva de los chicos y de las chicas! Llenen cada jarra hasta la mitad de agua.

Por último, echar levadura, sellar la válvula de aire, agitar y dejar que su futura chicha repose durante al menos cuarenta y ocho horas.

Seguimos con nuestra vida normal durante las siguientes cuarenta y ocho horas, echando de vez en cuando un vistazo a las jarras de zumo levemente efervescente, de color amarillento, de pasta sanguinolenta en la cocina.

Dos días más tarde de mi experimento, decanté con prudencia los primeros dos vasos de nuestra chicha. De inmediato me asaltó un olor a levadura agria. La cerveza en sí era mejor: agria y un poco efervescente. Sí parecía haber una diferencia de sexo: la chicha masculina era perceptiblemente más agria y con sabor a levadura. La versión saliva femenina era bastante más suave. Si tuviera que beber litros de una u otra, elegiría el sabor de la cerveza Doña Lapos. Quizá ahí estuvo el motivo de los antiguos mesoamericanos.

Tales resultados resultaban intrigantes, por lo que decidí que era importante ahondar y comprobar si podía notar las diferencias con

la cerveza hecha con *schinus molle* y no con maíz como ingrediente activo. Encargué medio kilo de granos de pimienta roja seca por Internet y reuní a un gran grupo de voluntarios: seis hombres y tres mujeres. La disparidad en los sexos vino de que las mujeres podían mascar más granos por persona que los hombres (estaban mejor dotadas para masticar la misma cantidad).

Cuando la chicha estuvo lista, tres días más tarde, convoqué a un grupo mucho más pequeño para beber el brebaje resultante. Seis personas, cuatro hombres y dos mujeres, se sometieron a una cata ciega y decidieron qué cerveza les gustaba más. Cuatro de los seis participantes prefirieron la de mujer, indicando que era «más efervescente» y de sabor más suave que la variedad masculina.

Estas pruebas deben estar lejos de ser la última palabra sobre el asunto. Si algunos arqueólogos cerveceros quieren desarrollar un estudio más amplio usando métodos más tradicionales, les deseo la mejor de las suertes a la hora de encontrar financiación. Creo que todos estaremos de acuerdo en que es para este tipo de interrogantes para lo que existen las subvenciones estatales a la investigación.

Hasta que eso se haga, yo soy un firme partidario de la teoría de que «la cerveza de saliva de chica sabe mejor».

Capítulo 5

Cómo los malos comportamientos salvaron la civilización

Vamos a hablar un momento de capullos. No del tosco coloquialismo con el que se nombra al órgano reproductor masculino, sino de aquel que sirve para designar a los que se comportan mal y a los que por lo general les importa un ídem los sentimientos de los demás. Esas son las personas que montan peleas de borrachos por el simple gusto de ser unos imbéciles agresivos en público, o que se sacan fotos de sus abdominales en el espejo para publicarlos en Internet. Porque, claro, eso es lo que está esperando ver todo el mundo. Son los trolls de Internet que se pasan los momentos de ocio insultando a gente que no conocen. Son personas para las que el sarcasmo resulta un acto reflejo y el resto del mundo es solo una diana.

Estos capullos y todos los de su calaña, son una plaga de la edad moderna. Cuando se hizo evidente la promesa de una Internet como herramienta global de comunicación, muchos pensamos que podía anunciar el alba de una nueva era del discurso humano. La gente tendría la posibilidad de difundir sus ideas para conectar y entenderse entre ella a un nivel nunca antes posible. Pero, aunque esto ha sido así, no fuimos capaces de prever el vasto abanico de fealdad que Internet iba a alumbrar. Los primeros profetas de Internet soñaban con cosas como You-

Tube, pero no con su cara más oscura. Ni en sus peores pesadillas podían imaginar el racismo o la misoginia que se podría encontrar en la sección de comentarios de un video de YouTube.

Usenet fue el bisabuelo de las redes sociales modernas. Nació en 1980 como una serie de grupos de noticias en los que la gente de todo el mundo podía discutir de lo que quisiera con cualquiera que tuviese internet. Para los nerds de los ochenta y los primeros noventa, Usenet era una mezcla de Reddit, Facebook y Gmail. Fue el primer cauce abierto para que la gente hablase de lo que quisiera con desconocidos de todo el mundo.

«Abierto» puede resultar un término demasiado rotundo. El acceso a Internet no empezó a popularizarse hasta mediados de los noventa. Durante más de una década, la gran mayoría de la gente de Usenet tuvo acceso a Internet en sus lugares de trabajo o a través de los ordenadores de su universidad. Las conexiones personales eran poco comunes y se limitaban a los geeks[19] acaudalados de Silicon Valley o a los más peludos y entregados programadores. Los nuevos usuarios llegaban a Usenet a goteo, no en la riada que lo hace ahora en Internet. En 1985, había 1300 grupos de noticias en Usenet. En 2014, esa era la cifra de páginas web que se creaban cada dos minutos y medio.

En el apogeo de Usenet, el aflujo de recién llegados era mucho más manejable y llegaba en oleadas predecibles. La mayor se producía cada año en septiembre, cuando los novatos llegaban a la universidad y se registraban por primera vez. Cada septiembre se convertía en un fastidioso periodo de toscos novicios empleando los hilos de discusión de Usenet como si fueran las paredes de los lavabos, antes de ser reprendidos y encauzados de forma gradual por el martillo del escarnio público. Era un ciclo predecible que llevaba a una cultura digital de relativo buen comportamiento.

Y entonces llegó AOL.

En 1993, se abrieron las compuertas a toda una nueva generación de usuarios de Internet. A partir de ese momento, cualquier

[19] Personas fascinadas por la tecnología punta (N. del T.)

persona con un poco de dinero para gastar y sin necesidad imperiosa de estar al teléfono podía conseguir una línea y comenzar a escribir en Usenet. Un enorme enjambre de tecno-bárbaros incultos asaltó los muros de Usenet, demasiados como para que el núcleo de usuarios veteranos pudiera domesticarlos y educarlos. Se hizo imposible exiliar o someter a los trolls, ahora camuflados en el anonimato de la horda.

Usenet e Internet ya nunca volverían a ser las mismas. Los usuarios veteranos se refirieron a esta nueva era como el «septiembre eterno». Cuando se presenta la cosa de esta manera, parece la historia de un gran imperio atlante hundido, perdido de manera trágica en el tiempo, por las convulsiones de un cataclismo aterrador.

Pero si los primeros artífices y defensores de Internet hubieran estudiado más a fondo la historia y la antropología, nada de esto los habría pillado por sorpresa. El septiembre eterno era inevitable. Las malas conductas que han convertido a gran parte de la Internet moderna en un pozo negro no son tan solo producto de la crianza y la educación. El narcisismo, la agresividad, el sarcasmo reflexivo —toda la panoplia de la cochambre— están, de manera literal, escritos en nuestro ADN.

Algunos de nosotros hemos nacido para ser capullos porque hubo veces en el remoto pasado de nuestra especie que los comportamientos despreciables nos salvaron.

Cómo la evolución recompensa el narcisismo

Las redes sociales algo así como una máquina del movimiento perpetuo para alimentar los egos humanos. Por supuesto que existe toda una plétora de artistas y creadores que usan Internet para compartir su trabajo. Sin embargo, las verdaderas contribuciones a la cultura humana están enterradas bajo una avalancha de selfies. Acudan a cualquier artículo de Internet sobre un asesinato de masas, un desastre natural o cualquier otro tipo de calamidad que haya acabado con un montón de personas inocentes. Encontrarán cómo un usuario tras otro suelta variantes del «si yo hubiera estado allí…». A modo de ejemplo, aquí les dejo un comentario en un artículo del 2015 sobre un superviviente de la matanza de Utoya, en Noruega. El artículo plantea una pregunta retórica, para ilustrar lo difícil que es reaccionar de manera eficaz ante la violencia repentina: «¿Qué harías si un tipo con un cuchillo entra de repente en la habitación mientras estás leyendo esto? ¿Tenías algún plan antes de leer la última frase? Por supuesto que no».

Y así es cómo uno de los comentaristas, llamado Jackmeioff optó por responder a la pregunta retórica:

> ¿Plan?
> Supongo que sacar la magnum 357 de la pistolera de seguridad que tengo a mi alcance, sin levantarme de la silla, y hacerle seis agujeros en el pecho, y tratar de evitar que me apuñale antes de perder el sentido. Y luego recargar, por si hubiera un segundo tipo.
> Eso me llevaría más o menos 15-20 segundos.

Leí un post como ese y me imaginé un tipo muy concreto de persona: locos como cabras, pálidos de no ver el sol, llevando un cavernícola dentro y con al menos un poster de Scarface y espadas decorativas en las paredes. De los que tienen en casa un cartel que muestra un revólver y la leyenda de CUIDADO CON EL PROPIETARIO. Sí, sé que es un estereotipo, pero describe a una desdichada cantidad de personas que:

> 1.- Sobreestiman y mucho sus propias habilidades, y
> 2.- No son capaces de aguantarse las ganas de decirles a todos lo buenos que son.

No crean que gente de ese tipo duraría mucho en un tiempo o lugar más duros. El exceso de confianza, en nuestro cómodo mundo moderno, con sus antibióticos y con pocos ataques de osos, es un defecto. Así que debía ser mucho más letal en una época menos pacífica.

Pero esa veta de narcisismo delirante nos ha acompañado siempre y hay una razón para la que siga haciéndolo: porque, a veces, los tarados con exceso de confianza aciertan.

La mayor parte de las personas que corren riesgos absurdos a partir de una valoración poco realista de sus capacidades, mueren. Pero algunos tienen suerte, dan la talla y cambian el mundo. Cristóbal Colón era un engreído zoquete que no pudo encontrar la India, pero tuvo suerte y encontró para Europa dos continentes que expoliar. Colón obtuvo su recompensa por asumir riesgos estúpidos, en forma de fortuna y fama. Tuvo dos hijos, que tuvieron también hijos, y pasaron esos genes de la imprudencia a través de los siglos.

Los científicos ya pueden rastrear la herencia genética de los más suertudos arriesgados de la historia. Existe un gen llamado DRD4 que ayuda a sus cuerpos a decidir cómo y cuándo darle dopamina. Alrededor de un 20% de nosotros tenemos una variante del DRD4 llamada DRD4-7R. Algunos estudios han demostrado que las personas con esta variante son más propensos a arriesgarse. Así que solo ese gen es lo que separa al tipo que salta borracho una valla para sumarse a sus amigos y bañarse en yacusi ajeno del que aguarda, esperando que no los detengan. Y esto sugiere que el exceso de confianzas y la asunción de riegos han dado resultado con alarmante regularidad, a lo largo de los siglos.

Hasta donde llega la ciencia, el gen DRD4-7R apareció por primera vez, de forma masiva, hará cuarenta o cincuenta mil años, cuando los primeros seres humanos decidieron abandonar la seguridad de sus hogares y ver si les podía ir mejor cruzando el mar.

La antigua sabiduría del exceso de confianza

El Dr. David Dunning, de la universidad de Cornell, según parece, tuvo en ese lugar muchos enfrentamientos con sus propios Jackmeioffs. En 1999, formó a un estudiante graduado, de nombre Justin Kruger, para estudiar el desconcertante fenómeno del exceso de confianza humana. Me explicó que:

> Estaba fascinado por el número de personas que vi cómo... cometían errores en su vida cotidiana y me preguntaba cómo no habían previsto ese tipo de errores.

El trabajo del Dr. Dunning vino motivado por muchas de las mismas irritantes meteduras de pata a la que todos nos hemos enfrentado. Vio cómo el exceso de confianza llevaba al desastre a «reuniones de la facultad, programas de televisión, a crímenes absurdos, a protagonizar premios Darwin y cosas así». Kruger y él probaron en estudiantes de los más diversos tipos y les interrogaron sobre lo bien que creían haber hecho las cosas. Descubrieron que los estudiantes que peor habían hecho una prueba previa eran, de forma invariable, los que tenían «una absurda confianza» en cómo habían hecho el examen. Quienes lo habían hecho bien tenían una idea mucho más ajustada sobre sus resultados. Este estudio acabó por resultar un hito para que los científicos puedan definir esto. El efecto Dunning-Kruger alude a cómo las personas menos competentes tienden a asumir que son mucho mejores para ciertas tareas de lo que lo son en realidad.

El trabajo de Dunning y Kruger da a entender que el comportamiento a lo Jackmeioff es endémico entre los seres humanos. El Dr. Dunning agrega que esa conducta observada se agudiza gracias al anonimato de Internet. «Creo que la gente es mucho más proclive a comportarse de manera circunspecta entre sus familias y amigas que cuando se mete en una sección anónima de comentarios de Internet».

Pero ¿por qué este tipo de comportamientos está tan extendido entre los seres humanos? El narcisismo y el exceso de confianza nos han conducido a guerras y quiebras bursátiles, además de a los últimos veinte años de telebasura. ¿Cuándo nos ha sido esto de ayuda?

De nuevo en 2011, dos científicos, Dominic Johnson y James Fowler, de las universidades de Oxford y California, se hicieron la misma pregunta. Siendo grandes estudiosos, trataron de responder creando un modelo matemático. En un artículo en la revista *Nature*, de 2011, "The Evolution of Overconfidence"[20], propusieron un modelo situacional en el que había dos sujetos, de fuerza no determinada, compitiendo por el mismo recurso. Dado que es un buen modelo situacional, los detalles del conflicto podrían variar desde dos personas disputándose una manzana a dos países decidiendo si van o no a la guerra por una isla llena de oro.

Si las partes luchan, el que resulta el más fuerte acaba obteniendo el recurso. Si solo uno de ellos se lanza a por el recurso él/ella/ello se lo lleva todo sin pelear.

Ninguna de las partes puede tener la certeza de si ganará o perderá en caso de lucha. Pero la parte que asume que va a ganar cualquier pelea porque «mira estos bíceps que tengo» tiene las mayores probabilidades de conseguir el recurso sin dueño. Esa parte tiene también más probabilidad de meterse en peleas pero, estadísticamente, también de ganar algunas. Según los autores del estudio:

> El exceso de confianza da ventaja porque anima a los individuos a reclamar recursos que no podrían conseguir si entrasen en conflicto... les impide alejarse de conflictos que seguramente ganarían.

Merece la pena reseñar que todo esto es verdad solo hasta cierto punto. El Dr. Dun-Ning me precavió contra la asunción de que el exceso de confianza tiene siempre un resultado positivo:

> Digamos que, cuando lleva una época entregado al exceso de confianza, eso se salda con daños, lesiones y antes o después se mete en una pelea que acaba con su vida. El problema de asumir riesgos es que se puede perder.

Johnson y Fowler también observaron que el exceso de confianza se vuelve cada vez menos útil en situaciones de riesgo mayor. Cuando los riesgos son pequeños, ustedes no se ven penalizados

[20] La evolución del exceso de confianza (N. del T.).

mucho por sus errores y las ganancias inesperadas, en caso de triunfar, merecen la pena. Ese es el motivo de que los Jackmeioffs puedan presumir de su capacidad de luchar todo el día a través de Internet, sin tener que verse metidos en una pelea en toda su vida.

Es fácil reírse de este tipo de chicos sobrados de confianza, imprudentes y asociales. Pero, en épocas más primitivas, las personas que cogían lo que querían y que acababan por asumir que podían apoderarse de lo que les daba la gana obtuvieron gran número de victorias fáciles. Esas victorias fáciles los mantuvieron bien alimentado y su exceso de confianza estaba en sintonía con otro comportamiento absurdo que también sirvió a nuestros primitivos y coléricos ancestros, cuando tuvieron que verse en conflictos antiguos:

La sabiduría de la ofensa y la mentira

El auge de Internet produjo un reverdecer del discurso ofensivo. Hacer eso cara a cara tiene sus riesgos, sobre todo porque la cara es vulnerable a los golpes. Online, sin embargo, la distancia y el anonimato nos sirven de escudo y los insultos fluyen con tanta facilidad como el porno amateur y las películas pirateadas. Resulta fácil de escuchar a un crío de trece amenazar de muerte por la Xbox Live, o dejarse llevar por esa riada de odio que es la sección de comentarios de los videos de YouTube, y uno le echa la culpa al anonimato. La verdad resulta más compleja. Estamos programados para soltar mierda desde hace miles de años, y hay una buena razón para ello.

Los seres humanos están programados para la agresión. Es una «constante humana», puesto a robar sin pudor un término acuñado por el antropólogo Donald Brown en su libro del mismo nombre, de 1991. Las constantes humanas son comportamientos tan regulares entre nosotros que, si hubiera extraterrestres, les servirían como base para trazar los estereotipos de nuestra especie.

Pero la agresión no tiene por qué desembocar en violencia. De hecho, tal y como Johnson y Fowler señalaron, el mejor resultado en cualquier enfrentamiento es que la otra parte recule sin luchar, dejando que el vencedor recoja los despojos sin pagar por ese triunfo.

Pero, ¿Cómo se puede ser agresivo sin ser violento? La respuesta está en soltar bravatas, soltar basura, jactarse o cualquier otra táctica que se base en la agresión verbal. Es obvio que mancillar el honor de alguien, o su valor y/o su paternidad es la forma más rápida de acabar en pelea, pero uno suele creer que puede recular. El ventilador de mierda es el equivalente humano a los perros que enseñan los dientes a otro perro. No pretenden comenzar una pelea. Tratan de evitarla, sabiendo que el otro puede lanzarse a su yugular si le presionan demasiado.

Y aquí es donde interviene de nuevo el exceso de confianza: creerse de verdad que eres un tipo duro y que los demás se van a arrugar, contando con que te puedes echar atrás si no funciona. Los Jackmeioffs de todo el mundo están llenos de mierda (o sea: rebosan mierda), pero la mayor parte de ellos se creen lo que dicen y lo mantienen. Johnson y Fowler teorizan que una de las razones por las que hemos evolucionado es gracias a nuestra capacidad de fingir ante los demás.

No debemos subestimar el valor evolutivo de la mentira. El biólogo evolucionista Peter Caryl apunta en "Escalated Fighting and the War of Nerves: Game Theory and Animal Combat"[21] que, al contrario del exceso de confianza, cuanto más alto es el farol, más elevada es la ganancia (Maynard Smith y Parker hicieron observaciones parecidas en un artículo de 1976 para *Behavior*). En una situación de vida o muerte, dejar a alguien en evidencia puede costarnos la vida. Es la misma idea base que había tras la «destrucción mutua segura» de la Guerra Fría. Estados Unidos y la URSS afirmaban, de cara a la galería, que eran capaces de aniquilarse mutuamente (y a todos los demás en este mundo). Puede que alguna de las partes mintiese acerca

[21] La lucha gradual y la guerra de nervios: la teoría de juego y el combate animal.

de la eficacia de sus misiles o de la utilidad de sus fuerzas armadas, pero ninguno estaba dispuesto a correr el riesgo de enfrentarse.

Los conflictos entre humanos son más peligrosos que los conflictos entre los miembros de otras especies. Debido a esto, valoramos más los faroles sofisticados que cualquier otra especie. Hemos creado verdaderas obras de arte con ese fin. El ejemplo moderno público más notorio podría ser los actuales conflictos entre los diferentes artistas gánster rap. Tales rivalidades acaban a veces en derramamientos de sangre (es buen momento de hacer una pausa y echar unas lagrimitas por Biggie[22]), pero son la excepción y no la regla.

Se ha gastado una cantidad prodigiosa de creatividad humana fanfarroneando sobre lo duros que somos. El *fliting*, una especie de desafío local en la que los combatientes se insultan, se denigran y afirman su superioridad sobre el oponente, era el equivalente en la Europa medieval al gánster rap. Encontramos pruebas de la existencia del *flyting* en obras tan remotas como el *Beowulf* (escrito entre el 800 y el 1100 d. C.) Creo que el escritor Alta Enfría Halama (*Flytes de Fantasía*, en *Ensayos sobre Estudios Medievales 13*, 1996) fue el primero en establecer una conexión directa entre el gánster rap y el flyting por comparación entre Beowulf y Unferth.

Durante el banquete que tiene lugar al comienzo del poema, un Thane llamado Unferth, envidioso de Beowulf, proclama en voz alta que Beowulf perdió una competición de natación con un sujeto llamado Breca, que estaba dispuesto a nadar durante siete noches seguidas. Unfert insinúa que, si Beowulf tiene miedo de un poco de natación nocturna, eso le hace pensar que podría derrotarle en una lucha contra el principal ser fantástico del libro, Grendel.

> Así que te insto a una aventura más ardua, aunque en el tumulto de la batalla bravo has sido, en batirte con el horror... si Grendel se te aproxima ¡no podrás aguantar en vela toda una noche!

[22] Christopher George Latore Wallace, famoso rapero asesinado a tiros en 1997 en Los Ángeles (N. del T.).

Beowulf admite que es cierto que perdió un desafío de natación. Pero solo porque provocó la «cólera del pez marino». Sí, la vieja excusa: «perdí ese desafío a nadar porque tuve que matar a nueve monstruos marinos». Hay una curiosa similitud en la forma en que se producen las bravatas en el *flyting* y en el gánster rap. La jactancia de dominación física y ejercer poder sobre todo. Así es como Beowulf comienza a presumir de matar ballenas:

> Ahora la ira de los peces marinos se alza rápido, pero yo tengo contra los monstruos mi cota de malla, dura y bien tramada, mi armadura sobre el pecho, con guarnición de oro.

Por otra parte, el controvertido éxito de Body Count, *Cop Killer*, de 1992, comienza con el cantante presumiendo de su camisa, sus guantes y su pasamontañas. Tanto el *flyting* de aquel milenario canto épico como el rap en cuestión comienzan con los protagonistas presumiendo de su indumentaria, antes de pasar a jactarse de cómo matan. En el caso de Beowulf, atraviesa a los monstruos «con la punta de la espada, con su hoja de batalla», «avasallando», a la bestia marina, «dándole muerte con mi mano». En el caso de Body Count era «una recortada del doce» y un automóvil «con las luces apagadas».

El ejemplo literario más famoso de *flyting* es tal vez «el flyting de Dunbar y Kennedy», de comienzo del siglo XVI. Dunbar y Kennedy eran dos poetas escoceses y nobles que disputaron delante del rey y acordaron resolverlo echándose, literalmente, mierda el uno encima del otro. Esta es mi frase favorita.

> Thou callst thee rhetor with thy golden lips. Naym glowering gaping fool, thou art beguiled. Thou art but gluntochm with giltin hips.[23]

Todo esto suena a una cacofonía antigua, así que tienen que entender que *gluntoch* significa «rodillas sucias» y *gilten hips* «culo en-

[23] Te haces llamar orador, con tus labios de oro. Pues no, tonto de ceño fruncido y boca entrebierta, te estás engañando. Tú no eres más que un montañes (highlander) de rodillas peludas y te vas a cagar. (Traducción de Nadia McGowan).

merdado». Esa frase fue la forma que tuvo Dunbar de proclamar que su *flyting* era tan bueno que Kennedy se fue literalmente a la mierda.

Es mucho lo que ha cambiado en los últimos quinientos años. Pero el exceso de confianza, la bravuconería y el lenguaje sucio, tanto en sentido literal como figurado, parecen ser inmortales. De hecho:

Los insultos ofensivos y el sarcasmo por sistema construyeron la sociedad

No quisiera que se hiciese a la idea de que el *flyting* y las batallas raperas son relativamente nuevos en la historia del lenguaje humano. Los insultos rituales se remontan a mucho antes de los escoceses medievales o incluso del *Beowulf*. La misma evolución del habla humana está en deuda con el lenguaje malsonante, de creer a los lingüistas Ljiljana Progovac y John L. Locke. En su artículo del 2009, "The Urge to Merge: Ritual Insult and the Evolution of Syntax", señalan que la capacidad de formar palabra compuestas es uno de los estadios más tempranos en el desarrollo del lenguaje en los niños. También se utiliza para los insultos elaborados. Palabras como mea-pilas, traga-aldabas, desgarra-mantas, paga-fantas y demás son lo que se conoce como composiciones exógenas.

Tales composiciones exógenas se encuentran en todas las lenguas humanas y la tendencia a combinar dos palabras (aglutinar) es uno de los pilares básicos de la sintaxis humana, desde *ssum-sitan* (chupa-tetas) en bereber de Tashelhit, a mi favorito, *jebi-vitar*, o jode-vientos, en serbio. La elevada repetición de tales composiciones en el lenguaje humano sugiere que esta forma de insultar a los enemigos de una forma elaborada, humorística, profana, pero no violenta, es sin duda una ventaja adaptativa lo bastante eficaz como para que los chicos (este tipo de comportamiento es mucho más común entre los hombres) que lo hacían bien dejaran su impronta en las bases del lenguaje humano.

Mientras los hombres jóvenes estaban ocupados creando las bases del lenguaje humano, a base de alardear sobre sus propios penes y denigrar los ajenos, otro tipo de insulto ritual estaba ayudando a la génesis del orden cívico. *La vergüenza de la carne* es el más famoso de todo los rituales de la etnia ¡Kung que observó el antropólogo Richard Lee. En su ensayo de 1969, *Comida de Navidad en el Kalahari*, recordaba cómo trató de recompensar a una tribu que le había ayudado, comprando «el buey más grande y gordo» para regalárselo. Los ¡Kung respondieron burlándose del regalo por ser una porquería insultante. La calidad del animal no tuvo nada que ver con ello. La *vergüenza de la carne* era una vieja tradición entre los ¡Kung y otros cazadores-recolectores, y estaba pensada para mantener a raya el ego de los cazadores jóvenes.

Los ¡Kung sabían, tan bien como nosotros, que los varones adultos jóvenes son, con diferencia, la parte más peligrosa de la sociedad. El ego masculino puede causar desastres si se le deja a su albur, y los cazadores se mueven por el filo de la navaja. No se les puede permitir muchas peleas ni violentas exhibiciones de dominancia. Hay que traer comida. Así que, cada vez que a un joven cazador se le subían los humos por toda la carne que era capaz de conseguir, los ¡Kung le respondían con sarcasmo: *¿Esto es todo lo que has conseguido cazar? ¿Te crees que es suficiente?*

Las demostraciones públicas de sarcasmo es la forma en la que los ¡Kung templan los corazones de sus vanidosos jóvenes cazadores. Los ¡Kung siguieron burlándose de la carne de Lee hasta el día de la matanza. Cuando abrieron el buey y se vio cuanta grasa y carne había ahí, Lee gritó:

> ¿Qué era eso de que el buey estaba demasiado flaco como para molestarse en comerlo? ¿Os habéis vuelto tontos?

A lo que los ¡Kung respondieron con un vendaval de risas.

Lee se quedó completamente desconcertado, hasta que uno de sus amigos ¡Kung le explicó que tan solo estaban respondiendo al orgullo que había mostrado por el tamaño de su regalo.

> «Cuando un joven mata mucha carne, llega a verse como si fuera un jefe o un gran hombre». Y los ¡Kung están atentos a cualquier joven orgulloso, «porque, algún día, ese orgullo le llevará a matar a alguien.

El orgullo y la arrogancia siguen siendo grandes problemas a día de hoy, pero ahora somos tantos que eso amenaza la existencia de la especie de manera cíclica. La «vergüenza de la carne» es lo que los antropólogos definen como un mecanismo de nivelación. Y eso es justo lo que parece: una forma que tienen las sociedades para hacer bajar sin violencia a los que se encumbran demasiado sobre los suyos. Los ¡Kung usan el sarcasmo como manera de mantener humildes a los mejores y más brillantes. El sarcasmo se refleja de manera imperfecta por escrito y, hoy en día, es una de las muchas cosas prohibidas en la comunicación online. Como todo lo de este capítulo, el sarcasmo llegó a su cumbre más irritante con la aparición de la *Word Wide Web*.

El narcisismo, el sarcasmo y el esparcir mierda siempre han resultado ofensivos, pero hubo un día en el que nuestra especie los necesitó para asegurar su supervivencia. El exceso de confianza empujó a muchos de nuestros antepasados a correr grandes riesgos que ayudaron al homo sapiens a extenderse por todo el globo. Los insultos barriobajeros y las jactancias agresivas permitieron a generaciones de jóvenes evitar enfrentamientos físicos y conseguir sexo. El sarcasmo contuvo durante milenios a los peligrosos egos, en una época en las que no éramos los bastantes como para arriesgarnos con esas tonterías. La era moderna ha permitido que millones de nosotros hayamos llevado tales comportamientos a su nivel más irritante. Pero eso no significa que no debamos reconocer el peso que han tenido en nuestro desarrollo.

Un garrulo vive dentro de cada uno de nosotros, codificado en nuestros genes. Y todos tenemos una gran deuda con ese payaso.

CAPÍTULO 6

Diostitución
La historia del trabajo sexual

La mayoría de las personas que se refieren a la prostitución como la «profesión más antigua del mundo» lo hacen a manera de chascarrillo. Pero puede que se sorprendan cuando les diga que esa frase hecha tal vez sea verdad. Hay una alta posibilidad de que el sexo fuera una de las primeras cosas que se cambiaron por monedas. La evidencia de esto comienza en donde siempre: en un grupo de científicos fastidiando a los monos.

En 2005, un economista comportacional de Yale, llamado Keith Chen, se embarcó en un experimento único: enseñó a un grupo de monos capuchinos a usar el dinero. Sus colegas y él comenzaron a repartir pequeños discos de plata con agujero en el centro y demostraron repetidas veces que las monedas podían cambiarse por frutas o golosinas. Una vez que los capuchinos captaron el concepto básico, Chen comenzó a entregar una docena de monedas cada día, a cada mono.

Con el tiempo, los capuchinos llegaron a entender algunos de los aspectos básicos de la vida económica. Cuando el precio de las golosinas bajó, los monos hicieron acopio. Cuando Chen los introdujo en un juego que dio a los capuchinos la oportunidad de duplicar su riqueza o perderla toda, algunos monos se arriesgaron. Su comportamiento era tan parecido al nuestro propio que no pasó mucho tiempo antes de que un mono preparase el primer atraco.

Todos los ensayos de Chen con dinero se hicieron en un habitáculo separado de la sala común de los monos. Un día, antes de que la puerta que separaba el habitáculo de la cámara se cerrase, el cabecilla de los capuchinos agarró una bandeja de monedas y la arrojó a la cámara para que sus compañeros las cogiesen. En el caos consiguiente, el Dr. Chen observó cómo un capuchino entregaba sus mal adquiridas ganancias a una hembra. Hicieron sexo y luego la prostituta simiesca se compró fruta.

Los monos capuchinos no son humanos prehistóricos. Pero la investigación del Dr. Chen sugiere que el concepto de cambiar sexo por dinero podría haber surgido muy pronto en la historia de la economía. Y hay buenas pruebas arqueológicas que apoyan esa teoría.

Una de las más viejas, sino la más vieja, moneda es un siclo sumerio, acuñado en bronce, alrededor del 3000 a. C. Una cara de ese siclo muestra una espiga de trigo y el otro la imagen de Ishtar, diosa del amor. Según Bernard Lietaer en"Beyond Scarcity and Toward a Sustainable Capitalism"[24], la moneda se acuñó originalmente para pagar a las prostitutas con licencia estatal. Verán, Ishtar era también la diosa del amor de pago. En un texto religioso babilónico, proclama con orgullo: *Una prostituta compasiva, ¡esa soy yo!*

Ishtar era una prostituta divina; tuvo muchos amantes celestiales y actuó a manera de *scort* con los dioses. En consecuencia, se cree que algunas de sus seguidoras recaudaban fondos para el templo ejerciendo la prostitución sagrada. Varias de esas mujeres eran sacerdotisas de alto rango, devotas y ávidas de servir a su diosa de esa forma. El trabajo sexual sagrado no siempre lo realizaron voluntarias en la antigua Sumeria, eso que conste. Un documento de 3300 años de antigüedad registra el contrato entre un padre que necesita un prés-

[24] Superar la escasez e ir hacia un capitalismo sostenible.

tamo y el templo de Ishtar. El primero dejó a su hija a modo de garantía.

El historiador griego Heródoto (484-425 a. de C.) nos dejó la primera historia escrita de las trabajadoras sexuales de Ishtar. Según cuenta, las ciudadanas de Babilonia estaban obligadas a prostituirse una vez al menos en su vida, en su templo:

> Toda mujer nacida en el país debe ir una vez en su vida y sentarse en el recinto de Venus, y acoplarse con un extranjero.

Las mujeres que entregaban su tiempo y sexo se exhibían sentadas a las puertas del templo, esperando un cliente. No se les permitía volver a casa hasta que «uno de los extranjeros [arrojaba] una moneda de plata en su regazo y se [la llevaba] con él, fuera del lugar santo». Según Heródoto, las mujeres estaban obligadas a aceptar cualquier pago: «La mujer se marcha con el primer hombre que le echa dinero y no rechaza a nadie».

Algunos investigadores modernos cuestionan las afirmaciones de Heródoto y no sería la primera vez que el «Padre de la Historia» contase mentiras floridas sobre un pueblo al que él consideraba lejano y extraño. Sea o no verdad esta historia en concreto, la existencia de pruebas sugieren que el templo de Ishtar usaba la prostitución como un método para financiarse. Sin embargo, es poco probable que eso sucediera en terrenos del templo, por mucho que la propia Isthar proclame ser una especie de trabajadora del sexo que prefiere hacer su trabajo en el bar local:

> Cuando me siento a la entrada de una taberna, yo, Isthar, soy una amorosa harimtu.

Y *harimtu* significa prostituta.

El culto de Isthar acabó por extenderse hacia el oeste, a Grecia, donde tomó el nombre de Afrodita, y Roma, donde se convirtió en Venus. Hay referencias a la llamada prostitución del templo en el mundo antiguo durante miles de años. Y, si hacemos caso al historia-

A esta no le dejaban pasar. Esas garras destrozarían el suelo.

dor cristiano primitivo Eusebio, estuvo en vigor hasta el reinado de Constantino, en el 300 d. C.

¡Eso supone más de tres mil años de trabajo sexual aprobado por la religión! Y, si algo así les resulta extraño, eso se debe a nuestras actuales prohibiciones legales contra la prostitución. Es, en realidad, una excepción y no una regla en la mayor parte de la historia humana.

La extraña historia del folleteo patrocinado por el Estado

Las antiguas Grecia y Roma no pasaron a la historia por mantener actitudes ilustradas hacia las mujeres. Muchos miembros de la clase alta griega consideraban que el sexo bello estaba solo para hacer niños. Roma era un poco mejor: no era insólito que las mujeres tuviesen sus propios negocios y algunas mujeres lograron éxitos financieros significativos. Pero, en ambas civilizaciones, la prostitución era el camino más fácil para que una mujer consiguiese dinero y poder por su cuenta.

Los griegos dividían a sus trabajadoras sexuales en tres categorías: las prostitutas esclavas (una labor terriblemente triste con un nombre hilarante, *pornai*), las prostitutas callejeras, libres pero pobres (no pude encontrar el antiguo nombre griego para esas señoras) y las *hetairas*, que eran, en esencia, las prostitutas de clase alta para los ricos. La historia de una de esas mujeres, Aspasia, ilustra de la mejor manera posible sobre la antigua prostitución griega.

Aspasia no era nativa de Atenas y, como forastera, la mayoría de los atenienses le eran tan hostiles como a un pedo en el ascensor. Pero ella había disfrutado de dinero y privilegios en su tierra natal, y tenía la educación y los modales aristocráticos necesarios para convertirse en hetaira. Se ganó una reputación inmejorable en la vida nocturna ateniense y acabó follando con el jefe del estado, Pericles.

Según el propio Sócrates, Aspasia era bastante más que un simple juguete del político. Indica que Aspasia escribió la gran oración fúnebre que Pericles pronunció al comienzo de la Guerra del Peloponeso. Sócrates, a menudo considerado el padre de la filosofía, incluso atribuye a Aspasia el haberle enseñado el «arte de la elocuencia». Al morir Pericles, Aspasia se buscó otro hombre, Lysicles, al que convirtió en un reputado político.

Aspasia fue una figura controvertida en su propia época (Plutarco la culparía más tarde de haber sido la instigadora de la Guerra del Peloponeso). Pero la prostitución en sí no fue motivo de controversia ni ilegal en la primera democracia del mundo. La ley ateniense permitía que tanto hombres como mujeres la ejercieran, aunque a los chicos solo se les permitía ejercer hasta llegar a la adolescencia, lo cual hemos de admitir que era una jodienda.

Solón fue el primer líder ateniense que reconoció de manera oficial la prostitución, en el 594 a. C. Fue de manera indirecta al principio, al promulgar que los hombres sorprendidos con prostitutas no podían ser declarados culpables de adulterio. Pero Solón, tras esto, creó una cadena de burdeles estatales pensados para dar al ciudadano común la oportunidad de echar un polvo a un precio razonable. Así lo describe el antiguo escritor Filemón en su libro *Adelphoi* (hermanos):

> [Solón], viendo que Atenas estaba llena de jóvenes, con una compulsión instintiva y el hábito de desviarse en una dirección inapropiada, compró mujeres y las situó en diversos establecimientos, equipados y abiertos a todos.
>
> Las mujeres permanecían desnudas para que nadie se llamase a engaño.
>
> «Míralo todo.
>
> Tal vez no te sientas bien. Sufres algún tipo de dolor. ¿Por qué? Las puertas están abiertas. Un óbolo. Entra. Aquí no hay timidez, ni charla vana, ni ella se acalora. De forma abierta, como desees, de la manera que gustes.
>
> Te marchas. Dile que se vaya a paseo. Ella es una extraña para ti».

La prostitución patrocinada por el estado siguió mucho después de los días de la antigua Atenas. En el siglo V d. C., una ex trabajadora sexual logró incluso conseguir el título de emperatriz. Su nombre era Teodora y, antes de casarse con el emperador romano Justiniano, trabajaba en las calles de Constantinopla y, según parece, de verdad, de verdad que disfrutaba de su trabajo. El historiador Procopio nos trasmite este asombroso relato:

> A menudo, se iba de juerga con 10 o más jóvenes, todos en la flor de la fuerza y la virilidad, y fornicaba con todos ellos, durante toda la noche. Cuando estos se cansaban, reclamaba a sus criados, tal vez treinta de ellos, e intimaba con cada uno. E, incluso así, no encontraba alivio a su ardor.
>
> Una vez, visitando la casa de un caballero ilustre, dicen que se sentó en la esquina del diván y se levantó la túnica, sin el menor rubor, mostrando así, al descuido, su falta de pudor.

En otras palabras, que a menudo se follaba a docenas de hombres por debajo de la mesa y a veces a la mesa. Eso es indicio de una grave adicción al sexo... o todo un indicio de las habilidades amatorias de la nobleza bizantina (puede que un poco ambas cosas).

Ahora bien, para ser justos con Teodora, Procopio tenía cierta tirria a la emperatriz y no se puede confiar del todo en que sea imparcial. Lo que sí sabemos con certeza es que Teodora trabajó de puta y no se sentía avergonzada por ello. Una vez que llegó al poder, uno de sus primeros actos fue mejorar las condiciones de sus ex compañeras de trabajo. Teodora introdujo algunas de las primeras garantías legales para las trabajadoras del sexo en la historia. También castigó la violación con la pena de muerte, persiguió la prostitución forzosa y amplió los derechos a la propiedad de todas las mujeres del imperio.

Mientras Teodora vivió, las prostitutas de Bizancio fueron de lo más afortunadas. Pero la historia de la prostitución estatal no comienza ni termina en el mundo occidental. Algunos estados de la antigua India celebraban competiciones en las que las mujeres de la localidad se disputaban el título de «más hermosa». A la ganadora la declaraban *nagarwadhu*. Alcanzar tal honor implicaba una vida de opulencia y respeto, y también tener sexo con cualquier noble lo bastante adinerado como para poder pagar. En una época en la que la gente común vivía en el hambre, afectada de raquitismo o ambas cosas, no era precisamente un destino terrible.

No siempre el trabajo sexual dirigido por el estado era con mujeres. Según La construcción de la homosexualidad, de David Greenberg, el pueblo yauyo, del imperio inca, disponía de «casas públicas llenas de hombres vestidos como mujeres y con los rostros pintados». Y, en una índole mucho más tenebrosa, algunas órdenes religiosas «adoptaban» a jóvenes para vestirlos como niñas y hacerlos ejercer un tipo muy específico de labor. A sus sacerdotes no se les permitía tener relaciones sexuales con mujeres, pero, al parecer, los dioses eran tolerantes con la violación infantil.

La historia de la prostitución como empresa ilegal es mucho más corta. En Europa, podemos encontrar las primeras leyes contra el puterío en Recaredo I de España. Recaredo se convirtió al catolicismo en 589 d. C. y trató de ganarse el favor de la Iglesia Católica clausurando los burdeles de los que había disfrutado el pueblo en sus días paganos. Las trabajadoras del sexo pilladas ejerciendo su comercio carnal serían castigadas con 300 latigazos y el destierro.

No está claro hasta qué punto la nueva y estricta ley de Recaredo fue respetada por sus recién cristianizados súbditos. Lo que está claro es que, hasta ese momento, la prostitución había tenido una larga historia de apoyo por parte del estado y la religión estatal. Y, como cualquier otra institución que ha existido en la sociedad humana durante miles y miles de años, sirvió para un estimable propósito.

La teoría de la válvula de seguridad

En 1358, el Gran Consejo de la ciudad-estado de Venecia declaró el trabajo sexual «absolutamente indispensable para el mundo». A lo largo del siglo siguiente, los prostíbulos dirigidos por el gobierno surgieron en ciudades de toda Italia, Francia y Gran Bretaña. Hace casi setecientos años, el gobierno de Venecia sabía lo que los sociólogos han deducido en fechas recientes: la prostitución, sea legal o de otro tipo, juega un papel crítico en la sociedad civilizada.

Los europeos medievales actuaban bajo lo que Ruth Karras, de la universidad de Temple, llama, en su libro de 1996, *Common Women*, un «modelo hidráulico» de la masculinidad:

> La gente cree que la presión sube, y se tiene que liberar mediante una «válvula de seguridad»... o, si no, la presa reventará y los hombres se entregarán a la seducción, la violación, el adulterio y la sodomía.

San Agustín encarnó perfectamente esta mentalidad cuando proclamó: «Si acabas con las prostitutas, el mundo se verá sacudido por la lujuria». La idea de que los hombres se vuelven locos si no pueden liberar vapor mediante el orgasmo es una teoría a la vez ofensiva y desagradablemente plausible. El modelo hidráulico de la sexualidad masculina es una porquería, pero una porquería convincente.

Porque ustedes pueden creer que la prostitución actúa como una especie de válvula de seguridad sin pensar que los hombres se convierten en monstruos violadores si pasan demasiado tiempo sin un orgasmo. Émile Durkheim, uno de los primeros teóricos de la sociología, propuso lo que hoy conocemos como la teoría de la válvula de seguridad de la desviación. En su libro *Deviance*, Nancy Herman resumió los dos propósitos a los que Durkheim creía que servía el comportamiento ilícito en la sociedad: para definir la diferencia entre lo correcto y lo incorrecto en una cultura, y «para servir de válvula de seguridad que libere el exceso de energía causada por las presiones de las rutinas institucionales».

La prostitución, para cumplir un propósito, no necesita salvarnos de una acumulación incontrolada de frustración sexual. Proporciona una liberación literal y figurada, dando a generaciones de personas estresadas un poco (o un mucho) de picante para ayudar a distraerles del hecho de que la vida es desagradable, brutal y breve. La prostitución se imbrica en el tejido de la sociedad. Donde quiera que haya gente dejándose la piel y penándo bajo el yugo de una cultura represiva, habrá trabajadores del sexo para ayudarles a sobrellevarlo. Una gran cantidad de cultura humana se ha forjado en el crisol en el que el vicio y el estrés chocan. O, como dice la canción de borrachos de la Fiebre del Oro californiana:

Los mineros llegaron en el cuarenta y nueve,
Las putas en el cincuenta y uno;
Y cuando se juntaron
Produjeron al hijo nativo.

En mi trabajo diario para *Cracked,* he entrevistado a varias docenas de profesionales del sexo de todo el mundo: trabajadoras legales de prostíbulos en Nevada y Australia, así como prostitutas ilegales y *scorts* caras de todos los Estados Unidos y Canadá. Han llevado vidas diferentes, sirvieron a diferentes clientes y cobraron precios muy diferentes por sus servicios. Pero una cosa que tenían en común todas mis fuentes era que habían tenido a hombres (y mujeres) que les pagaban por sesiones que no incluían sexo alguno.

A veces la gente necesita compañía. No solo follar, sino a alguien con quien hablar y que le atienda. El contacto físico es algo poderoso, crítico para nuestra salud mental. Hay personas solitarias en todo el mundo, sin pareja amorosa, atrapadas por una convención social o un trabajo exigente, o que son lamentablemente torpes. Para los que se hallan en tal situación, los trabajadores del sexo les proporcionan una especie de terapia.

Stanley Siegel, autor y psicoterapeuta durante cerca de cuarenta años, entrevistó a varios de sus clientes sobre el uso de prostitutas y llegó a esta misma conclusión. En su artículo "Sex Worker or Therapist?"[25] (*Psychology Today* lo censuró en 2012, pero todavía se puede encontrar en el sitio web de Stanley), cuenta la historia de un varón gay de 60 años del sur de Vietnam.

Este hombre trabajó toda su vida como médico rural, sacrificando su sexualidad en aras a la carrera. Cuando se retiró, sus amigos decidieron que ya era suficiente y le contrataron una escolta. Fue una experiencia transformadora:

> Desde entonces, he estado viendo a Peter semanalmente. Ha sido la más increíble de las experiencias. Estoy aprendiendo a apreciar mi cuerpo, viejo como lo es, y también estoy aprendiendo la mecánica del sexo, que solo había visto de vez en cuando en películas porno. Mi actitud ha cambiado por completo. Me siento mucho más seguro de mí mismo y he empezado a salir.

Por supuesto, estamos hablando aquí de un trabajador sexual muy bueno. La mayoría de las transacciones, en el comercio del sexo, tienen menos que ver con la curación y más con enfriar. . . vapor. Pero hay una rama terapéutica distinta, legal y en auge, que también

[25] ¿Trabajador del sexo o terapeuta?

incluye el desfogarse. Se llama la subrogación sexual o, como prefiero yo llamarlo:

La industria del sexo medicinal

Nuestro amigo Durkheim, el primer sociólogo en formular la teoría de la válvula de seguridad de la desviación, planteó una tercera función social para el comportamiento ilícito: incentivar el cambio social.

> Cuando existe el crimen, los sentimientos colectivos son lo suficientemente flexibles como para tomar nuevas formas, y el crimen a veces ayuda a determinar la forma que adoptarán. A menudo, de hecho, tan solo se anticipa a la moralidad futura; es un paso hacia lo que será.

Eso queda de manifiesto en la historia reciente de la marihuana. Durante décadas fue —y en muchos lugares sigue siendo— algo que puede enviarlos a la cárcel por unos cuantos años. Pero la gente seguía fumándola y, una vez que su empleo se extendió lo suficiente, los consumidores comenzaron una campaña para cambiar las leyes. Hoy, estado tras estado de la Unión, y países enteros, han despenalizado puntos de venta y consumo. La marihuana medicinal es a día de hoy una de las industrias que crece más rápido en los Estados Unidos.

Curiosamente, la prostitución puede estar en un camino similar. En 1970, los famosos sexólogos William H. Masters y Virginia E. Johnson presentaron la práctica de la sustitución sexual en su artículo de nombre deprimente: «Insuficiencia sexual humana»[26].

La subrogacion sexual se convirtió en una terapia de moda y coleó durante los años setenta y ochenta, pero declinó de forma significativa en los noventa.

Se legalizó en todo el país en 2003 y en la última década ha ido ganando con lentitud aceptación en el mundo profesional y la so-

[26] "Human Sexual Inadequacy".

ciedad. Pero, mientras que la marihuana medicinal es en muchos estados tan solo una excusa ingeniosa para que la gente consiga esparcimiento, el trabajo sexual medicinal pertenece a un campo legal muy diferente. Los sustitutos no trabajan solos; proporcionan tratamiento en tándem con un terapeuta con licencia. Los que ejercen la subrogación sexual emplean tan solo, de promedio, el 13% de su tiempo en relaciones sexuales con un paciente.

Y ahí encontramos la clave de las diferencias entre la subrogación sexual y la prostitución. Los clientes no siempre terminan teniendo relaciones sexuales pero, si es eso lo que quieren pagar, eso es lo que obtienen. Con un sustituto, usted está pagando por una terapia que puede o no incluir el sexo y que, desde luego no comienza por ahí. El sexo en sí no es más que el «clímax» de un largo proceso de terapia. Shai Rotem, un subrogador sexual masculino, me dio una visión amplia del proceso:

> Básicamente, el meollo del trabajo está en la mini relación que se crea entre la cliente y su compañero sustituto. Cada cliente tiene sus propias dificultades y, mediante la creación de una mini relación con el compañero sustituto, vemos qué le aflige.

Así pues, en lo básico, la relación paciente-sustituto imita una relación amorosa, permitiendo que el sustituto y el terapeuta identifiquen los problemas de la paciente y trabajen en la búsqueda de soluciones.

> Se trata de tener una experiencia con una persona [esa es la cliente] en la que esta se sienta cómoda y segura y, al hacerlo, en ella se crea un modelo mental y emocional a partir del cual construir una relación.

También hablé con Shemena Johnson, terapeuta radicada en Los Ángeles que ha trabajado con Shai Rotem durante los últimos dos años. A veces, Shemena remite a las pacientes a Shai, pero, más a menudo, las mujeres contactan directamente con él, que las remite a

Shemena. Tanto Shai como Shemena dirigen sesiones con sus pacientes por separado, y luego contrastan sus notas y planifican el tratamiento. Como Shemena dice:

> La cliente es plenamente consciente de nuestro compromiso; nos informamos de continuo sobre el progreso y pueden surgir novedades en el proceso de terapia subrogada, de tal forma que [Shai] puede presentarse y decir «tenemos que trabajar por este camino».

El problema más común que puede surgir es que los pacientes tomen su «mini relación» demasiado en serio y comiencen a desarrollar sentimientos por Shai.

> Por lo general, es una fantasía. «Quiero un amigo, estoy solo, deseo, hubo alguien en mi vida que era parecido a Shai».

En esos casos, el trabajo de Shemena es ayudar a sus pacientes a «llorar la pérdida de esa relación» mientras siguen avanzando en su búsqueda de una vida sentimental más sana. Y para muchos clientes, lidiar con el tema de encariñarse demasiado con su sustituto es en realidad una parte valiosa de la terapia. Como Shai me explicó:

> La mayoría de los clientes a los que atiendo me fueron remitidos por una virginidad tardía o una incapacidad para crear relaciones.

Muchas de las personas que buscan terapia de subrogación sexual no han tenido nunca una verdadera relación sexual saludable en su vida. Aprender a romper de forma limpia con un «amante» sin dañar la autoestima o la confianza en uno mismo es una habilidad que necesitan cultivar de forma perentoria. Shai describe este proceso de ruptura, en el mejor de los casos, como una especie de graduación:

> Todas las relaciones terminan en algún momento. Porque la otra persona muere o porque se produce una separación o un divorcio, y la mayoría de las relaciones finalizan con dolor e ira, con la gente peleada.

> En las relaciones de sustitución dotamos a nuestro cliente de la capacidad de terminar la relación como una forma de graduación. Me gusta pensar en mis clientes como pajarillos.... Cuando estén listos, quiero ayudarlos a despegar y volar por su cuenta.

Una cuestión que con frecuencia lleva a las clientas a buscar sustitutos es el vaginismo, un espasmo involuntario de la vagina que puede hacer que cualquier forma de penetración, incluso con un dedo, resulte dolorosa o imposible. La mejor prueba científica de la eficacia de la terapia de subrogación sexual la encontramos en un estudio de 2007 sobre el tratamiento del vaginismo. En el artículo "Surrogate Versus Couple Therapy in Vaginismus"[27], los investigadores Itzhak Ben-Zion, Shelly Rothschild, Bella Chudakov y Ronit Aloni estudiaron a dieciséis pacientes que recibían terapia para su vaginismo con un sustituto preparado, frente a dieciséis pacientes sometidas a la misma terapia, pero con su verdadera pareja sentimental.

Los resultados fueron bastante concluyentes: el 100% de las mujeres sometidas a terapia sustitutiva trataron con éxito su vaginismo. Y solo el 69% de las mujeres que siguieron la terapia de pareja lograron un «éxito completo», en el mismo período de tiempo.

Convertirse en un sustituto entrenado no es un proceso ni rápido ni fácil. La Asociación Internacional de Substitutos Profesionales (IPSA) ofrece un «curso didáctico y con prácticas» de 100 horas lectivas, sobre la sexualidad humana» como primera etapa en la formación para convertirse en sustituto profesional certificado. La segunda etapa consiste en prácticas como interno, durante dos años, en la que, de acuerdo con Shai:

> [Los estudiantes] trabajan con clientes reales supervisados por su mentor. Comparemos la rutina de un sustituto de práctica con la de un interno: un sustituto practicante informa al terapeuta después de cada sesión. Cuando se trata de internos, informan al terapeuta, pero también a su mentor y han de tener una reunión una vez a la semana con ese».

[27] Subrogación frente a terapia de pareja ante el vaginismo.

Por supuesto, no todas las personas que se llaman sustitutos sexuales se certifican a través de la IPSA. Mientras elaboraba este libro, también entrevisté a una mujer de la que no daré el nombre, en el área de San Luis, que ha trabajado como sustituta durante los últimos cinco años, sin una certificación de IPSA. Fue franca sobre su carrera, y no se esconde de la ley, pero la propia *Sarah* reconoce que se mueve en el filo de la legalidad. Aunque la legitimidad de su práctica es desde luego cuestionable, el trabajo de Sarah con pacientes discapacitados me pareció algo increíblemente válido y valioso.

Me habló de uno de sus pacientes habituales, un hombre con distrofia muscular al que inicialmente le dijeron que no pasaría de los veinte años. A los veintiún años, los médicos se dieron cuenta de que su caso era menos grave de lo que temían y, de repente, este joven se dio cuenta de que podría tener la oportunidad de disfrutar de algunas de las experiencias que supuso vedadas a él para siempre. Como Sarah me dijo:

> Así que, cuando tenía veinticinco años, decidió que quería saber cómo era el sexo. Su terapeuta nos puso en contacto. Lo he estado viendo durante meses. Comencé por ayudarlo a aprender cómo tocarme. Es de movilidad limitada, pero hemos tenido relaciones sexuales, y él es capaz de hacerme preguntas muy íntimas. Hemos probado con diferentes juguetes. Me hace preguntas sobre la eyaculación femenina y cosas así. Cada vez que nos reunimos, tocamos un tema diferente. No ha remontado ni se ha casado, pero ha ampliado sus horizontes.

Sarah no es la única trabajadora sexual en el mundo que ayuda a las personas con discapacidad física a experimentar las maravillas del sexo. En Australia, donde la prostitución está despenalizada o es legal, según el estado, una mujer llamada Rachel Wotton ha ganado reputación trabajando con clientes discapacitados. El documental de 2011, *Scarlet Road*, cuenta su historia.

Rachel no se considera a sí misma como una sustituta sexual. Y, aunque Shai se mostraba taxativo al afirmar que los sustitutos no son prostitutas, la frontera entre esos dos trabajos no siempre es clara.

Mientras investigaba para un artículo, en 2015, hablé con una prostituta varón en Australia. Me contó que tenía varios clientes con vaginismo. Se los enviaban terapeutas que pensaban que algunos «tocamientos» beneficiarían a sus pacientes.

Los sustitutos sexuales se encuentran en la misma encrucijada que los profesionales médicos que estudian y trabajan, de forma legal, con la marihuana hoy en día. Sus tratamientos han demostrado su valor, pero la posible legalidad futura de su «cara recreativa» corre el riesgo de deslegitimar el aspecto médico de las cosas. La subrogación sexual es legal, pero todavía se considera un tratamiento marginal. Como Shemena me dijo:

> Shai ha estado trabajando esto durante dos décadas, lo considero muy legítimo, pero él no tiene un título colgado en la pared, como yo.

Es difícil decir si un cambio en la «titulación» es de verdad lo que se necesita aquí. Tal vez lo que necesitamos sea un cambio de actitud. Shai Rotem y sus colegas están, desde luego, empujando los límites del trabajo sexual. Pero ustedes pueden argumentar, con solidez, que lo que hacen no es más que buscar, de forma clínica y organizada, lo mismo que los trabajadores del sexo han conseguido (a menudo de manera accidental) durante siglos.

Capítulo 7

Drogas, el nacimiento de la religión y cómo flipar como un filósofo

El Viernes Santo de 1962, veinte estudiantes de teología de la universidad de Boston se reunieron en la Capilla Marsh para celebrar la resurrección de Jesucristo... y de paso para poner a flipar a sus casi ordenadas cabezas. Todos esos jóvenes estudiantes eran los sujetos de uno de los estudios más infames de la historia de la ciencia. Un experimento diseñado por un estudiante graduado, de nombre Walter Pahnke, que lo condujo con la ayuda del gran gurú del ácido en el mundo académico, Timothy Leary.

El objetivo del experimento del Viernes Santo era resolver un debate que viene produciéndose entre consumidores de drogas recreadas y grandes figuras de la religión tradicional desde... digamos desde finales de los años cincuenta: La revelación espiritual obtenida con ayuda de drogas psicodélicas ¿es menos real que la inducida sin ayuda de las drogas?

Me entrevisté con uno de los participantes del estudio, entonces estudiante de teología, el ahora reverendo Mike Young, sobre lo que les dijeron a los participantes antes de que comenzasen a flipar por el bien de la ciencia:

> Lo que Richard Alpert (en aquella época profesor de Harvard y ahora místico panreligioso con el nombre de Ram Dass) y Tim Leary nos explicaron fue que los cerebros suelen tener una especie de «control de volumen». Para decirlo con sencillez, creían que el cerebro tiene filtros evolutivos que borran gran cantidad de estímulos que no sirven de manera directa para mantenernos vivos. Creían... que la psilocibina[28] iba a aumentar el tráfico de estímulos y que cuanto experimentásemos nos llegaría, haciéndonos vivir el momento más intenso de nuestras vidas.

Mike y sus compañeros de prueba eran chicos confundidos, llenos de dudas, que se preguntaban si la carrera clerical era la adecuada para ellos. Eran el grupo ideal de personas para probar la potencia espiritual de la psilocibina.

Pahnke dividió a los veinte estudiantes en dos grupos: diez de ellos recibirían dosis de 30 miligramos de psilocibina y los otros diez grandes dosis de niacina[29]. Ninguno de ellos sabría a qué grupo pertenecía hasta que las drogas hubiesen hecho efecto. Se eligió la niacina porque sus efectos secundarios, a corto plazo, incluyen aumento de la temperatura corporal, sudoración y cara roja y congestionada. Son todas reacciones comunes a los que comen hongos alucinógenos. El objetivo de Pahnke, con esa argucia, era

> aumentar la sugestión en los sujetos del grupo de control, ya que todos sabían que la psilocibina produce diversos efectos somáticos, pero ninguno de ellos la había tomado, ni ningún otro sicotrópico, antes del experimento.

En otras palabras, quería que los sujetos de su experimento, flipados y sobrios por igual, no supieran cuáles de ellos habían recibido las drogas verdaderas. Mike recordaba:

> Creo que lo que Pahnke hizo al darnos un placebo ligeramente activo fue que, aquellos que recibieron esto pensaron que habían ingerido la droga, y que aquellos que recibían la droga podían relajarse y entrar con suavidad en la experiencia. Y eso es justo lo que pasó.

[28] Alcaloide alucinógeno presente en hongos (N. del T.).

[29] Vitamina hidrosoluble (N. del T.).

El experimento fue un éxito, al menos para la gente del equipo, que proclamaba que «las drogas pueden causar verdaderas epifanías religiosas». Casi todos los estudiantes que ingirieron los hongos ese viernes afirman que aquello fue una, o la más, intensa de todas las experiencias religiosas de su vida. Mike Young quedó hondamente afectado. Participó en el experimento inseguro acerca de su futuro y lleno de dudas.

> Yo estaba en la escuela de teología sin convicción, recién casado y no sabía qué iba a hacer.

Mike recuerda haber tenido una visión de bandas multicolores, cada una de ellas representando uno de los caminos que podía tomar su vida. Sabía que tenía que elegir una pero «no pude. Y entonces fue cuando morí».

Esa clase de visiones de la muerte son una experiencia psicodélica extremadamente común. Mike me dijo: «Fue como si alguien hubiese tomado un rastrillo muy grande y sacado mis entrañas». Y recuerden que Mike estaba teniendo su primer viaje en una iglesia llena de compañeros de clase, todos ellos sufriendo experiencias igual de horribles. «En la mayoría de los casos, la mía fue más bien leve, en comparación con algunas de las que tuvieron los demás».

Eso suena como si Mike y sus amigos hubieran tenido el típico mal viaje. Pero, cuando les entrevistaron inmediatamente después, la inmensa mayoría del grupo experimental consideró que su viaje había sido una experiencia de lo más valiosa. Pahnke entrevistó a todos los estudiantes que habían ingerido droga seis meses después, y obtuvo las mismas respuestas: la intensidad de ese viaje de Viernes Santo no se había desvanecido a la sobria luz del día. Había planificado más seguimientos, pero Pahnke murió en un accidente de buceo, poco después del estudio, y la mayor parte de sus investigaciones se perdieron.

Sin embargo, veinticinco años después de los estudios originales, un científico llamado Rick Doblin logró reunir a la mayor parte de los participantes originales. Quería comprobar si el poder de aquel viaje de Viernes Santo todavía les asistía un cuarto de siglo después. Los resultados de su estudio de seguimiento parecen respaldar la idea de que las revelaciones espirituales inducidas por drogas no son menos reales que otras provocadas por las simples meditación y contemplación. He aquí cómo el Dr. Doblin resumió la cuestión en su "Long-Term Follow-Up and Methodologic Critique"[30], sobre el experimento de Viernes Santo:

> Los sujetos del experimento describieron, de forma unánime, su experiencia con psilocibina del Viernes Santo como dotada de elementos de naturaleza genuinamente mística y lo consideraron uno de los puntos cumbre de su vida espiritual.

Eso resulta aún más increíble al pensar que cinco de los ocho sujetos que ingirieron hongos, de entre los que fue capaz de localizar (incluyendo a Mike), todavía trabajaban como clérigos. Después de toda una vida entregada a su fe, todavía consideraban que la experiencia mística inducida por las drogas fue uno de los momentos más reales de su vida espiritual.

Las prueban indican que los hongos mágicos, y tal vez otros tipos de alucinógenos, pueden resultar herramientas poderosas para el culto religioso. Y todo esto nos lleva a una pregunta mucho mayor: ¿Podría el uso de hongos haber ayudado a alumbrar la *propia* religión entre nuestros antepasados?

Monos, hongos y el nacimiento de Dios(es)

Los hongos son una de las drogas más antiguas en la historia de la humanidad. Resulta imposible decir con exactitud cuándo se embarcaron los primeros seres humanos en el primer viaje de hongos, pero

[30] Seguimiento a largo plazo y crítica metodológica.

hay pinturas rupestres, de siete a nueve mil años de antigüedad, que describen lo que se cree que son hongos que contienen psilocibina. Otras pinturas rupestres de España, de hace aproximadamente seis mil años, parecen retratar otras especies de hongo alucinógeno.

Ahora bien, hace nueve mil años, los seres humanos tenían mucho más cerca a los lobos. Es obvio que la gente enfrentada a la posibilidad de tener que luchar con lobos habría querido alcohol. El alcohol mitiga el dolor y aumenta la belicosidad. En cambio, una dosis elevada de hongos resulta una apuesta peligrosa, sobre todo si hay que luchar con mortíferos leones, pájaros devoradores de caballos o cualquier otra de las pesadillas que rondaban por la tierra hace nueve mil años.

Los hongos prehistóricos eran un riesgo demasiado elevado como para tomarlos por simple curiosidad intelectual. Los antiguos usaban los alucinógenos como una forma de comunicarse con sus dioses, aceptando las visiones por lo que valían y como llegaban.

Si cierta teoría es correcta, la gente ha estado colocándose con hongos incluso antes de que fuésemos técnicamente gente. El etnomicólogo (historiógrafo de los hongos) Gordon Wasson fue el primer erudito en sugerir que los hongos alucinógenos jugaron un papel clave en el nacimiento de la religión humana.

La teoría de Wasson suena a lo que le diría un tipo dudoso de apodo *Chamán*, al tratar de venderle una bolsa de hongos. Pero Gordon no era ningún granuja peludo, perfumado con pachulí. Fue exvicepresidente del banco J. P. Morgan y allá por los noventa escribió *Persephone's Quest: Entheogens and the Origins of Religion*[31]. Y creía que los hongos mágicos hicieron nacer la espiritualidad humana. Según Wasson, seres ya casi humanos habría tomado sus propias visiones alucinógenas por la palabra de la Divinidad:

> En ese momento nació la religión, una pura y simple, libre de teologías, libre de dogmas, que se expresaba con espanto y reverencia, y en voz baja, sobre todo por la noche, cuando la gente se reunía para consumir el Elemento Sagrado.

[31] La búsqueda de Perséfone: enteógenos y los orígenes de la religión.

Dejando de lado las extrañas posibilidades de capitalizar esto, resulta una idea interesante. Pero no tenemos ninguna ciencia exacta que pueda respaldar la teoría de que fueron los hongos los que inspiraron la creencia en lo divino. Las pinturas rupestres llenas de hongos, repartidas por todo el mundo, confirman el hecho de que muchos pueblos antiguos tenían a los hongos en alta estima. Pero hay un gran trecho entre eso y el que nuestros antepasados simiescos tomasen hongos como lo hicieron en aquel sótano lleno de estudiantes de teología.

Sin embargo, existen algunas pruebas que podrían respaldar la excéntrica teoría de Wasson. Sigmund Freud, padre de la idea de que todos estamos ansiosos de tener sexo con nuestras madres, también planteó la idea, más ampliamente aceptada, de que el pensamiento humano puede dividirse en primario y secundario. El pensamiento secundario es lo que están ustedes haciendo ahora mismo: analizar palabras y conceptos, y compararlas con su comprensión práctica del mundo.

El pensamiento primario es mucho más... desatado. Es el tipo de estado en el que caen sus cerebros durante el sueño, un brote psicótico o una fantasía infantil. *From the Couch to the Lab* (*Oxford University Press*, 2008) nos da mi descripción preferida: «[El pensamiento primario se]... caracteriza por cierto sentimiento de incertidumbre; en este estado, es la confianza acerca de *qué es qué* es lo que más está en el aire y las explicaciones mágicas parecen más aceptables» (el énfasis es mío).

El pensamiento primario es el estado mental en el que resulta más probable que acepten explicaciones milagrosas, fantásticas y abiertamente religiosas de los fenómenos. Y se ha demostrado que drogas como la psilocibina actúan como superautopistas para ese tipo de pensamientos. Sí, se puede medir la presencia del pensamiento primario en el cerebro humano. Pero hacerlo es peligroso hasta la locura.

Verán, el pensamiento primario tiene lugar en las regiones límbicas del cerebro, que están localizadas en el área subcortical, demasiado profundas como para que las medidas no invasivas (tipo IRMf[32]) pue-

[32] Imagen por resonancia magnética funcional (N. del T.).

dan registrar lo que sucede con detalle. Para registrar lo que ocurre en las profundidades alucinadas del cerebro, los científicos tienen que traspasar el cráneo para colocar los electrodos en el propio cerebro.

Dado que tajar el cerebro no está considerado demasiado ético, los científicos no han podido medir los pensamientos primarios desde los años cincuenta y sesenta. Pero los estudios realizados en aquellos días salvajes de hagan-lo-que-quieran-con-los-cerebros, sugieren que Wasson no andaba descaminado. En 2010, Robin Carhart-Harris y Karl Friston analizaron aquellos viejos estudios y descubrieron que el mismo «estallido fásico» que se creía que era la señal del pensamiento primario, estaba presente en los cerebros de personas que sufren brotes psicóticos, que se encuentran en la fase REM del sueño o que están en un viaje de drogas alucinógenas.

Pero una cosa es decir que «las drogas que provocan estados alterados de la mente pueden haber ejercido su influencia en el desarrollo del pensamiento religioso». Otra bien distinta es rastrear esa influencia. Un hito histórico de esa influencia la encontramos en la droga hindú, el soma.

La búsqueda del Soma

Esa palabra, *soma*, significa una de dos cosas para casi todos ustedes:

1.- Es el popular relajante muscular, *carisoprodol*, que a menudo se ha vendido con el nombre comercial de *Soma*, y que también algunos han consumido por ocio, mezclado con vino, cuando han tenido un día de lo más estresante.

2.- Es la droga imaginaria de la novela de Aldous Huxley de 1932, *Un mundo feliz*, que servía para apaciguar a los ciudadanos del distópico Estado Mundial, dándoles una sensación falsa de alegría narcótica, agradablemente alucinante. Huxley la describe (a través del personaje Mustafá) como «un cristianismo sin lágrimas».

Pero la historia del soma va mucho más allá de la novela de Huxley, o de aquella vez que tus amigos y tú os conseguisteis un montón de relajantes musculares y os visteis la trilogía completa del Señor de los Anillos.

La primera referencia al Soma, como un dios en sentido literal, la encontramos en los primeros textos religiosos que se conservan, los Vedas hindúes, escritos entre el 1700 y el 1100 a. C.

Hablan del Soma a la vez como un dios, adorado incluso por otros dioses, y como una planta intoxicante que se entrega a mortales e inmortales por igual. A día de hoy, sigue habiendo encendidos debates sobre qué pudo ser exactamente el soma. Marihuana, efedra, o incluso agua dulce del Ganges; hay teoría para todos los gustos. Pero los himnos védicos dejan claro que el Soma droga era algo más estupefaciente que la simple agua potable:

El desmayo con ardor marcial disipa,
Con pensamientos elevados al bardo inspira;
El alma de la tierra al cielo eleva;
Tan grandes y maravillosos son sus regalos
que los hombres sienten al dios dentro de sus venas,
y vociferan pasiones desatadas:

Dado que la palabra *soma*, en la cultura hindú, fue ampliándose a un elenco de plantas narcóticas, los estudiosos (incluido Gordon Wasson) han teorizado que el soma de los himnos védicos debió ser el hongo alucinógeno *amanita muscaria*.

El principal argumento contra que la *amanita muscaria* fuese el antiguo soma, lo mismo que contra que la usaran para colocarse, son las ocasionales pesadillas que origina como efecto colateral. De entrada, la familia de las amanitas abarca tanto al hongo alucinógeno *amanita muscaria* como a un tropel de hongos venenosos asesinos, incluyendo la temida *ammanita virosa*, todos casi idénticos entre ellos y todos capaces de matar de manera fulminante a un hombre fuerte y sano.

Además, las alucinaciones de la amanita, aunque no mortíferas, tampoco son especialmente inocuas. Prepárense para vómitos en abundancia, sudoración y espasmos durante el colocón. Y se encuentran bien documentadas la aparición de fuertes deseos de automutilación en muchos consumidores, tal como consta en la enciclopedia online de las drogas *Erowind*. Todo eso parece contradecir la posibilidad de que la *amanita muscaria* fuese la fuente de soma, ya que los Vedas suelen referirse a ella como una experiencia netamente positiva.

Aunque eso no es todo. Los Vedas nos dan algunos detalles sobre la preparación de soma, sobre todo que necesita colarse de manera minuciosa. Colar no es un paso necesario para consumir *amanita muscaria*. Pueden comerla cruda y vomitará en medio del cuelgue como nunca vomitó colgado en su vida. Pero, con el paso del tiempo, diversos grupos han encontrado formas de refinar la *amanita muscaria* para evitar sus peores efectos secundarios.

Algunas tribus siberianas toman amanita muscaria con fines religiosos por lo menos desde 1658, año en el que un polaco, que fue su prisionero de guerra, escribió que: «comen cierto hongo con forma de matamoscas y con eso se emborrachan más que con el vodka y lo aprecian más que el mejor de los banquetes».

Esos tribeños no solo asumían que sus rituales a base de hongos implicaban que toda la tribu se iba a poner más que enferma. Individuos especialmente señalados, sus chamanes, ingerirían, a beneficio de todos, *amanita muscaria* sin tratar, sufriendo todos los efectos secundarios para expulsar después una orina alucinógena más segura, para que el resto de la tribu bebiese. Los lapones del ártico han encontrado también una solución urinaria de su propia cosecha. Dan *amanita muscaria* a sus renos y luego se beben la orina de estos para colocarse.

Bueno, yo no me siento reacio a beber pis, propio o de reno, si es en nombre de la ciencia.

Me beberé mi orina para otro experimento un poco más adelante, en este mismo libro, y si yo creyese que eso es lo que sugieren los antiguos Vedas, me zamparía el hongo, sufriría el violento enfermar que supone un viaje de *amanita muscaria*, recogería mi pis y lo volvería a probar. Pero los Vedas tienen mucho que decir sobre la preparación de soma y no mencionan para nada el beber pis.

El proceso descrito en los Vedas parece haber implicado el poner a secar los hongos al sol, ponerlos a remojo y luego filtrar esa agua a través lana, recogerla en una taza y mezclarla con leche. Wasson teorizó sobre que este proceso de filtrado podría reducir los efectos secundarios dolorosos (y, en ocasiones, mortales) de la *amanita muscaria*, logrando que el emplear el soma fuese la experiencia gozosa que se describe en los Vedas, en lugar de la experiencia de ensuciar el baño que la mayoría de los consumidores modernos encontrarán más familiar.

Analizar la ciencia que pueda haber detrás de todo esto resulta difícil. A pesar de que los seres humanos han estado consumiendo estos hongos durante al menos diez mil años, todavía no sabemos de verdad cómo funcionan estas malditas cosas. La ciencia moderna lo ha reducido bastante, hasta a un par de productos químicos encontrados en la amanita muscaria: el ácido iboténico y el muscimol. Los dos son psicoactivos, pero el ácido iboténico parece ser el responsable de convertir el intestino de un usuario desprevenido en una verdadera catapulta.

¿Podrían, de verdad, los procesos de hacer Soma indicados por los Vedas hacer el viaje menos doloroso? Por suerte, un investigador llamado Kevin Feeney ya respondió a esa pregunta en un artículo de 2010 para el *Journal of Psychoactive Drugs* (sí, hay un periódico de drogas psicoactivas y no, no es una fachada de la DEA para atrapar a fabricantes de drogas.) Kevin analizó más de seiscientos casos registrados de uso de amanita muscaria, dividiéndolos sobre la base de la forma en la que se prepararon los hongos y si los consumidores tuvieron un buen viaje o decoraron el linóleo con el desayuno.

Sus hallazgos parecen respaldar la teoría de Wasson: si la *amanita muscaria* se prepara como infusión, hay un 53% menos de probabilidades de que cause náuseas y vómitos que cuando se comen crudas. Y los hongos ingeridos secos son 64% menos propensos a retorcer tus entrañas que la variedad fresca. En parte, esto tiene que ver con el hecho de que la deshidratación convierte a casi todo el desagradable ácido iboténico en muscimol, pero no sabemos exactamente por qué, al hacer una infusión con este hongo, el fatídico ataque de intoxicación alimentaria se convierte en una agradable.

Los descubrimientos de Feeney hacen que parezca más probable que nunca que Gordon Wasson tenía razón: el antiguo soma, enaltecido por los dioses hindúes, —una de las primeras drogas de las que tenemos alguna constancia escrita de uso— fue una preparación especial de *amanita muscaria*.

Es obvio que tuve que probarlo. Incluso con gran riesgo para mis propias y frágiles entrañas.

Cómo: volar como una deidad hindú

En aras a mantener fuera de la cárcel y a evitar un asalto de la DEA a *Plume*, he seguido a rajatabla una regla estricta al escribir este libro: nada de drogas ilegales (en gran parte de la costa oeste de EEUU, la hierba es de lo más legal). Y, para mi suerte y sorpresa, me encontré con que el potente hongo *amanita muscaria* es 100% es legal en todos los Estados Unidos de América.

No solo eres libre de comprarlo, poseerlo y consumirlo en todo el país, con la salvedad de Luisiana... donde prohíben tan solo cultivar más de cuarenta a la vez. Eso parece bastante razonable, habida cuenta de la reputación de pesadilla que este hongo en particular se ha ganado entre los psiconautas. La *a. muscaria* es uno de esos raros casos de droga alucinógena que resulta demasiado desagradable como para que el gobierno crea que valga la pena restringir su consumo.

Ustedes pueden comprar su *amanita muscaria* online, en una prodigiosa cantidad de sitios web. Según donde viva, también podrán comprar piezas secas en la tienda de la esquina. No es difícil saber si es el hongo correcto.

Quien fuese que escribió la entrada de Wikipedia, describió a la *a. muscaria* como el hongo venenoso por excelencia.

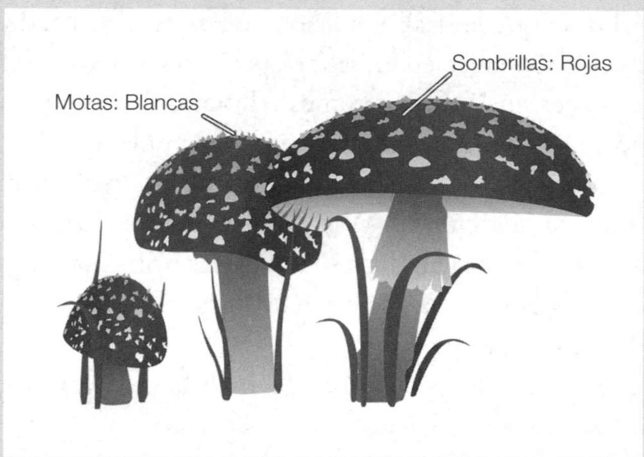

Tavia Morra

Es como lo que sale en los dibujos animados. *Hagas lo que hagas, no intenten cosechar amanita muscaria silvestre*. Este hongo en concreto tiene muchos primos, muchos de los cuales les matarán de una forma tan creativamente horrible que uno se pregunta si el diablo no sería hongo, más bien que serpiente.

Sea como sea, para un experimento con hongos del tipo soma, necesitarán:

Ingredientes

5-10 gramos de Amanita muscaria (o unos tres sombreros de hongos, de tamaño mediano, según la enciclopedia de drogas Erowid)
2 tazas de agua tibia
Una camisa, toalla o algo así, 100% de lana (la lana es para darle autenticidad histórica, porque cualquier tipo de colador valdría)
1 taza de leche (leche de nuevo por la autenticidad, porque la leche de almendras, leche de soja, etc. iría igual de bien)

Instrucciones

Soma se envuelve por completo con los rayos del sol. . . (Rig Veda, capítulo 4, himno 86).

Un par de pasajes védicos, citados por Wasson, mencionan que el primer paso en la preparación del soma es la exposición a la luz solar. Los eruditos modernos y los consumidores de drogas han interpretado que eso significa dejar que el hongo se seque. Si el tuyo ya no ha llegado seco, debes dar el paso y dejarlo en una ventana durante un par de días. Deja que se seque bien. Debe quedar muy arrugado, sin nada de líquido.

Soma clarificador, cuando estás saciado con agua, tu zumo corre a través del tamiz hecho de lana. . . (Rig Veda, capítulo 9, himno 74).

Una vez que está totalmente seco, pongan su hongo en agua hasta que se hinche. Luego envuélvalo en la lana y exprímanlo, dejando caer el líquido en un bol o vaso. Para conseguir mejores resultados, déjenlo en remojo veinticuatro horas. La ciencia nos dice que este es el paso clave para decidirá si luego vomitamos o no las tripas. Los Vedas también son terminantes sobre su importancia:

Soma sin prensar no complacía al liberal Indra, ni tampoco los zumos prensados sin una oración (Rig Veda, capítulo 7, himno 26).

Supongo que querrán estar tan complacidos como el liberal Indra, así que querrán prensar para obtener los zumos y simular que rezan una oración mientras los toman. No voy a sugerir que recen una oración hindú, a no ser que sean hindúes, pero rece algo. Podría ser el Padrenuestro o algo tan fácil como un canto meditativo, o algún pasaje de algún libro o poema que les resulte particularmente significativo.

Lo que importa aquí no es contenido concreto de la oración que ustedes elijan. Se trata de que centren su mente en algo de importancia emocional y espiritual, antes de embarcarse en su aventura alucinógena. Su estado de ánimo, y el ambiente en el que se halle, en el momento de tomar la dosis, puede ser de alto impacto en su viaje. Con esto en mente, escogí este pasaje del libro de Kurt Vonnegut, *Dios le bendiga, señor Rosewater*, para mi propia oración:

> *Hola, chicos. Bienvenidos a la Tierra. Hace calor en verano y frío en invierno. Es redonda y húmeda, y está llena de gente. Han estado ahí fuera unos cien años, chicos. Aquí solo hay un consejo que puedo darles, chicos:*
>
> *—Maldita sea, sean corteses.*

Una vez que hayan elegido la oración y prensado su zumo de hongos, mezclen lo obtenido con una taza de leche y beban. Durante mi investigación para este libro mezclé (y tomé) dos tazas de soma, y di otras dos a un par de voluntarios.

¿Las conclusiones?

La *amanita muscaria* pudo muy bien haber sido el soma. Probé dos preparaciones distintas en mí mismo: la primera tras dejar los sombreros de hongo en agua una hora antes de prensarlos y la segunda dejándolos durante veinticuatro horas.

Mi primer viaje fue de lo más suave, poco más que sentir el cuerpo más liviano y vibrante que nunca. No se produjeron verdaderas alucinaciones, solo un hormigueo agradable a lo largo de mi cuerpo y una sensación de bienestar durante unas tres horas. Di una caminata gratificante por el vecindario como un excéntrico descalzo y acabé mirando con fijeza a los árboles y cerrando los ojos para dejar que me acariciase el viento, más a menudo de lo que haría una persona sobria.

Me procuró una tarde agradable y me sentí despejado como unas cuatro horas después de la ingesta.

Mi segundo viaje fue mucho más intenso. Remojar la amanita durante más tiempo creó un soma mucho más potente. A los cuarenta y cinco minutos, me sentí intoxicado en grado sumo. La experiencia fue similar a esa extraña casi mareo, como cuerpo grato y hormigueante que uno tiene durante un viaje del hongo psilocibina, pero ausente de alucinaciones. Fue divertido y no empecé la bajada hasta las cinco o seis horas.

Dos días después de mi segunda cata, dos de mis amigos de Los Ángeles se ofrecieron a probar mi soma. Mi amiga Starline solo había probado marihuana. Mi amigo Josh había experimentado con varios psicodélicos, hongos incluidos. Ambos comenzaron a sentir los efectos alrededor de una hora después. Starline pareció llegar a la cima como a las dos horas y media y me contó que había disfrutado mucho de sus sensaciones corporales.

(Un apunte interesante: Starline pasó sus primeros años en el Caribe. Es obvio que no tiene ningún tipo de acento en condiciones normales. Sin embargo, durante el viaje recuperó a ratos el acento. Pareció suceder de forma inconsciente al acabar ciertas palabras y ciertas frases).

Johs no sacó gran cosa del viaje, fuera de un pequeño dolor de estómago. No habló de nada de la intoxicación que experimentamos Starline y yo. Eso, sin embargo, no es algo raro en alucinógenos de todo tipo. Distintas personas pueden tener experiencias muy diferentes con las mismas dosis de la misma sustancia. Es por eso que algunas personas pueden estar fumando hierba todo el día, todos los días y seguir trabajando, mientras que otros solo pueden ver *Padre de familia* y comer doritos.

En general, la experiencia que tuve con esa receta de amanita parece coincidir con lo que los himnos védicos cuentan sobre el soma antiguo. Mi segundo viaje fue sumamente agradable y me sentí casi como si pudiera sentir oleadas pulsantes de sensación agitándose bajo mi piel. En el pico de mi viaje no llegué a vociferar pero, con rotundidad, «sentí al dios en mis venas».

CAPÍTULO 8

El antiguo ácido griego y el alba de la ciencia

La ciencia no siempre fue ciencia.

Thomas Jefferson, uno de los Padres Fundadores que contribuyó con su esperma más intelectual al feto de los nacientes Estados Unidos, se consideraba a sí mismo un científico y no solo de las ciencias políticas. En el año 1800, Jefferson enumeró, en una carta, las ciencias que le interesaban:

> Botánica, química, zoología, anatomía, cirugía, medicina, filosofía natural, agricultura, matemáticas, astronomía, geografía, política, comercio, historia, ética, leyes, artes, bellas artes.

Muchas de esas materias siguen siendo «ciencias» en la plena acepción de la palabra. Pero usted, a día de hoy, no consideraría a un experto en ética, leyes, artes o bellas artes un científico. Los científicos modernos andan entre matraces y algoritmos y grandes pizarras llenos de complicadas ecuaciones. Hemos ido constriñendo el significado de ciencia a medida que hemos ido avanzando como sociedad. René Descartes ni siquiera definió el método científico hasta 1637.

Sin embargo, durante miles de años, previos a esa fecha, la humanidad fue progresando de forma constante (a veces de manera inestable, a menudo por azar) en tecnología y en su comprensión del mundo circundante. Hemos sufrido períodos de retroceso significativo, pero, mucho antes de que decidiéramos que era importante observar el mundo de manera racional y probar nuestras teorías a través del experimento, las personas inteligentes trataban de descubrir las reglas que rigen nuestro universo.

Durante mucho tiempo, llamamos a tales personas *filósofos*. Hoy en día, la filosofía es lo más importante, si no le importa ganarse la vida. Pero, por ejemplo, en la antigua Grecia, los filósofos eran aquellos que intentaba romper con las leyes de la realidad. Y tenían la pequeña ayuda de una droga llamada *kykeon* (ciceón).

El *kykeon* era una clase especial de vino drogado, que se administraba al final de los misterios eleusinos en la antigua Grecia. Los participantes guardaban el secreto de cómo eran exactamente las ceremonias, bajo pena de muerte, pero aun así conocemos algunos datos: los ritos tenían lugar durante ayunos de nueve días, en los que tomaban el potente alucinógeno conocido como *kikeon*, y los participantes salían convencido de la existencia de una vida después de la muerte.

Eso no era una creencia tan extendida por aquel entonces. Hasta que Platón escribió *Fedón*, la idea de una vida tras la muerte, en la que los buenos actos eran recompensados y los malos castigados, eso no estaba en boga. Platón era partícipe asiduo y entusiasta de los misterios eleusinos. Al investigar para este libro, me topé con un artículo de Joshua Mart del *Marist College*, que citaba este fragmento del *Fedón* de Platón:

> Los que establecieron las purificaciones no eran personajes despreciables, sino grandes genios, que desde los primeros tiempos han querido hacernos comprender por medio de estos enigmas que el que vaya al Hades sin estar iniciado y purificado será precipitado en el fango; y el que llegue allí después de haber cumplido con las expiaciones, será recibido entre los dioses [Azcárate, EDAF, p. 75].

Quien habla ahí es Sócrates, según nos cuenta Platón, afirmando, básicamente, que ser iniciado en los misterios era un equivalente politeísta griego del bautismo. Sócrates es hoy conocido como el «padre de la filosofía occidental». Aristóteles, padre a su vez de la ciencia, fue también iniciado de los ritos y un consumado usuario del *kykeon*. En *Pagan Regeneration* (1929), Harold Willoughbury afirma que los iniciados en el colocón «no aprendía nada exactamente pero... recibían impresiones y llegaban a cierto estado de la mente».

En otras palabras, los misterios no eran del tipo de rituales religiosos en los que los adeptos memorizan largas listas de reglas y dogmas. Los viajes de *kykeon* era más del tipo «colocón difícil de explicar con palabras». Y dejó una honda huella en pensadores griegos que fueron los que sentaron las bases de nuestros conceptos modernos sobre ciencia y filosofía.

Así pues, ¿qué diablos era el *kykeon*?

Sabemos que tres de sus ingredientes eran vino, cebada y menta. Nuestro amigo Gordon Wasson, el de los hongos, escribió un libro en el que trataba de rastrear las propiedades exactas del *kykeon*. En *The Road to Eleusis*, él y otros estudiosos especulaban sobre que el *kykeon* debía ser una especie de droga psicodélica, probablemente inoculada en el vino por granos infectados de cornezuelo de centeno.

A largo plazo, el envenenamiento por cornezuelo de centeno puede hacer que las extremidades se necrosen. A corto plazo puede causar vómitos y (¡atención damas!) provocar abortos espontáneos. Todo gracias a la ergotina química. Otro producto que hay en el cornezuelo es el ácido amida de ácido d-lisérico (LSA). Si el nombre les resulta familiar, eso es porque el LSA se convierte en dietilamida de ácido lisérgico (LSD) con unos pocos años de experiencia en química y el equipo adecuado. Pudiera ser que los padres de la ciencia y la filosofía se hayan pasado buena parte de su vida viajando con ácido primitivo.

Si ustedes se muestran escépticos ante la idea de que los viajes del ácido tuvieran una influencia de veras significativa en el alba de la ciencia, deben saber que los alucinógenos tienen un historial más que documentado como ayudantes de los genios a ser padres de disciplinas enteras. Francis Crick, ganador del premio Nobel y reconocido hoy como padre de la genética moderna, al parecer concibió la estructura en doble hélice de ADN gracias a que estaba puesto en ácido para potenciar sus capacidades mentales.

En más detalle, Kary Mully, otro premio Nobel, acredita que el LSD le ayudó a descubrir un proceso de lo más específico: la reacción en cadena de la polimerasa (PCR). De forma (patéticamente) sucinta, la PCR es la vía por la que somos capaces de crear el ADN para cada persona. Así que el dato clave para cada episodio de CSI y de la mayor parte de nuestro sistema judicial tiene una deuda enorme con el ácido. A día de hoy, los científicos también usan el PCR para identificar enfermedades hereditarias en nuestros genes. Abrió la puerta a la clonación de seres humanos y, para ser menos distópicos, a la de órganos humanos.

Es seguro que el equipo de Crick (o cualquier otro equipo) habría dado, antes o después con la estructura exacta del ADN, sin la ayuda de viajes en ácido. Pero Mullis no cree que su descubrimiento hubiera sido posible sin ácido. En 1997, en un documental de la BBC, se preguntó si habría descubierto el PCR sin la ayuda de *Lucy y sus Sky Diamonds*:

> No lo sé. Pero lo dudo. Lo dudo de verdad.

Llegados aquí, algunos de ustedes están rumiando la posibilidad de probar el ácido. No puedo ayudarles en eso entre otras cosas porque la verdad es que no quiero acabar en la cárcel. Pero, ¿y si recreamos la antigua réplica griega al ácido, el *kykeon* (ciceón)? ¿Es factible?

Cómo viajar en ácido como un filósofo griego

Por regla general, si la gente tiene la oportunidad de disfrutar de las drogas sin morirse de hambre durante nueve días, eso es lo que harán. Así que tiene su sentido que los sacerdotes que dirigían los Misterios de Eleusis quisieran mantener en secreto la naturaleza exacta de lo que les daban. Lo más parecido a una lista de ingredientes para el *kykeon* que tenemos procede del *Himno a Deméter*, que es uno de los himnos homéricos más largos y antiguos de los treinta y tres que nos han llegado.

No es que Homero tuviese nada que ver con la redacción del *Himno a Deméter* o cualquiera de los demás. Los antiguos griegos tenían la manía de atribuir a Homero cualquier cosa que fuese antigua, sabia y de origen incierto. Era el equivalente clásico a considerar a Alan Smithee la dirección de una película, hecha décadas más tarde, a manera de homenaje.

El *Himno a Deméter* está datado en el siglo séptimo u octavo a. C. La receta de *kykeon* se da cuando Metanira, una reina antigua y, al parecer, camarera en los cielos, prepara una bebida para calmar los nervios de la diosa Deméter:

> *Entonces Metanira le ofreció [a Deméter] una copa, llenándola con vino dulce de miel.*
> *Pero ella la rechazó, diciendo que fue ordenado por los dioses que ella no*
> *bebiese vino tinto. Entonces ella [Deméter] le ordenó [a Metanira] que mezclase un poco de cebada y agua*
> *con delicado poleo menta y le diese [a Deméter] Poción para beber*
> *Así que ella [Metanira] hizo el* kukeôn *y se lo ofreció a la diosa, tal como ella había ordenado.*

En el himno, Metanira, tras brindarle la bebida, hace a Deméter (que acaba de perder un hijo) el ofrecimiento de darle a criar uno de sus propios hijos. Deméter, en pleno vuelo de *kykeon*, devuelve tal amabilidad insuflando en el niño el fuego que hace inmortal. Todo esto refuerza todavía más la reputación del *kykeon* como una maldita droga. Hay dos cosas en la receta que me llaman la atención: la presencia de poleo menta, que tiene un nombre que suena al de una de las mujeres con las que se acuesta James Bond, y la ausencia de vino. En tanto que Deméter parecía preferir *kykeon* sin alcohol, eso significa que era opcional. Heráclito, un filósofo presocrático, aseguraba que el *kykeon* estaba hecho de vino mezclado con queso, y que se agitaba de continuo hasta que adquiría sus propiedades.

«El *kykeon*« dijo, «se disgrega si no se está agitando.»

Ninguna de estas recetas luce muy alucinógena (o apetecible) a nuestros ojos cansados, modernos. Wasson y sus coetáneos apuntan a que los sacerdotes eleusinos ocultaron un ingrediente clave a sus celebrantes: el cornezuelo de centeno. La única falla en esa teoría es que el envenenamiento por cornezuelo de centeno es horriblemente desagradable y a veces fatal, mientras que los Misterios de Eleusis parecían dar buenos viajes. Por suerte para esa teoría, es bastante fácil destilar LSA a partir de la ergotamina, usando agua y cenizas. Por desgracia para este libro, probar eso sería un delito federal.

La posesión de ergotamina es legal, pero la síntesis de LSA es un delito, así como su posesión y su consumo. Así que, en lugar de cometer un delito grave, quisiera probar una hipótesis alternativa. ¿Qué pasaría si el *kykeon* tuviera más que ver con la privación de alimentos que con la sustancia en sí? Recuerden que los misterios de Eleusis se administraban al cabo de un ayuno de nueve días.

Todavía puedo recordar la primera comida que pude ingerir tras mi aventura con la disentería india, luego de días sin poder mantener ninguna caloría en el cuerpo: me zampé un plato enorme de macarrones y queso con falafel desmenuzado. No estaba bien preparado y el queso era de pegote, pero el primer bocado que tomé, con una cucharada de sal y grasa, supuso una revelación. Casi no podía soportar el deglutir. La corriente pura de sabor era enceguecedora, literalmente.

Peter Webster merece que se le reconozca haber sido el primero en teorizar acerca de que los viajes en *kykeon* podrían haber sido inducidos por el hambre. En su ensayo *Mezclando el kykeon* (2000), cuenta cómo asistió a un retiro religioso, ayunando de forma inadvertida durante cuatro días, para luego recibir un estallido poderoso de revelación espiritual al caer un primer sorbo de café en su estómago vacío y hambriento.

Eso me dio una idea: ayunaría durante largo tiempo, subiría a la cima de una montaña próxima y tomaría una dosis de ambas mezclas de *kykeon*. Eso incluiría:

Infusión nº 1

Ingredientes

2 cucharadas de menta poleo
1 taza de agua
30 gramos de cebada germinada

Infusión nº 2

Ingredientes

1 copa de vino (tinto o blanco)
30 gramos de cebada germinada
30 gramos de queso de cabra rayado.

Una advertencia para el sabio (y para el tonto) sobre la menta poleo. Además de ser una especie deliciosa de menta, la menta poleo les puede reventar el culo en altas concentraciones. Lo cierto es que necesitaría comer aceite concentrado de menta poleo, el equivalente a litros de la infusión, para ponerse en peligro, pero queda advertido. Esta mierda es algo tóxica y nada buena para el hígado. No digan que no he intentado hacerles desistir.

Método

No disponemos de demasiada información sobre los ayunos que precedían a los misterios. Podrían haber sido como los de los musulmanes en el Ramadán, en el que los fieles evitan comer y beber desde el alba hasta el ocaso, o podría haber sido un ayuno total, donde consumirían cero calorías. Los cristianos griegos ortodoxos pueden echar hasta doscientos días al año en ayunos. En las religiones modernas, los ayunos más comunes son la restricción calórica (comer menos a menudo), el día de ayuno (un festín seguido de días de cero o pocas calorías) y restricciones en la dieta (eliminar la carne, grasas animales y cosas por el estilo.

Un ayuno completo, en el que los asistentes pasan durante días sin calorías líquidas o sólidas, de una sola vez, es algo muy raro. Puede que el ayuno de los nueve días de los Misterios de Eleusis se basase en privaciones calóricas o dietéticas, pero también podría haber sido total. Decidí apostar a hacer cuatro días de ayuno antes de probar mis *kykeones*. Cuatro días de calorías cero no llegan a causar lesiones permanentes, pero están cerca de ese punto límite.

Pasar sin nada excepto agua y (a modo de gratificación) café descafeinado, durante cuatro días, es lo más difícil que llegué a hacer para la investigación para este libro. Los dos primeros días fueron los peores. Estaba de ánimo irritable y mis tripas parecían estar siendo amasadas sin contemplaciones por un gigante furioso. Me dolían todos los músculos y, en general, me convertí en una compañía poco recomendable.

El tercer día sufrí menos y comencé a sentir los beneficios de un ayuno prolongado. Mi olfato se agudizó. Podía detectar el aroma de la comida basura saliendo del dormitorio de mi compañero de piso como si lo tuviera al lado. Cuando la familia al otro lado de la calle encendió su barbacoa del domingo, fue como si las costillas estuvieran justo bajo mi nariz. El dolor cesó en algún momento del tercer día.

Creí que me sentiría débil en todo momento, ¡pero no fue así! Podía sentir estallidos de energía productiva, ya que mi cuerpo consumía grasa y músculo, seguido de espasmos repentinos, casi como si alguien hubiera tirado del tapón de mis tripas. Durante esos espasmos, me sentía liviano de cabeza y ligeramente delirante. Pero, en conjunto, mi nivel de energía aumentó según avanzaba el experimento.

A la tarde del cuarto día, pude sentir una conmoción constante y profunda en el fondo de mi estómago. Pero, de alguna forma, me sentía lo bastante fuerte como para caminar. En la antigua Grecia, el *kykeon* se consumía al cabo de un paseo con los demás celebrantes. Mi versión moderna fue ir de excursión a lo alto de una montaña próxima, con algunos amigos (que no estaban ayunando) para que me llevasen de vuelta al coche si me desmayaba. Fue una caminata de unos nueve kilómetros, todo cuesta arriba. Probé la primera infusión, la de menta poleo y cebada, a los tres kilómetros.

A los pocos minutos de beberme el *kykeon* de cebada, indiqué en mis notas que sentía «radiantes ondas de calidez y un subidón de algo parecido a las cosquillas, irradiando desde mi corazón». No fue la

Jeremy Connors

Aquí estoy yo, degustando.

avasalladora experiencia con el *kykeon* del que hablaban las fuentes, pero fue algo importante. No tengo claro cuánto de todo eso se debiera al menta poleo y cuanto a la cebada, ya que esa fue la primera comida sólida que ingerí después de varios días, pero sentí el hormigueo por todo mi cuerpo durante varios minutos y experimenté un «claro sentido de euforia».

Nuestra caminata de ocho kilómetros nos llevó a la cima de un cerro con vistas a la ciudad de Los Ángeles. Preparé el segundo *kykeon* sacudiendo y echando una mezcla de vino y cebada en mi taza. Agregué treinta gramos de queso de cabra rallado, lo agité hasta que mezcló y luego lo ingerí lo más rápido que pude. La frase «puré de vino y queso» no suena muy apetitosa pero, con lo hambriento que estaba, me supo a gloria.

El vino era un tinto que yo solía encontrar bastante suave. Pero, al tomarlo después de un ayuno, su sabor me resultaba casi desagradablemente fuerte. Su acidez hizo que se me fuera un poco la cabeza... pero no lo calificaría de alucinógeno. Habiendo probado las dos recetas de *kykeon* descritas, creo que ninguna está completa. Sospecho que la receta definitiva incluye también algún tipo de síntesis de LSA.

Pero no quisiera aminorar el valor del ayuno en esa experiencia. Cuando más conectado me sentí a los misterios de Eleusis al hacer la recreación no fue mientras bebía el supuesto *kykeon*. Se produjo durante la «fiesta» al término del ayuno de cuatro días. Las pocas descripciones de los misterios que nos han llegado hacen hincapié en una vida tras la muerte «paradisíaca» para los iniciados.

Tras pasar por el infierno de un ayuno largo y total, comer resultó por sí mismo una especie de paraíso. Incluso el queso de cabra avinado sabía delicioso. Y, aunque beber vino mezclado con queso y cebada en lo alto de un monte no fuese lo que se dice una experiencia religiosa, el primer bocado que pegué a una hamburguesa, tras caminar de nuevo ocho kilómetros de regreso al coche, casi sí lo fue.

CAPÍTULO 9

El tabaco y la marihuana: dos gemelos separados por el tiempo

El tabaco y la marihuana están considerados de maneras muy diferentes, incluso por parte de los usuarios (y de los adictos) más abiertos de mente. Estas dos drogas parecen tan distintas en parte porque no sabemos todavía por qué el tabaco nos mata y la marihuana por lo general no. Puede que se sorprendan al saber que, antes de que conociéramos efectos tales como el cáncer y el enfisema, el tabaco se veía y se empleaba de manera semejante a cómo se hace hoy en día con la marihuana. Lean esta cita de un europeo estupefacto al ver, por primera vez en su vida, fumar a algunos de los indígenas de la Hispaniola: «para entrar en estado de estupor, aspiran el humo hasta la inconsciencia y se tumban en el suelo como hombres totalmente borrachos».

Fíjense que eso suena como si le estuvieran dando a nuestra buena amiga la maría, pero la sustancia a la que se refiere es el tabaco. No el tabaco moderno, cultivado en campos inmensos con todas sus variantes y destinado a acabar en series de cajetillas envueltas en celofán, pero aun así tabaco de todas formas. Entonces ¿qué pasó?

Si alguna vez han sido adictos al tabaco, casi con toda certeza que no lo hacía para caer en una borrachera. La mayoría de los grandes fumadores se encienden el primero por la mañana, para aclarar la cabeza y despabilarse. Fuman después de comer, antes de volver al trabajo. Fuman... fuman casi en todo momento, pero sobre todo antes de ponerse a producir.

¿Cómo es entonces que fumar el viejo tabaco se parecía tanto a darle al frasco? Bien, por un lado, el tabaco más empleado por aquel entonces era *nicotiana rustica*, «el viejo tabaco». Liberaba alrededor de un 9% de nicotina, frente al 1-3% de nicotina del *nicotiana tabacum* que se utiliza para hacer su cajetilla de Malboro, Camel o lo que sea. El tabaco moderno se cultiva para que crezca con rapidez, grande y resistente a todos los pesticidas con los que le rocían. Hoy en día, sacrificamos la capacidad de la planta de tumbarnos a cambio de producir los suficientes cigarrillos para los fumadores empedernidos.

La fecha más antigua que pueden demostrar los científicos que se usaba el tabaco está alrededor del siglo VII d. C., y la ciencia que hay detrás de ese descubrimiento es sencillamente genial. Los arqueólogos encontraron una tacita en ciertas ruinas mayas, lo bastante pequeña como para caber con comodidad en la palma de la mano y con la inscripción «la casa de su tabaco» (traducción aproximada). Eso suena a algo parecido a como hoy en día, en las expendedurías venden tarros herméticos para la hierba. El dueño de esa tacita, al parecer, usó el suficiente tabaco como para que, trece siglos después, científicos del instituto politécnico Rensselaer y de la universidad de Albany pudieran realizar un análisis químico y encontrar restos de tabaco en su taza del tesoro.

No consideren a esa taza de tabaco como una simple prueba más del hechizo que la nicotina ha ejercido sobre la humanidad. Es muy posible que su dueño ni siquiera fumase. La actitud de los antiguos mayas hacia el tabaco de la variedad normal de tabaco era semejante a la de ciertos gobiernos estatales a día de hoy: era medicina. El pueblo Tzotzil del sur de México (modernos descendientes de los aztecas) incluso considera al tabaco como la base de su medicina tradicional.

El tabaco: la panacea de la medicina antigua

El tabaco se ha empleado incluso para tratar trastornos mentales. El *chuvaj*, una «locura agresiva» a la que mejor podríamos describir como «comportarse como un puto energúmeno», tenía una cura entre los mayas que sin duda salvaba de ir a prisión. Los mayas creían que comportamiento tan nocivo era causado por un *bol ch'ich*, literalmente «sangre estúpida» Trataban los casos graves de sangre estúpida tajando antes de nada en la frente, para dejar salir un poco. Presumiblemente, la sangre estúpida era la primera en salir. Entonces se aplicaban hojas de tabaco a la herida, con la esperanza de que eso espabilaría al resto de la sangre.

El tabaco era, en verdad, el curalotodo de la antigua medicina mesoamericana. ¿Qué le ha picado un insecto? Frote un poco de tabaco en polvo en la picadura. ¿Qué tiene dolor de estómago? Pues mezcle un poco de tabaco con ajo y frote su vientre con la mezcla. ¿Exceso de flatulencias? ¡Un poco de tabaco remediará eso también! Una cura habitual entre el pueblo zinacantan y sus antepasados maya, para el estreñimiento, era una cocción de hojas de tabaco, ajo, y orina del paciente.

Un tratamiento así, tan horrendo, no es algo que puedo dejar caer en el último párrafo y pasar luego de largo. No en un libro como este. En el preciso instante que vi eso de beber tabaco, ajo y la propia orina, supe que tenía que comprobarlo en primera persona.

El **primer paso** era ponerme en situación tal que pudiera de verdad evaluar el valor de tal bebida como medicamento. Y eso significaba inducirme estreñimiento, cosa que experimentamos en los momentos más inoportunos gracias a las crueles manos ahogaesfínteres de la Madre Naturaleza y el Padre Tiempo. Yo no estaba en disposición de esperar a que tal cosa ocurriera, así que me tomé una gran dosis de *kratom* y me zampé una cena a base solo de quesos diversos.

El *kratom* es una planta indonesia que, cuando se muele y prepara en infusión, provoca efectos semejantes a los opiáceos. Es curioso que sea una de las drogas más letales de la tierra (pero se puede comprar en Japón y eso que no hay nada divertido que se pueda comprar legalmente en Japón). Es algo maravilloso tenerla en el botiquín cuando viajas. Lo mismo que con el opio, tomar un montón de *kratom* es una manera infalible de bloquear la rampa de salida del cuerpo. Comer todo aquel queso solo aumentó el estreñimiento. Fue una noche maravillosa. Pero, después...

El **segundo paso** consistió en despertarme como un intestino pletórico de arrepentimiento. Mi plan había salido dolorosamente bien y si aquel antiguo remedio maya demostraba ser igual de chatarra que sus teorías sobre el fin del mundo, iba a pasar un día desagradable. Me fui directo a preparar la fórmula.

Cómo preparar un chute para Orinadictos.

Ingredientes

1 cigarrillo de buen tabaco salvaje

2 dientes de ajo

1 Un vaso de pis propio (uno del tamaño adecuado para la dosis tradicional de líquidos de sabor asqueroso)

Instrucciones

Mezcle el tabaco y el ajo con un molinillo de café hasta conseguir una pasta blanda y de grano fino, y luego échela en la orina.

(Nota: los científicos todavía no se poden de acuerdo en cuál pueda ser una dosis fatal de tabaco. Algunas investigaciones indican que puede ser la de dos o tres cigarrillos, pero hay casos documentados de personas que han sobrevivido a dosis mucho más elevadas. Otra estimación es la de 1.000 miligramos, cosa que equivale a cincuenta cigarrillos. Pero una joven murió en febrero del 2015 en un refugio en la naturaleza tras beber una infusión de tabaco. Así que es mejor que no lo intente).

Removí, pero quedó de manifiesto que no valía para nada: el ajo se hundió en tanto que el tabaco quedó flotando. Ya no había nada que hacer excepto beber esa mezcla impía.

El pis era lo mejor, en realidad. Y no digo eso porque lo disfrutara. Lo digo porque, al mezclarlos, el tabaco y el ajo crean un sabor de veras único en la categoría de todo lo que sabe como el culo. Es como meterme grasa caliente y líquida. La garganta me ardía y podía sentir las hebras pegajosas de tabaco mientras resbalaban por mi esófago. Era como si las serpientes del infierno devorasen mi alma.

Resultados

¡Funcionó! Al cabo de veinte minutos, el estreñimiento había desaparecido y, en la siguiente hora, mi cuerpo purgó todo lo que pudo y tan rápido como pudo. Vomité tres veces, puede que debido a una intoxicación leve de tabaco. Personalmente, pienso que el ajo tuvo también su parte de culpa.

Veredicto final

Los mayas acertaban con sus curas de estreñimiento. Si alguna vez necesitas defecar y solo te importa eso, esto te servirá. Lo cierto es que yo, personalmente, me quedo con el estreñimiento.

La extraña evolución del tabaco

Cristóbal Colón y su alegre compañía de armas químicas ambulantes fueron los primeros europeos en encontrarse con el tabaco. Lo trajeron de vuelta a Europa, aunque no se produjo ni de lejos un flechazo. Los primeros conquistadores españoles parecían más que disgustados por tal hábito. Despertarse todas las mañanas con un pedo era una buena tradición cristiana. Pero, ¿fumar? Era obvio que eso era una inspiración del diablo.

En el mundo moderno hay, básicamente, tres maneras de ver a las personas consumiendo tabaco: lo fuman, lo mastican o lo vaporizan. Los mayas no eran tan limitados. Tuvieron:

1. *Jaxbil* («frotado por el cuerpo»): por lo general en forma de polvo. Eso se veía como una excelente forma de protegerse de las serpientes y los demonios, que son en lo básico son la misma cosa cuando todavía no has inventado las ambulancias o las salas de emergencia.
2. *Lo'bil* («comido»): a palo seco, masticar y tragar. No lo recomiendo esto por los dolores de estómago que causa...y por su sabor.
3. *Atinbil* («bañado en»): porque los mayas creían que bañarse en el tabaco te hacía resplandecer con una luz que atemoriza a los malos espíritus/al diablo. Si realmente funcionase, puedo garantizar que el tabaco sería mucho más popular en las fiestas rave.
4. *Uch'bil* («bebido») en infusión o con alcohol.
5. *Tub'tabil* («rociado de la boca» o «escupido»): Mi favorito, ya esto es con claridad lo mismo que el tabaco moderno, aunque me gusta imaginar eso de pulverizar el tabaco pulverizado y húmedo en los rostros de todo el mundo era por aquel entonces la norma.

6. *Pak'bil* («en emplasto): en particular para las mordeduras de serpiente.

A medida que más y más europeos iban llegando al Nuevo Mundo, el tabaco comenzó a difundirse. Se extendió a través de salones y bares y se convirtió con rapidez en el hábito de moda que debía adoptar un caballero. A diferencia de los mayas, los primeros adictos a la nicotina de Europa se empeñaban en fumar casi exclusivamente la sustancia mediante pipas. Incluso su medicina basada en el tabaco se concentraba en el humo. ¿Tienen dolor de oído y están en la Inglaterra del siglo XV? Su tratamiento puede ser una bocanada de humo de tabaco.

La guerra contra el tabaco

Hace cincuenta años, el tabaco era mucho más respetado por la medicina occidental oficial de lo que la marihuana lo es a día de hoy. Pero ese respeto no fue universal, y, en un momento dado, el tabaco incluso pasó por su propia Guerra en una era de persecución contra las drogas.

La mayoría de los conquistadores españoles del Nuevo Mundo consideraban el tabaco como algo no cristiano, en parte porque todo lo que hacía que una persona echase humo era sin duda obra de Satanás y en parte también por racismo. En 1604, el rey Jaime I de Inglaterra publicó *Una refutación del tabaco*, en la que exponía sus motivos para odiar la adicción más reciente de su país. Muchos de ellos partían del hecho de que «los indios fuman y son soeces».

> Y ahora, hombres buenos del reino, permítanme considerar (se lo ruego) qué honor o política puede movernos a imitar las bárbaras y bestiales maneras de los salvajes, ateos y esclavistas indios, en especial esa costumbre tan vil y apestosa.

Pero, aunque el rey Jaime no llegó a prohibir el tabaco, otros monarcas no fueron tan comprensivos. Por ejemplo:

Murad IV: Combatir el tabaquismo decapitando fumadores

He aquí a Amurath IV (Murad IV a sus amigos), sultán del imperio otomano de 1623 a 1640, que tenía esta pinta:

Como deben de haber notado en el cuadro, está claro que está a punto de desenvainar la espada y atravesar al tipo que está pintando su retrato. Murad no era un personaje amistoso. Había oído rumores acerca de que el tabaco era anafrodisiaco y que podría estar contribuyendo a que su gente abandonase el sexo. Eso implicaría menos contribuyentes, menos soldados y menos pintores para reemplazar a los que él matase. Además, odiaba el humo de cualquier tipo, por culpa de unos fuegos artificiales que salieron mal y que causaron que ardiese la mitad de su capital, durante una fiesta de cumpleaños. En vez de lanzar alguna campaña gubernamental del tipo «el sexo es salud» o regular un poco mejor los fuegos artificiales, prohibió el tabaco.

Murad dictó penas graves contra cualquiera que fuese capturado con un pitillo (si era de hierba, era legal, dicho sea de paso; porque sí, la gente fumaba marihuana por aquel entonces). Si los jenízaros te encontraban con una cachimba o una bolsa de tabaco en casa, te sacaban a la calle y te estrangulaban. Es horripilante, pero las leyes horripilantes eran lo que se llevaba entonces. Lo que hizo a Murad excepcional fue su empeño en llenar los patíbulos.

¿Saben ustedes que, a día de hoy, los policías de los Estados Unidos se hacen pasar a veces por adictos para atrapar a los traficantes de drogas? Bueno, pues Murad IV fue pionero en ese campo. Deambulaba por las calles de Constantinopla, de noche, pidiendo una calada a quienes se encontraba. Cuando algún fumador amable le ofrecía, Murad mandaba que le decapitasen. Según los registros reales, más de veinticinco mil «sospechosos de fumar» fueron asesinados a lo largo de catorce años.

La cosas no siempre le salían bien a Murad. Al menos una de sus víctimas escapó, si hemos de creer a la fascinante narración de Moses Edrehi, *Historia de la capital de Asia y los turcos* (1855). Una historia, tal vez apócrifa, sostiene que cierta vez Murad sorprendió a uno de sus soldados echándose unas caladas en una noche solitaria. El sultán se le acercó, simulando ser un menesteroso necesitado de nicotina y, con cautela, le preguntó al soldado por qué estaba dispuesto a arriesgarse a infligir por eso la ley. Lo que se dice que respondió a eso el soldado es como poco maravilloso:

> «Si el sultán descuida el pagar a sus soldados o proveerlos de viandas más sustanciosas, estos deben mantenerse por otros medios». Y a continuación ofreció a su señor una calada.

Murad aceptó y luego trató de sonsacar al soldado los nombres de sus camaradas que también estaban en el vicio. El instinto de aquel soldado adicto y sin nombre le alertó entonces y pegó a Murad un garrotazo. Como Murad era amo y señor de todo lo que había en su ejército, se podría decir que fue herido por su misma propiedad. El sultán se cogió un cabreo, como es lógico, pero, hasta donde sabemos, el soldado sin nombre consiguió huir en la oscuridad. Bravo por él.

Persia y Murad no estaban solos en la persecución del tabaco. Los japoneses lo prohibieron hasta en cinco ocasiones distintas, la última en 1616. Aunque no decapitaban a los sospechosos de fumar, ser sorprendido con tabaco conllevaba una multa y la expropiación de bienes. Así que... bueno, lo de la multa era solo una formalidad.

Los chinos prohibieron el tabaco en 1640 y castigaban a los reos también cortándoles sus pobres cabezas. Al observar la actitud global hacia el tabaco en esos momentos, notamos que es sorprendente que el rey Jaime no usase sus poderes para prohibir esa planta que tanto odiaba. Mantenerla dentro de la legalidad acabó por ser rentable, sin embargo. Dos años después de escribir la Refutación, el rey Jaime concedió a la *Virginia Company* de Londres un contrato. Para el año 1640, la colonia exportaba millón y medio de libras de tabaco al año.

El tabaco se extendió a las demás colonias y nada que creciese en las Américas en el siglo XVII era de lejos tan valioso. Quinientos años más tarde, pasaría lo mismo con la marihuana. En serio: el maíz mueve alrededor de 30 000 millones de dólares al año en Estados Unidos. El mercado de la marihuana podría estar en 100 000 millones. Pero volvamos, por un instante, a cómo sabría el tabaco a sus primeros consumidores...

Cómo: Reconstruir las antiguos pipas nasales de Centroamérica

Hoy en día, casi cualquier *headshop*[33], en cualquier parte del mundo, tendrá algún tipo de máscara de gas o pipa de cristal para los fumadores arriesgados del barrio. Los indígenas de la Hispaniona no tenían lo que se dice una máscara pero habían inventado una pipa que funcionaba en lo básico de la misma manera: mandar humo directamente a la nariz en vez de esperar a que se tomase un tiempo razonable de absorción en los pulmones. Aquí tenemos la descripción que dio el gobernador de Santo Domingo, Gonzalo Fernández de Oviedo, un notorio aguafiestas que seguramente se reencarnó en director de un colegio de secundaria:

> Sus jefes usan una caña con forma de Y, llena de la hierba encendida, e insertan las extremidades de la bifurcación en sus fosas nasales... de esa manera aspiran el humo hasta que se emborrachan y se tumban en el suelo para pasar un sueño beodo.

Sé, por haberlo probado en carne propia, que aspirar hierba a través de una máscara de gas da una experiencia mucho más dura e intoxicante que hacerlo con lentitud a través de una pipa. Quería saber si esas pipas americanas tan extraordinarias (llamadas *tabacos*) tenían los mismos efectos. Fui capaz de localizar un dibujo del aparato:

Un poco de investigación desveló cómo el tabaco podía colocar de una forma más fuerte que fumado en cigarrillo. La nicotina se absorbe a través de las mucosas y no hay nada más mucoso que el interior de la nariz. Solo había una forma de saberlo con certeza. Tendría que diseñar mi propio tabaco y probarlo.

Mi plan topó con un obstáculo inmediato: como artesano, soy de lo más incompetente. Por suerte, mi prometida, Magenta, era una cultivadora a pequeña escala de marihuana con fines terapéuticos. Señaló que los tallos de las plantas en macetas se parecen muchísimo al dibujo, si se cortan de la forma adecuada.

Opté por buscar lo más parecido al tabaco natural que se puede encontrar en Los Ángeles: los cigarrillos *American Spirit*. Parecía

[33] Tiendas de marihuana, accesorios y derivados (N. del T.).

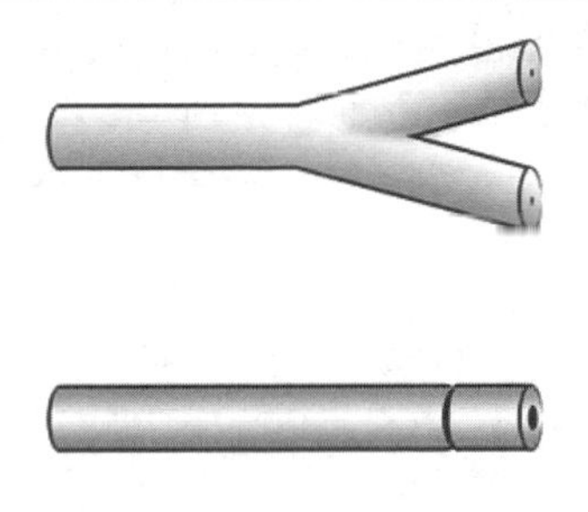

también más seguro para esnifar que el tabaco «libre de aditivos» que venden en una cajetilla de Marlboro Rojo. Hice un pequeño orificio en cada tubo. Había llegado el momento de aspirar el tabaco a través de los tallos de marihuana para mandarlos directamente a mis senos paranasales. La nicotina nunca ha sido mi amiga, de hecho la odio. Pero, en pro de la amada ciencia y por ustedes, queridos lectores, sacrifiqué mi seguridad nasal.

Mi primera esnifada fue de todo menos exitosa. Tenía la pipa metida en la nariz, sí, pero todavía había hueco para el aire en los caños dentro de mis cavidades nasales. Inhalé, resistiendo el impulso de estornudar, mientras mis senos acumulaban mocos como si librasen alguna especie de guerra fría sobre mi confort contra el resto del mundo. Por fin le encontré el punto y el humo fluyó.

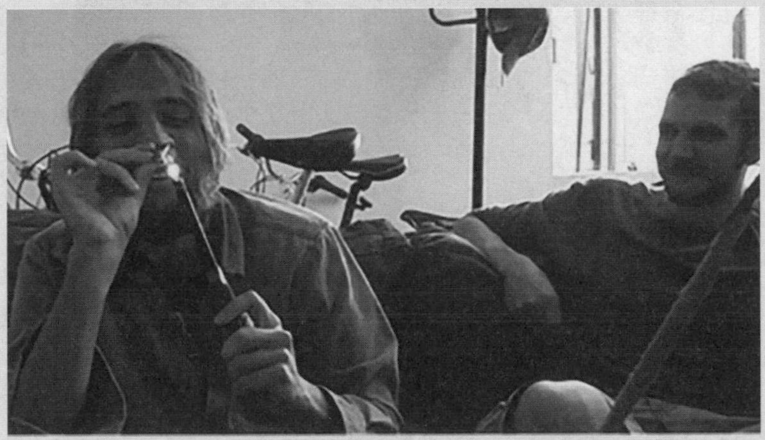

Si gustan...

No fue una experiencia agradable porque, a los pocos segundos de la primera inhalación, me vio el mareo que se produce por lo normal tras una larga sesión de cachimba o cuando se fuman demasiados pitillos. Me recliné en la silla, yo no diría que «borracho» pero sí un poco ido.

La ida de olla era agradable, pero no las sensaciones corporales. Apretar las narices hace que el choque resulte más fuerte, si no le importa churretearse el rostro de mocos a cada rato. La tos y la carraspera constantes aumentan la aspiración de oxígeno, lo que aumenta el colocón. En general, no obstante, mi primera experiencia con la pipa de nariz fue de lo más desagradable y no mucho más intensa que fumar a lo bestia con una cachimba.

El texto del señor Oviedo no dejaba claro si esos indígenas aspiraban de una taza o si habían metido el tabaco en el tubo. Eso último implicaría fumar mucho más y por tanto conseguir un punto más alto. Las pipas que hice no eran fáciles de rellenar. Los orificios eran estrechos y tuve que tallar una cazoleta al extremo para ese fin. El caso es que una pipa de nariz permite hacer una cazoleta lo bastante profunda como para que, si se corta el filtro, se pueda encajar ahí un cigarrillo. Así lo hice y Quetzalcóatl me ayude, fumé.

Digresión: Hace años, lancé una lata de pintura en aerosol a una fogata, por varias y diversas razones, entre las cuales la principal era ver qué pasaba. Estalló. El humo producto de esa explosión se me metió en la nariz y la boca y, durante días, condimentó cada comida con un regusto a los diversos tipos de cáncer que estoy seguro de que succioné. Eso es lo más parecido que recuerdo a aspirar un inacabable cucurucho de tabaco por la nariz. Aspiré durante ocho minutos, arrodillándome cada tres, cuando percibía que el mareo y el vértigo no me permitían seguir en pie.

Aspiré hasta apurar. Al cabo de ocho largos minutos, estaba más colocado que nunca con tabaco sin mezclar. Me sentía un poco borracho y deseoso de tomar una ducha caliente y toser todo el veneno que acababa de meterme por los senos nasales.

Me habría gustado que eso fuese el final. Pero, como anteriormente mencioné en este mismo capítulo, el tabaco salvaje es una bestia muy distinta a su descendiente moderno y doméstico. Si quería vivir la verdadera experiencia de la pipa de nariz, tenía que usar el tabaco correcto. Resulta que existen varias empresas que venden *nicotiana rustica* para disfrute por igual de nativos americanos y nerds de las drogas. Hice un pedido.

El tabaco llegó en rollos de varios metros y olía como si todos los mejores tabacos del mundo se hubieran reunido para decidir a qué tenía que oler el tabaco. Pulvericé y lie dos cigarrillos (una para un amigo, que no pudo terminarlo).

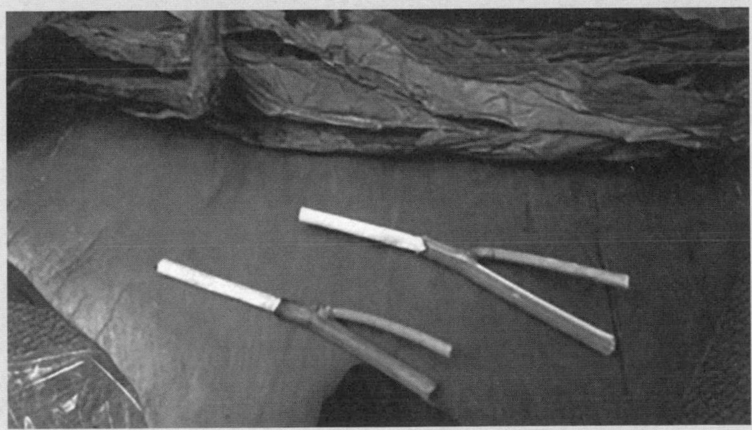

Los ojos me lagrimearon, me ardían la nariz y la garganta y, cuando acabé, apenas podía levantarme. Decir que me sentía fláccido sería un eufemismo. Me sentía como si alguien me hubiera vaciado, dejando una cáscara hueca y sin peso. Estaba borracho de nicotina... no hay definición más adecuada.

El tabaco moderno es una de las plantas más modificadas y en consecuencia comercializadas del mundo. Un cigarrillo es una cosa casi estéril que se vende en paquetes sellados, en dosis uniformes. El tabaco que conquistó el corazón de nuestros antepasados era algo salvaje e impredecible y menos flexible al abuso. El cigarrillo es uno de esos casos en los que el conocimiento y el control lo han convertido en algo mucho más peligroso. También es un llamativo ejemplo del impacto que una cultura puede tener sobre la propia naturaleza de una droga.

Quiero que este final de capítulo sea mi carta oficial de despedida del tabaco. Nunca veré otro cigarrillo sin pensar en cómo esas hebras de tabaco y el pis bajaban por mi garganta. Si esa imagen mental ayuda a romper el hábito de una sola persona, todo mi sufrimiento habrá valido la pena.

CAPÍTULO 10

Culturas de la droga y guerras del ácido

No prestamos la suficiente atención a la cultura cuando hablamos acerca de cómo afectan las drogas a los seres humanos. No parece que la cultura tenga mucho que ver con este asunto. Estamos hablando de productos químicos y cerebros. El hecho de dónde pudieran haberse criado tales cerebros no debiera marcar ninguna diferencia en cómo les afecta un poco de ácido.

Pero sí lo marca. Importa y mucho.

¿Recuerdan el tabaco del último capítulo, que era tan fuerte que los jóvenes indígenas se caían como marineros borrachos tras meterse unos cuantos tiros por la nariz? Tal vez en todo eso había algo más que la simple reacción al antiguo tabaco, más fuerte, y al retorcido artificio de la pipa de nariz. Para la gente de América Central y Sur, el tabaco era capaz de proteger de los insectos y de ahuyentar a los demonios. Se fumaba sobre todo en rituales, como parte de los ritos religiosos.

El tabaco era sagrado. Y la gente es menos proclive a abusar de algo que es sagrado. La frase «cultura de la droga» se emplea a menudo con un sentido negativo... aun cuando ustedes estén a favor del uso responsable de estupefacientes ilegales, lo más seguro es que no estén de acuerdo con aquellos que idealizan el fumar hierba, que fuman en los clubs, que se ponen droga en los órganos sexuales... lo que sea que hagan los chicos a día de hoy. Al fin y al cabo, la cultura moderna de la droga da trabajo a los matados sin talento que pintan hojas de marihuana en las banderas, camisas y pegatinas que abarrotan las *head shops* desde Barcelona a Bombay.

Pero la cultura de la droga, históricamente, nunca ha tenido nada que ver con el consumo irresponsable. Ha tenido que ver con el control y la moderación impuesta. Cuando llevas a cabo un acto sagrado, parte de un ritual, lo cierto es que limitas su uso. Para los antiguos mayas, el tabaco no era algo para entretener tiempos muertos, sino una forma de comunicarse... con el viejo dios que debía complacerse con la pipa nasal (me estoy imaginando aquí a Joe Camel[34]). A lo largo de la historia, los rituales religiosos han existido en parte para frenar y controlar el influjo de diversas drogas sobre la sociedad. La cultura de la droga podría ser justo lo que necesitamos para combatir la adicción a las drogas.

En el trascurso de mi investigación, me topé con un artículo publicado en 1977 por Wayne Harding y Norman E. Zinberg, una pareja de investigadores de Cambridge y Harvard. Puede buscarlo en google tecleando su nombre-no-del-todo-horrendo: *La eficacia de la subcultura en el desarrollo de rituales y restricciones sociales para el consumo controlado de las drogas*[35]. Para ser breve, ese estudio abarcó a 105 consumidores *controlados* de droga. Eran personas que tenían trabajo, activas vidas sociales, etc., al tiempo que consumían marihuana, opio o psicodélicos de forma regular. Los investigadores descubrieron que algo tenían todos en común era que habían desarrollado una serie de rituales e incluso una suerte de «mitología» basada en las sustancias que consumían y compartían con otros consumidores.

Gran parte de la mitología sobre la marihuana tiene que ver con lo relativamente saludable que resulta para el consumidor. El re-

[34] Camello humanizado, a la manera de lo dibujos animados, que fue mascota durante décadas de los cigarrillos Camel (N. del T.).

[35] "The Effectiveness of the Subculture in Developing Rituals and Social Sanctions for Controlled Drug Use".

sultado es que el estar fumando todo el día se pinta de manera positiva (o, al menos, no de forma negativa) en mucha de la cultura popular. Y, cuanto más se incide en la naturaleza benéfica de la marihuana, con más facilidad comienza a fumar la gente. Al menos, esa es la tendencia que hemos visto en Colorado, en su primer año de hierba legal.

La mitología no es el único factor cultural que puede afectar al consumo. El ritual juega un gran papel en la forma en que consumimos sustancias narcóticas. Donde quiera que vea usted a gente pasándose un canuto, descubrirá siempre que existe una convención concreta sobre cuantas caladas se pueden dar antes de pasarlo al siguiente. En los Estados Unidos son dos caladas y se pasa. En el Reino Unido son tres, pero también ocurre que mezclan más a menudo la marihuana con tabaco de lo que lo hacen los consumidores de los Estados Unidos. En la India, me dijeron que tenía que dar todas las caladas posibles cada vez que me pasasen un canuto, porque no tenía posibilidades de que volviese a mí.

Está claro que tanto el ritual como el mito pueden tener un enorme impacto en el ritmo de un consumidor de drogas. Los investigadores que realizaron ese estudio sobre las subculturas de las drogas llegaron de forma científica a la misma conclusión:

> Prácticamente todos los sujetos... buscaron la ayuda de otros consumidores para construir apropiados rituales y sanciones sociales distintas de las del folclore y las prácticas de las distintas subculturas de consumidores de drogas.

A día de hoy, la jodida conclusión acerca de la guerra contra la drogas es que su seguridad y el disfrute de una droga ilegal dependen en gran medida de las personas que le ofrecen esa droga. Ustedes podrían ser inducidos a tener su primera experiencia con hongos por algunos amables y bien informados nerds de las drogas, de una forma segura y controlada. O tomar un poco de polvo en una fiesta rave gracias a un tipo llamado *Shadow*. De cualquier forma, seguro que no se dirigieron a sus papás para pedirles consejo de cómo tener su primer viaje de ácido o para saber cómo pasar un porro.

Muchos antepasados nuestros veían al colocarse o incluso el alucinar como una actividad comunal y un rito de paso. Si ustedes fuesen, por ejemplo, antiguos escitas, su padre sería más proclive a enseñarle a colocarse al punto de volver a casa con los ojos inyectados en sangre y oliendo a tigre. Aunque si te colocabas demasiado, eso significaba probablemente que alguien que amabas acababa de morir.

Intoxicación comunal o cómo el primer colocón tuvo lugar en una tienda de campaña

A día de hoy, la marihuana pertenece con claridad a la contracultura. Ha sido ilegal durante más tiempo del que (probablemente) ha vivido cualquiera que esté leyendo esto. Muchos de ustedes:

1.- Conocen a alguien que fue detenido por tener hierba.
2.- Ustedes mismos fueron detenidos por eso en un momento dado o
3.- Están leyendo esto en la biblioteca de la cárcel.

Si usted pertenece al tercer grupo, puedo asegurarle que esta editorial usa papel de gran calidad y si pone varias de las hojas en remojo y hace una masa, puede servirle para liar. Seguro.

La hierba sigue siendo una sustancia técnicamente ilegal en los Estados Unidos, aunque se encuentre más cerca de ser legal que nunca. Escribí la mayor parte de este libro en Los Ángeles y, al mudarme, había una docena de expendedurías legales que podía entregarme hierba en casa en una hora. Estamos al borde de una extraña nueva era en la cultura estadounidense, una en la que la hierba no será un símbolo de resistencia a la autoridad o de malditismo, sino una cosa que podrá pillar en el autoservicio el viernes por la noche, junto con un paquete de seis cervezas y chetos.

Estados Unidos está en ese desasosegante punto en el que millones de personas, de golpe, pueden comprar toda la hierba, increíblemente fuerte, que les dé la gana con el condicionante de que, a diferencia del alcohol, no existe ninguna autoridad que se haga cargo de enseñar a los jóvenes a usarla con responsabilidad. Por suerte, la hierba es hierba. Comparado con el alcohol o… casi con cualquier otro estupefaciente del planeta, es extremadamente raro que cause daños a largo plazo. Aunque algunas personas consiguen dañarse con la hierba: las Naciones Unidas informaron de un incremento del 59% en los ingresos hospitalarios por incidentes relacionados con la marihuana, entre el 2006 y 2010.

No estoy tratando de presenta a la hierba como algo nocivo, capaz de mandar a los niños de América a una sepultura temprana manchada de restos de Doritos. Pero muchos de los valedores de la hierba se han pasado la mayor parte del siglo defendiendo a su droga frente a los que trataban de demonizarla de manera injusta. Los valedores de la marihuana sobreactúan al defender la seguridad de la droga. La hierba es de lo más segura si se compara con otras formas de pillar un colocón. Pero eso no significa que sea una maravilla en cuanto a salubridad, o que tomar demasiada no pueda hacerles daño.

La cultura del exceso que rodea al porro va creciendo a medida que se extiende la legalización. Es un problema que jamás habría existido si la hierba nunca hubiera estado prohibida. La marihuana tiene una larguísima historia de consumo humano y los rituales mantenían su problemática al mínimo. De hecho, si usted fuese un antiguo escita, no podría colocarse sin que toda su familia estuviese presente.

En la historia occidental, la marihuana se remonta tan a la antigüedad como los tiempos de Heródoto. Él fue el primer europeo en describir el consumo de *cannabis* entre un pueblo de jinetes guerreros eurasiáticos conocidos como escitas.

Dadas las dificultades para transportar grandes cantidades de agua en el caballo y la prevalencia general del desierto en su parte del mundo, los escitas jamás desarrollaron el hábito de lavarse con agua. Preferían asearse frotándose el cuerpo con una mezcla fangosa de arena y cenizas por todo el cuerpo. Eso servía para el día a día, aunque para los funerales se requería un ritual más elaborado de purificación. Así es, en versión libre, cómo lo describió Heródoto:

> Los escitas pusieron las semillas de este cáñamo bajo las bolsas, sobre las piedras ardientes, y de inmediato surgió un vapor más agradable que el del incienso que se quema en Grecia. Los presentes, elevados en grado sumo por el olor, aullaban, y esta forma de purificarse se emplea en vez del baño.

Dos puntos resaltan aquí. El primero es que eso de «bañarte» en humo no parece que pueda limpiar de manera alguna. Y lo segundo es que Heródoto afirma que quemaron semillas de cáñamo, lo que te colocaría con tanta seguridad como si fumases café molido. Pero yo he conocido la marihuana salvaje y es una planta bastante cutre. Es posible que los escitas se limitasen a amontonar plantas enteras, con semillas, tallos y demás, sobre el fugo. Se dice específicamente que el humo transportaba a la gente y la hacía aullar. Estamos hablando de gente que gritaba colocada.

¿Y por qué se sentían así al fumar de esa forma?

CÓMO: colocarse como un escita

Heródoto dejó instrucciones bastante simples: conseguir algunas piedras al rojo, coloca el cáñamo en una bolsa para quemar e inhala los vapores resultantes. Eso no parecía demasiado difícil.

Ingredientes

30 gramos de marihuana triturada
De 15 a 30 gramos de tallos, hojas, etc., de marihuana
1 bolsa de papel sin blanquear ni pintar
1 sartén de hierro

Piedras grandes como para cubrir el fondo de una sartén de hierro fundido.
1 tienda

Instrucciones

Resultó un experimento bastante sencillo. Mi novia, Magenta, y yo, optamos por una tienda tipo yurta, ya que parecía lo apropiado para jinetes guerreros nómadas. Nuestra tienda en concreto era de la marca SoulPad, pero puede valer cualquiera lo bastante grande como para albergar a un grupo de personas, y que no esté hecha de fibras artificiales que puedan fundirse.

Una vez montada la tienda, el siguiente paso es encender fuego. Quería que el humo fuese lo más «puro» posible, así que usé una sartén de hierro fundido. Metí tallos y hojas de marihuana, descartados tras la cosecha, en una bolsa de papel sin blanquear que debía servir de combustible. La idea era que la bolsa prendiese gracias a las piedras de la sartén, asegurando así la combustión rápida y eficaz de la propia marihuana.

Esperamos varios minutos. Lo probamos con un grupo de cinco personas. Cuatro de nosotros consumíamos la hierba con regularidad y el quinto (Magenta, que cultiva la planta) no era asidua. No era una muestra estadísticamente significativa, pero era el número máximo de personas que cabía con comodidad en la tienda.

La bolsa empezó a humear en el acto. El humo fue llenando la tienda. Mantuvimos la entrada abierta, por lo que no nos asfixiamos, aunque eso no pudo evitar que la parte superior de la tienda se llenase con remolinos de humo. Nos produjo algo de tos, pero nada de intoxicación. No era de extrañar, habida cuenta de que los tallos y las hojas contienen muy poco THC[36].

Tardamos un par de minutos (y unos cuantos puñados más de broza) en lograr que las rocas se calentasen de verdad. Cuando todo parecía a punto, saqué de mi bolsa de *polen* la marihuana que cae de las yemas durante el proceso de secado y corte. El polvo que resulta

[36] Tetrahidrocannabinol, el principal psicoactivo del cannabis (N. del T.).

Will Meier

se convierte por lo general en costo o en porros ya liados que se venden en las expendedurías de hierba mala. No tiene un precio elevado pero puede resultan un poco más fuerte que la hierba que compra la mayoría de la gente.

Para ser precisos, el *polen* es polvo. Eso implica que se puede rociar, como el incienso, sobre el fuego, y arderá con mucha mayor rapidez que un manojo de ramas. Puse quince gramos de *polen* al principio y, en instantes, la tienda se llenó de un humo mucho más fragante. Cerramos la puerta, dejando abierto un lado y el fondo. Eso dejaba pasar el suficiente aire como para no sofocarnos, al tiempo que permitía que el humo de la maría nos envolviese. Al cabo de cosa de un minuto, no podía ver a mis amigos al otro lado de la tienda, a un metro de distancia.

Hubo tantas, tantas toses. No quiero exagerar; era como hacer gárgaras con los residuos de un filtro de aire caducado. Nos quedamos ahí dentro sus buenos veinte minutos, hasta que los treinta gramos de maría se hubieron convertido en humo y no pudimos seguir castigando a nuestros pulmones por más tiempo. Salimos como pudimos de la tienda, uno tras otro, y nos sentamos cerca, mientras el humo se elevaba hacia el cielo invernal.

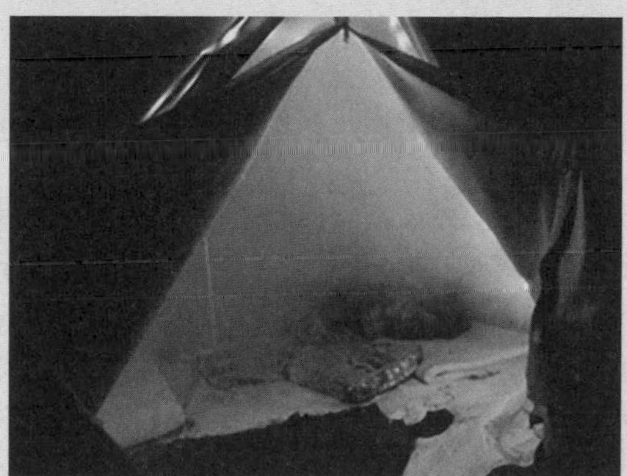

Will Meier

Tengo un permiso médico y he estado usando hierba durante años para tratar mis diversos, esto, achaques. Me sentía moderadamente colocado, como si me hubiese fumado un porro gordote. Los otros fumetas habituales que estaban allí estaban todos supercolocados. Magenta, que era de todos nosotros la que tenía menor tolerancia, nos dijo que estaba «muy colocada». Nos avisó de eso una docena de veces en el transcurso de la siguiente hora, creo que porque se le olvidaba que ya lo había dicho.

Los antiguos escitas sabían lo que se hacían. Su maría no sería muy fuerte, pero debieron tener una tolerancia mucho más baja. Y, lo que es más significativo, la habrían consumido durante el clímax emocional del funeral de un allegado, rodeados de dolientes familiares.

El nacimiento del lavado de cerebro

Los alucinógenos, y eso incluye a los suaves como la maría, tienen reputación en la contracultura de liberar la mente, de abrir las puertas de la percepción a nuevas ideas y nuevas formas de pensar. Es una manera claramente nueva de ver las drogas psicodélicas. Como aprendimos en nuestra exploración de los ritos fúnebres escitas, la marihuana fue una herramienta de control social y de cohesión, durante miles de años, antes de que fuese una forma de tirar chinitas al ojo de la humanidad.

Lo cierto es que uno de los primeros casos de lavado de cerebro en la historia tiene que ver con la marihuana. Hassan-i Sabbah, un líder/caudillo musulmán del siglo XII, al parecer se ganó la lealtad inquebrantable de sus *asesinos* atiborrando a sus jóvenes reclutas de hachís hasta que caían redondos. Según la leyenda, los jóvenes despertaban, todavía colgados, en un *paraíso* que Hassan se había construido en secreto en su fortaleza de Alamut. Ese paraíso contenía todo lo que un joven podía desear: mujeres ligeras de ropa, montones de comida decadente, puede que baños de burbujas… todos los lujos de la buena vida.

Tras unos días de felicidad, los jóvenes volvían a despertarse otra vez en el mísero mundo real del siglo XII y les informarían de que lo único que les separaba del retorno al paraíso era cometer un asesinato insignificante en nombre de su líder. Es una historia famosa gracias a que la contó el conocido charlatán Marco Polo un siglo después de la muerte de Hassan, a manera de cuento, que es lo que debe ser.

Pero hay un ejemplo histórico real de potentes alucinógenos usados para despojar a la gente de su libre albedrío. Los «zombies» originales eran hombres y mujeres drogados por los doctores brujos del vudú en el siglo XVIII, en Haití. Tras siglos de mitos y rumores, es difícil saber con exactitud cómo lograban eso los médicos brujos, pero el culpable químico se supone que era un polvo blanco (*coupe poudre*) que inducía un sueño mortal a la víctima. Tras el entierro, el brujo habría de desenterrar a su víctima y, si había sobrevivido al enterramiento, el *coupe poudre* habría aniquilado su libre albedrio y le habría dejado convertido en un autómata dócil y sin cerebro.

Es una historia tan ridícula como la idea de los asesinos fumetas de Hassan-i Sabbah. Pero estos zombies vudú se basan en algo científico. En los ochenta, un antropólogo llamado Wade Davis analizó el *coupe poudre* que usaban los brujos para provocar sus zombificaciones. Sus ingredientes activos incluían bufotenina y tedrodoxina. La primera es un potente alucinógeno producido por el sapo bufo. Cuando lean acerca de gente que lamía sapos para colocarse, era la bufotenina lo que usaban. El segundo ingrediente clave del polvo de zombi, la tetrodoxina, es una sustancia que se encuentra en el mortífero pez globo.

En dosis bajas, la tetrodoxina provoca el coma y reduce de forma significativa el ritmo cardíaco de la víctima, haciendo que parezca lo suficiente cadáver como para que lo entierren. Una vez que desentierra al aspirante a zombi, días después, sin duda deshidratado y desnutrido, y aún colocado con las drogas batracias, el brujo vudú le mete más drogas. Tales drogas adicionales suelen incluir datura, también llamada la hierba de Jimson[37]. Es una planta de hojas verdes que se puede fumar o tomar en infusión, si uno quiere un viaje delirante. Pueden, pero desde luego no deben, tomarla, porque el colocón de datura suele dar malestar de pesadilla y llegar a causar convulsiones o incluso la muerte, en dosis demasiado altas.

La datura sirve muy bien para la zombificación porque contiene una sustancia de pesadilla llamada escopolamina. A día de hoy, la escopolamina se usa en dosis pequeñas para tratar los vértigos. Pero, a dosis más altas, la escopolamina es básicamente el abuelo de todas las drogas del olvido. La escopolamina aprieta el botón de pausa en la capacidad de un cerebro para crear recuerdos. Hay informes de que, hoy en día, lo usan para drogar a viajeros en Colombia. Métase en la

[37] Ese nombre se le da también en los Estados Unidos (N. del T.)

red y leerá historias sobre hombres de negocios extranjeros robados por prostitutas e inducidos químicamente a vaciar sus cuentas bancarias, y cosas por el estilo. La web del Departamento de Estado de EEUU advierte incluso a los turistas contra su uso. Si alguna vez les ofrecen burundanga en un hotel colombiano, rehúsen.

En Occidente, desde hace décadas, los alucinógenos tienen la reputación de ayudar a liberar las mentes, pero para lo que de verdad sirven es para controlarlas y quebrar voluntades.

La guerra psicoquímica: o, como la humanidad aprendió a dejar de preocuparse por las drogas ilegales para pasar a amarlas

Guerra psicoquímica es un nombre absurdamente impresionante para designar el empleo de sustancias para incapacitar o sacar ventaja sobre un enemigo militar. Aníbal Barca (aquel que llevó elefantes a través de los Alpes hasta Italia, porque quería machacar con mayor eficacia al imperio romano) podría haber sido el primer general en usar tal estrategia. Mientras luchaba en África contra algunos rebeldes locales, tuvo la brillante idea de echar en su vino belladona, una desagradable planta que eleva la temperatura corporal, causando transpiración, deshidratación y, en altas dosis, ceguera.

Funcionó: ganó.

Lo que ocurre es que convencer a ejércitos enteros de que beban vino envenenado es un poco complicado y eso de «drogar al enemigo» nunca ha sido una táctica favorita de los generales a lo largo de la historia. Ha funcionado muy bien, sin embargo, con los espías y para la gente encargada de doblegarlos. La tortura, como algunos científicos aterrados tratan de que entienda la CIA, no sirve de gran cosa a la hora de sonsacar información. Es por eso que el Santo Grial del interrogador no es un látigo de púas sino una droga que haga imposible mentir. Un suero de la verdad.

Nuestra amiga la escopolamina fue, de hecho, el primer suero de la verdad respaldado por la ciencia. Un obstetra, y supongo que también redomado imbécil, llamado Robert House se presentó a la policía de Dallas en 1922 y les dijo que tenía un método químico que obligaría a los sospechosos a confesar. Tenía cierta evidencia científica como respaldo: la escopolamina se usaba para ayudar a las mujeres embarazadas a tener un parto sin dolor y los médicos que escribieron acerca de la droga notaron que los pacientes parecían extrañamente proclives a dar respuestas sinceras a preguntas muy personales cuando estaban bajo su influencia.

La policía de Dallas lo probó con dos sospechosos, considerados culpables, a los que tenían en su cárcel local y que, bajo juramento y con mucha escopolamina, mantuvieron que eran inocentes. Las pruebas posteriores demostraron que ambos lo eran, así que el Dr. House decidió que su suero era eficaz. La escopolamina disfrutó de muchos años de uso aterrador en departamentos policiales hasta que se dictaminó que las «alucinaciones espantosas» que causaba casi siempre entraban en la categoría de «castigo cruel y excepcional».

La escopolamina siguió siendo popular en otras partes del mundo, pero distaba mucho de ser la última palabra en la pugna entre el poder de la mentira y el poder de los narcóticos. Los nazis pensaban que la mezcalina podía ser el perfecto suero de la verdad y lo probaron en internos en lo que era el peor campo de concentración, al menos de los que existían en su maligno imperio. En 1947, la Armada de los Estados Unidos trató de averiguar si los nazis tenían razón y llegó a la conclusión de que no, en absoluto. La mezcalina es una mierda como suero de la verdad. Habiendo consumido mezcalina, puedo asegurarles que no fuerza a contar la verdad, pero puede obligarle a bailar alrededor de los árboles durante cinco horas.

Durante la Segunda Guerra Mundial, la Oficina de Servicios Estratégicos (OSS, el precursor de la CIA), probó la marihuana como suero de la verdad. Un agente llamado George White, según los informes, lo utilizó para ganarse la confianza de un notorio mafioso y luego conseguir que el hombre, colocado, revelara secretos de su organización.

Pero eso no era nada comparado con la locura se desató durante la Guerra Fría. Por una variedad de razones confusas, la CIA acabó totalmente convencida de que los rusos estaban a punto de convertir al LSD en un arma. Los temores iban desde algo creíble («¡podrían usarlo para interrogar a nuestros muchachos!») al disparate total («¡van a contaminar todo el agua del país antes de invadirnos») Y así fue como los Estados Unidos se percataron de que estaban atrasados en el tema de la guerra de ácidos.

El retraso no duró mucho. La CIA se arrojó sobre el LSD como el adolescente ansioso de diecinueve lo hace con, bueno, el LSD. En abril de 1953, lanzaron el proyecto MKULTRA. (El nombre MKULTRA es una referencia al grupo dentro de la CIA que lo patrocinó, así como a su nivel de clasificación.) Implicó realizar más de un centenar de experimentos diferentes, pero casi todos se redujeron a lo mismo: drogar a personas desprevenidas con ácido para ver qué ocurría. Nunca sabremos cuántos cientos de personas fueron drogadas (los empleados de la CIA se drogaron mutuamente, a modo de broma), pero al menos una persona murió por culpa de las pruebas. El ácido nunca fue convertido en arma con éxito, hasta donde sabemos. Pero, curiosamente, eso no fue así con la marihuana.

Suelta a los flipados de la guerra[38]

Comencé este capítulo hablando de la gran influencia que tiene la cultura en la forma en que se consumen las drogas. Eso resulta más que claro al comparar la forma en que la marihuana se usa hoy en la cultura occidental y la forma en que se utilizó durante miles de años en la cultura india. Hoy en día, pueden encontrar las hojas de cáñamo y los signos de la paz centelleando ante sus ojos en docenas de productos en

[38] El autor hace un juego de palabras entre el título «Let Slip the Stoners of War» y «Let Slip the Dogs of War» (Suelta los perros de la guerra), frase que grita Marco Antonio en el tercer acto de la obra de William Shakespeare *Julio César*.

su *head shop* o en las tiendas hippies locales. La culpa de eso la tiene el que la marihuana comenzó a ocupar un lugar destacado en la cultura estadounidense en los años sesenta y setenta, justo a la vez que comenzaban los primeros grandes movimientos contra la guerra.

Pero la hierba tiene una historia diferente en la India.

Por un lado, los dioses gustan de ella. Una preparación llamada *bhang* y hecha de marihuana hervida en leche es bien amada por Shiva y se dice que causa tanto éxtasis religioso como incapacidad de sentir miedo. Lo primero explica por qué el *bhang* es tan popular en los festivos sagrados de los hindúes, como por ejemplo el cumpleaños de Krisna y Holi. Lo segundo explica por qué durante siglos lo usaron tanto los guerreros hindúes, antes de la batalla.

El alcohol está prohibido en muchas ciudades de la India incluso hoy en día, por lo que generaciones de soldados no tenían otra cosa a mano, para insuflarse un poco de valor artificial cuando iban a arriesgar las vidas en el combate. Del fundador de la religión sij, el gurú Gobind Singh, se cuenta incluso que suministraba *bhang* a los guerreros que luchaban en su nombre.

Tal leyenda, que descubrí en un informe de la *Indian Hemp Drugs Commission*, de 1893 (una encuesta británica sobre el consumo de cannabis en la India), indica que el gurú estaba enfrascado en una guerra contra varios rajás en las colinas del norte de la India. Sus enemigos entrenaron a un elefante en la esgrima y lo enviaron a derribar las puertas de su fortaleza y asesinarle. La respuesta de Gobind Singh al elefante asesino fue drogar a uno de sus seguidores con opio y *bhang*, y enviar a aquel guerrero ahora sin miedo, a defenderle. Funcionó y la marihuana obtuvo así el primer respaldo oficial por parte de un líder militar. Sus palabras han llegado hasta nosotros en el *Suraj Parkash*, una antigua biografía de varios gurús sijs:

> Dame una taza... De *bhang*, que necesito en el momento de la batalla.

Sin embargo, el *bhang* no solo era el euforizante preferido por parte de la soldadesca india. Ha sido la elección más popular en los cultos religiosos que usan alucinógenos a lo largo de los tiempos. En lugar de ser la seña de identidad de la contracultura, la hierba ha pasado la mayor parte de su existencia en la India con el pleno respaldo del poder y el clero. Incluso cuando el resto del mundo comenzó a retirar la marihuana, a lo largo del siglo XX, las tiendas gubernamentales de la India siguieron vendiendo *bhang* y los adoradores hindúes de todas las edades siguieron tomándolo en ceremonias religiosas legales. La más conocida de estas es quizás el Holi, una fiesta primaveral que se celebra arrojando colorantes y agua y en la que se acaba de lo más colocado con batidos de yogurt y marihuana, a los que llaman *bhang lassis*.

Cómo: preparar la comida favorita del soldado indio

En los Estados Unidos, la marihuana comestible ocupa dos nichos: es la forma más eficaz de administrar marihuana para usos médicos legales y es también es la forma más fácil que tienen los drogatas descuidados de colocarse muy, muy colocados. Pueden encontrar fumadores de marihuana en la India, pero ese uso de la droga se circunscribe sobre todo a los *sadhus*, que se meten su hierba con rapidez, hiperventilando y aspirando a través de una pipa en forma de cuerno llamada *chillum*.

La Wikipedia define a un sadhu como «un asceta religioso o una persona santa». Es una definición bastante ajustada, aunque si pasas algún tiempo en la India, sobre todo en las ciudades sagradas de Varanasi o Rishikesh, te darás cuenta de que son el equivalente, en lo básico, a un chaval berreando versículos de la Biblia, a través de un megáfono, en el campus universitario... solo que en grupos de docenas o de cientos. Los sadhus llevan vidas salvajes y sin bañar, errantes, y el resultado es que muchos de ellos lucen barbas increíbles y largas rastas. Algunos son verdaderos devotos. Otros tratarán de venderte el costo si les mira más de treinta segundos. Las dos categorías disfrutan fumando hierba con el *chillum* y la ley suele hacer la vista gorda.

Sin embargo, en lo que respecta a la gente común, el uso de la marihuana se limita casi en exclusiva al *bhang*. En los últimos años, se ha ido restringiendo de manera progresiva en la India, pero todavía es posible encontrar *bhang lassis* (un batido de yogurt intoxicante) en muchos templos durante el cumpleaños de Krishna. Y si visitan el desértico estado norteño de Rajastán, en la mayor parte de los restaurantes y hoteles podrán suministrarles una ración de *bhang* del bueno.

Me enamoré de los *bhang lassis* durante los meses que pasé en el norte de la India. Son peligrosamente fuertes, a despecho de la por lo general mala calidad de la marihuana para fumar que se puede comprar en las calles. Estuve en la ciudad de Pushkar, en el Rajastán, durante la fiesta del Holi de 2013 y los restaurantes locales tuvieron la deferencia de hacer cubas enormes de *bhang lassi* para regalar a celebrantes locales y extranjeros, para que pudieran tirarse pintura unos a otros y bailar formando multitudes sudorosas y multicolores.

Antes de proseguir, creo que debo explicar más a fondo de lo que subyace al hecho de que una ciudad entera ingiera una dosis increíblemente alta de marihuana. Holi es un maldito manicomio. Todo el mundo, todos los edificios, todo, incluso los perros callejeros, están cubiertos de colores que se tiran en polvo, en globos de agua o rociados con botellas llenas de agua teñida. En las ciudades más pequeñas, como Pushkar, se puede decir que la totalidad de los hombres, niños y adultos, toman *bhang*.

Tiran pintura, bailan y rasgan las ropas de sus conciudadanos y la de los confundidos turistas. Al caer la noche, encienden grandes hogueras. Las cosas se les van un poco de las manos: los bailes incluyeron bastante sobeteo no deseado a algunas de las mujeres con las que yo viajaba y el rasgar de ropas se hizo, en algún momento, más violento que festivo. Holi no es tan solo una fiesta, es una válvula de seguridad social que permite a los habitantes dejar escapar vapor a través de efusiones ebrias en formas que, por lo normal, están prohibidas por la costumbre y la religión (merece la pena señalar que no es posible comprar alcohol de manera legal en Pushkar).

El hotel en el que me alojé servía bebidas a base de *bhang*, incluyendo una mezcla de *bhang* y zumo de manzana que me alivió de manera inmensa durante otro episodio horrible de virus estomacal. Una vez recuperado, me hice amigo del chef y le pedí la receta.

Ingredientes

1 puñado de marihuana (un cuarto de onza si tienes hierba de mala calidad, un gramo (o menos) por persona, si es de la buena)
1 taza de leche o de leche de almendras
Un mortero y su mano
1 cucharada de aceite de coco
¼ taza de yogurt.
Diversas frutas, del tamaño y tipo que el consumidor prefiera.
Una licuadora

Instrucciones

El que me enseñó a hacer comidas con bhang no tenía escala o tazas de medir. Cogió un puñado de brotes de marihuana, puede que unos siete gramos, y las puso en dos tazas de agua. Las hirvió durante unos minutos mientras yo le preguntaba dónde había aprendido a hacer *bhang*. Me dijo que era cosa de familia: sus parientes habían logrado una gran reputación en la ciudad, gracias a su habilidad para preparar bebedizos de *bhang*, y él continuaba la tradición.

No tengo forma de saber si me vacilaba, pero su receta funcionó.

Una vez que la hierba coció durante unos cinco minutos, mi mentor en la marihuana comenzó a triturarla con una piedra, sobre una pieza plana de mármol. Una vez que la hubo reducido a una pasta pegajosa, la echó en la licuadora junto con el yogurt, las frutas y el agua de la cocción, y lo sirvió. Su bebida fue bastante bien: me dio un subidón.

El *bhang* de la India puede ser peligrosamente fuerte, pero la marihuana de allí es sobre todo salvaje, crecida de forma natural. Cuando intenté recrear esa bebida en la comodidad de mi casa de Los Ángeles aparecieron… flecos. Mi maestro no usó una escala, pero tuve la impresión de que había hervido como siete gramos para hacer mi *bhang*. Utilicé la mitad por persona, asumiendo que mi hierba era el doble de fuerte que la hindú.

¡No me equivocaba! Aunque tampoco se puede decir que acertase.

Herví la marihuana en dos tazas de agua, durante cinco minutos, la colé y luego la eché en una taza de leche de almendras, media taza cada vez, triturando la mezcla y colándola luego en un vaso. Una vez consumida la leche de almendras, eché un cuarto de taza de aceite de coco y volví a triturarlo todo. Me salieron dos tazas de líquido, aparte de los posos de hierba. Preparé cuatro bebidas, dos con fruta y yogurt y dos con cacao en polvo y yogur.

Supuso que eso sería bastante como para conseguir que se colocasen razonablemente cuatro personas. Ahí me equivoqué de forma desastrosa.

La marihuana medicinal de California es mucho, mucho más fuerte que la hierba que crece al borde de las carreteras de Rajastan. El *bhang* no estaba pensado para hacerse ni siquiera con la mitad de la concentración de esa sustancia. Habría bastado un sorbo por persona. Bebí cuatro gramos (mezcladas con fruta y yogur) y una cantidad igual bebieron dos de mis colegas, David Bell y Josh Sargent, así como mi prometida, Magenta.

Yo apuré la mía primero. Pensé que debía. En diez minutos no solo tenía el subidón, sino un subidón de lo más incómodo. Magenta fue lo bastante inteligente como para dar solo un par de sorbos a su *bhang lassi* y he de reconocer que me advirtió que estaba subestimando la potencia del *bhang*. No la escuché. Asumía que mi gran tolerancia, tras dos años en California, me protegería.

No fue así.

En cuanto quedó de manifiesto lo fuerte que era aquello, advertí de inmediato a David y Josh. Ambos habían apurado ya casi sus tazas. En aquel momento creía que todo iba a ir bien. Todo lo más que íbamos a sacar era aquel subidón.

Y subimos. Durante la siguiente hora pasamos de muy colocados a aterradoramente colocados en aquel viaje disparatado. Las siguientes horas estuvieron llenas de aterradoras alucinaciones con los ojos abiertos. A veces me sentía paralizado e incapaz de respirar. David creyó estar muriéndose en un momento dado y me pidió que llamase a una ambulancia. Los sanitarios que acudieron se mostraron de todo menos felices de tener que llevar a un colgado con sobredosis al hospital.

Sé lo ridículo que suena esto. La marihuana es casi la droga más benigna de la tierra. Pero esa reputación benigna tuvo mucho que ver en lo mucho que la subestimé en este experimento. No soy un psiconauta novato: pasé la mayor parte del tiempo, entre los diecinueve y los veintidós, metido en alucinógenos de uno u otro tipo. Pero ese fue mi primer viaje involuntario. Había probado el *bhang* antes y sabía lo fuerte que puede ser la marihuana medicinal. Pero, como los de ese incremento del 59% en gente hospitalizada por sobredosis de hierba del que habla al comienzo, subestimé a la marihuana.

La tomé como la droga inocua que siempre había sido para mí. Y la hierba se vengó dándome horas de alucinaciones espantosas. Dave estaba bien (¿ven?, la hierba no puede matarte) y yo por fin dejé de tener visiones aterradoramente detalladas de mi propia muerte cada vez que cerraba los ojos. Pero la maría nos había dejado su advertencia: «no me subestiméis, gilipollas».

Aquel estudio que mencioné al comienzo del capítulo, *La Eficacia de la Subcultura en el Desarrollo de Rituales y Sanciones Sociales para el Uso Controlado de Drogas*, cita a un psiquiatra húngaro llamado Thomas Szasz:

> Tal vez porque, de todas las grandes naciones modernas, los Estados Unidos son los menos vinculados a la tradición, los estadounidenses son más propensos a malaprender y malinterpretar el ritual, considerándolo: el resultado es que confundimos la magia con la medicina y confundimos el efecto ceremonial con la causa química.

Ay, Tommy, si te hubiese hecho caso.

CAPÍTULO 11

El matorral que conquistó el mundo

Utah es un mal lugar para las drogas. Casi dos tercios de la población del estado es mormona y la gente de esa confesión tiene algunas reglas de lo más estrictas respecto a los estupefacientes de cualquier tipo. No encontrarán allí cerveza de más del 3,2% de alcohol (que viene a ser lo mismo que cero, a no ser que se meta tres o cuatro de tirón), fuera de las tiendas especializadas o los restaurantes. El café no está del todo prohibido, pero algunos (pocos) mormones estrictos ni siquiera dejan que se venda en sus tiendas.

Caí en la cuenta de todo eso cuando tenía veintidós años y conduje hasta Utah por primera vez. Me detuve en una parada de camiones a echar gasolina en el coche y yo café para el cuerpo. En ese momento, estaba tan cansado que de buena gana me habría metido una bolsa de esas de pastillas «amigas del camionero». Cuando viajas durante cientos de kilómetros a través del desierto, viene bien cualquier tipo de estimulante.

Pero no había café en esa parada de camiones. *Una parada de camiones sin café.* Tenía mi selección de infusiones sin cafeína, eso sí.

«Seguro», pensé, «esto me evitará salirme de la carretera y cambiar el salpicadero por cactus».

Si hubiera hecho el viaje como un siglo antes, habría tenido más suerte a la hora de conseguir bebida estimulante. En aquel entonces, en los emocionantes días fronterizos en que la fe mormona se expandía hacia el oeste, Utah estaba llena de una infusión que tenía un ingrediente común con la metanfetamina cristal.

La *ephedra viridis* es una planta común en el oeste americano, por encima de los trescientos metros de altitud. Pueden comprobar que crece en grandes arbustos de largos tallos verdes, a lo largo de las soledades montañosas y soleadas de Nevada. Según cuenta la leyenda, los primeros colonos mormones fueron iniciados en la efedra por los pueblos nativos locales, que lo emplearon como infusión medicinal para despabilarse y para tratar toda clase de enfermedades.

Se ganó el nombre de té mormón porque contribuía a mantener a los colonizadores fronterizos alertas y con energía, sin violar la estricta política de «nada de ocio» en su religión.

Tenga en cuenta que, si va a internet y busca la historia del té mormón, encontrará mucha discusión acerca de si la iglesia mormona ha aprobado o no esa infusión. Está claro sin lugar a dudas que los colonos mormones bebían un brebaje llamado «té compuesto». La efedra era con toda probabilidad uno de sus ingredientes. Los expertos debaten con ardor sobre todo lo demás. Pero la asociación entre efedra y mormones fue lo bastante fuerte como para que, a día de hoy, a menudo se encuentre *ephedra viridis* vendida online como *té del mormón*. Hay un trecho en el llamar al té compuesto, con efedra de componente, té de metanfetamina. Pero, qué narices, este es mi libro y le llamamos té de metanfetamina.

Otra variante norteamericana de la efedra, la *ephedra antisyphilitica* (sí, no se rían, que ese es su nombre verdadero) se ganó el nombre de té de puticlub por el mito de que podía curar o aliviar los síntomas de la gonorrea o la sífilis. La mala noticia es que, al igual que otros remedios populares para las peligrosas enfermedades de trasmisión sexual, no funciona.

Pero el té del mormón te da energía gracias a un pequeño alcaloide llamado pseudoefedrina. Pueden encontrarla en un medicamento muy común contra las alergias. Y la razón por la que Sudfed se prescribe solo con receta es porque, a partir de nuestra amiga la efedrina, es muy fácil de sintetizar la terrible enemiga metanfetamina.

Pero, ¿cómo de bien funciona el té metanfetamínico del mormón como droga, antes de meterle química?

Cómo: preparar té del mormón

Esta va a ser una de las recetas más simples de este libro, siempre y cuando usted tenga lo bastante de químico de drogas como para hacer con éxito una taza de infusión. Los ingredientes son sencillos.

2-3 pellizcos de *ephedra viridis*. Puede conseguirla en internet, casi siempre comercializado como té mormón. La mía la conseguí en herbsfirst.com, en una bolsa grande plateada

Una bolsa para té, un infusor o una cafetera de émbolo

Agua, por supuesto

Caliente el agua a su gusto y pruebe la mitad de una bolsa al principio. Puede añadir o reducir a partir de eso. Yo opté por añadir más. Tenga cuidado porque, aunque no hay mucha pseudoefedrina en una bolsita, esto causar adición con rapidez. Y, a diferencia del café, seguramente no tiene nada de tolerancia a la misma.

¿Cuál es su comparación con el café?

Drogas para todos, en cualquier lugar.

Tavia Morra

Experimento: reemplazando el café de la mañana por té del mormón de la mañana

Básicamente, soy lo opuesto a un científico, pero quería dirigir algún tipo de prueba que determinase hasta qué punto funcionaba bien todo esto. Mis compañeros de *Cracked* trabajan muchas horas y la mayoría confían en el café tanto como yo. Así que conseguí que se avinieran a cambiar el café de la mañana por *ephedra viridis*. Las reglas eran simples: el té del mormón debía ser el primer estimulante que se tomasen cada día. Nuestro director, Abe Epperson, no bebe café, pero aceptó participar por algún motivo. Estuve sin café durante una semana laboral entera, cinco días, confiando por entero en que el té del mormón me daría el estímulo necesario. Resultó espantoso. El té en sí sabía bien, pero no valía una mierda a la hora despejarme la cabeza por la mañana. El café ofrece alivio inmediato al estupor del despertar. El té metanfetamínico no ayudó gran cosa.

Lo encontré más efectivo con el día avanzado, cuando me sentaba a escribir tras un entrenamiento largo o después de noventa minutos metido en el tráfico de Los Ángeles. Y da buen repunte cuando te atrapa la modorra de la tarde. Sentí que me centraba mejor cuando estaba bajo su influencia.

Mis compañeros de trabajo, bebedores de café, no sintieron otra cosa que desdén por el té del mormón. Los dos informaron del mismo problema que yo: no sirve para arreglar esa sensación de estar todavía adormilado. Mi colega Abe, que no bebe café ni té (lo mismo que los mormones de antaño) tuvo una experiencia muy diferente: lo encontró estimulante y energizante.

Dado que a mí me gustó el té metanfetamínico, mis experiencias fueron mucho más suaves. La *efedra viridis* despabila y energiza a aquellos que no consumen cafeína. Entiendo por qué los antiguos colonos mormones apreciaban su empujoncito.

Ahora, la pregunta peliaguda que pende sobre este capitulillo es: ¿hasta qué punto es peligrosa la infusión de efedra? Si estaba vivo y atento en la primera década del siglo XXI, seguro que recuerda historias de gente que murió haciendo dieta con píldoras de efedra. ¿Estaba empujando a mis colegas y amigos a una muerte terrible?

La efedra causa beneficios increíbles a su salud (si no se pasa con ella)

¡Seguro que no!

La efedrina pura, natural, incrementa la presión arterial. El Servicio Forestal de los EE. UU. indica que la efedra verde (también llamada té del mormón) contiene tanto efedrina como pseudoefedrina. Pero la infusión parece bajar la presión arterial, haciendo que la transformación de efedra a metanfetamina sea uno de esos casos trágicos debido a que la experimentación humana jode las cosas.

Si se piensa bien la cosa, en realidad tiene utilidades de lo más increíbles. Soy de esos pocos afortunados a los que el Universo bendijo con cientos y más cientos de alergias. Por fortuna, ninguna de ellas es mortal. Pero, en la mayor parte del mundo, paso el 98% de mi tiempo con congestión. Las plantas han venido a este mundo a joderme.

Y la infusión de efedra me ayuda de verdad a combatirlo. No a lo bestia, pero ayuda. La pseudoefedrina es un dilatador bronquial, abre las vías respiratorias y hace un poco más sobrellevable la primavera. El té del mormón es, en lo básico, un Sudafed muy, muy débil que se puede comprar sin receta o sin un farmacéutico que le mire en plan: me parece a mí que usted está convirtiendo todo esto en metanfetamina (todo el mundo tiene esa mirada, ¿no? ¿O solo me pasa a mí?

Pero esperen, ¡que hay más! La efedra también estimula el metabolismo, ayudando a quemar grasas. Beber esa infusión no tendrá grandes efectos pero, a diferencia de la píldora con grandes concentraciones, no le provocará un paro cardíaco.

Y, por si no fuera suficiente, potencia los efectos del café. Los levantadores de peso podrían conocer esto como un EC. La efedra y la cafeína juntas dan más pico de rendimiento juntas que por separado, aumentando el metabolismo y dando un empujón de estímulo. La FDA[39] probablemente apreciaría que señalase también que las dietas con píldoras de EC o ECA (efedra, cafeína y aspirina) son pésimas para la salud.

La efedra es una planta de lo más útil a la que hemos encontrado la forma de meter en el filo del tráfico moderno de la historia. Vista en el contexto histórico, la efedra tiene también algo de héroe trágico, lanzado a la oscuridad desde las grandes alturas de su origen…

La trágica historia de la efedra

Comencé este capítulo llamando a la efedra el arbusto «que conquistó el mundo» y lo decía en serio. La *efedra viridis* nunca consiguió gran renombre, pero su prima de China (la *efedra sínica*) ha engendrado imperios. Los chinos han usado efedra o *ma huang* como medicina durante más de cinco mil años. En la medicina tradicional, el *ma huang* se usa para forzar la menstruación en una mujer. En eso, la me-

[39] Food and Drugs Administration (N. del T.).

dicina china da en el clavo: la efedrina causa contracciones uterinas (de ahí que las mujeres embarazadas deban evitar el *ma huang*: puede causar abortos espontáneos).

El *ma huang* tiene también un largo historial en combinaciones que no son los de las píldoras ECA rompehígados sin marca. El *Shenong Bencao Jing* o *Materia médica del agricultor divino*, tal vez escrito hacia el 2800 a. de C., afirma que el *ma huang*, combinado con una ramita de canela, armeniaca (albaricoque) y regaliz, se usa para tratar:

> El dolor y la rigidez en la cabeza y el cuello, la fiebre, el dolor articular general, el pulso flotante y rápido, la ausencia de sudor, opresión en el pecho y los jadeos (trad. Shouzhong Yang).

La efedra fue también un ingrediente habitual en la medicina tradicional japonesa. De hecho, fue un japonés, Nagi Nagayoshi, quien sintetizó la efedrina pura en 1885. Y, como debía pensar que convertir a una planta inofensiva en droga mortal era todavía demasiado poco, Nagayoshi siguió con sus investigaciones hasta convertir la efedrina en metanfetamina en 1893.

La metanfetamina *Crystal*, la famosa de *Breaking Bad*, llegó un poco más tarde, en 1919. Y no fue culpa de Nagayoshi. Un tipo llamado Akira Ogata tuvo la culpa de pasar a la efedra de sustancia útil, aunque potencialmente peligrosa, a algo que las bandas de moteros asesinos se encargan de distribuir.

«Prefiero morir a vivir en un mundo en el que la efedra solo sirve para fabricar sustancias que matan a la gente».

Coincide que tanto Ogata como Nagayoshi fueron a la universidad en Berlín. Alemania a finales del siglo XIX y principios del XX era un. . . país ambicioso, con muchos sueños que requerían una copiosa energía química para avanzar. No es sorprendente que la metanfetamina conquistase Alemania de la misma forma que Alemania conquistó la mayor parte de Europa (¡dos veces!).

Durante la Segunda Guerra Mundial, el ejército alemán comenzó a producir metanfetaminas para sus soldados en millones y millones de pequeñas tabletas llamadas Pervitin. Las píldoras eran sobre todo para los soldados de la Blitzkrieg, los pilotos en misiones nocturnas, etc. Pero los soldados alemanes de todas las armas y graduación se enamoraron de las dulces promesas de Doña Metanfetamina. Mientras investigaba para este capítulo encontré un artículo de Andreas Ulrich en *Der Spiegel* que cita varias cartas enviadas por el ganador del premio Nobel Heinrich Böll a sus padres, mientras estuvo destinado en la Wehrmacht.

Desde Polonia en 1939:

> Las cosas están difíciles aquí, y espero que lo entendáis si solo puedo escribiros cada dos o cuatro días. Hoy os escribo principalmente para pediros algo de Pervitin... Os quiere, Hein.

En mayo de 1940:

> ¿Podríais conseguirme un poco más de Pervitin para poder tener una reserva?

Y luego en julio de 1940:

> Si es posible, por favor enviadme un poco más de Pervitin.

Heinrich era obviamente un adicto. Y no era el único. En los tres meses entre abril y julio de 1940, el ejército alemán envió treinta y cinco millones de tabletas de pervitin y otras píldoras de metanfetamina a sus tropas. Una sucesión de médicos espantados, logró reducir de manera significativa el flujo de metanfetaminas después de 1940. Pero la guerra en Rusia trajo en una nueva necesidad de las píldoras vigorizantes. En el momento de la derrota de Alemania nazi, sus científicos estaban experimentando con una «superpíldora», con una mezcla de metanfetamina, cocaína y morfina que yo probaría sin dudar, si no incurriese por ello en múltiples delitos.

Es difícil juzgar con exactitud el efecto que puede haber tenido toda la metanfetamina en las atrocidades nazis. Los comandantes alemanes a menudo suministraban alcohol y otras sustancias a sus tropas como recompensa/incentivo, por lo que culpar de todo el mal tan solo a la metanfetamina probablemente no es justo. Pero dar metanfetaminas a un grupo de hombres jóvenes armados hasta los dientes y nerviosos hacía que no fuese muy seguro estar cerca de ellos.

Hay un caso mucho más perjudicial de adición a la metanfetamina que el Pervitin: era también la droga favorita de Adolf Hitler. Y pasó con rapidez de la fase píldora. A partir de 1942, el médico personal del Führer le suministró inyecciones diarias de metanfetamina, porque en vena es la única manera en que un dictador se pone alto. La metanfetamina, desde luego, no ayudó a la estabilidad de Hitler cuando la guerra se volvió contra Alemania.

Sin embargo, podría haber ayudado a esos soldados. Los estudios realizados en los Estados Unidos durante los años cuarenta y cincuenta con metanfetamina mostraron una mejora del 5 por ciento en las tareas mentales en sujetos «no fatigados». También mejoró el tiempo de reacción y la coordinación entre los ojos y las manos, y ayudó a los sujetos con deprivación de sueño a estar más alertas y despiertos. La metanfetamina sufre un gran estigma merecido, pero de verdad, de verdad funciona. Ese es el problema.

La efedra carga con algunos sambenitos más. Décadas después de la última inyección de metanfetaminas de Hitler, la efedra comenzó a ganar popularidad entre los atletas (los soldados no son los únicos en apreciar el estado de alerta y los reflejos mejorados). Un estudio realizado por la NCAA en 2001 sugirió que hasta 2,8 millones de estadounidenses tomaron suplementos que contenían efedra concentrada, desde 1999 a 2001, para aumentar su rendimiento atlético.

No causó ningún crimen de guerra, lo cual es bueno, pero mucha gente murió: al menos cien personas hasta el momento en que la Administración Bush prohibió los suplementos de efedra, en 2003. Obviamente, eso no ha hecho que sea imposible adquirir la droga, y el tipo de culturistas que están dispuestos a pasar esteroides ilegales no se lo piensan dos veces a la hora de meterse efedrina en el cuerpo.

Bueno, a menos que les preocupen sus penes. Entonces quizá prefieran mantenerse alejados de todo eso.

Un vistazo rápido a Google con la búsqueda de las palabras clave «efedra pene» les llevará a una sucesión de páginas con mensajes de hombres preocupados por si la efedrina hace que los penes se les arruguen o no se endurezcan. No encuentro mucha relación científica entre la efedra y las pichas, pero la evidencia circunstancial indica que no se llevan bien en absoluto.

Y parece que ocurre lo contrario con el té del mormón. El *Ma huang* se ha considerado de siempre como un afrodisíaco. Un estudio realizado en 1998 por Meston, C. M. y Heiman, J. R., publicado en la revista *Archives of Sexual Behavior*, suministró a veinte mujeres «sexualmente operativas» sulfato de efedrina concentrado en una prueba aleatoria de doble ciego. Las mujeres recibieron sus dosis y visionaron «películas eróticas» al tiempo que se medía su amplitud de pulso vaginal. Esa es una manera muy elegante de decir «metieron un pequeño tampón de metal a cada mujer y midieron cuánta sangre fluía por sus vaginas».

Las mujeres que recibieron la efedrina mostraron una respuesta «significativamente» mayor a la pornografía. Esa respuesta era meramente física. Las mujeres no informaron de haberse excitado como resultado de la efedrina. Pero sus cuerpos respondieron como si lo estuvieran. Tengo la suerte de tener una amiga, Lily Cade, que trabaja como actriz porno lesbiana y que estaba dispuesta a probar si el té del mormón le provocaba algo en tal sentido. Yo esperaba que alguien cuya visión del sexo es la de un profesional notaría mejor cualquier cambio fisiológico.

Lily y su pareja bebieron té del mormón por dos veces:

> Me percaté de que me estaba excitando, pero [mi pareja] no. Me dijo que notó los colores más intensos. La primera vez que la tomamos, ella se durmió. La segunda vez hicimos sexo y luego también se quedó dormida, por lo que puede tener alguna especie de incompatibilidad, como la tiene con el café. A mí me gustó, pero a ella no tanto.

Esta anécdota, completamente anticientífica, es la mejor información de la que disponemos, a no ser que algún investigador con acceso a tampones metálicos se sienta inspirado por este capítulo. Seguro que hay alguien, en alguna parte.

Capítulo 12

Los malvados adictos al café del antiguo Islam

Básicamente, el café es gasolina para los seres humanos. Hacen posibles nuestros turnos dobles, nuestras horas extraordinarias, levantarnos cuando suena el despertador a las cinco, todo. No hay droga en la sociedad humana que se use o de la que se abuse de manera tan universal como el café. Está tan unido a nosotros que casi hemos olvidado que el café es una droga.

El café es tan completamente ubicuo en nuestro día a día que cuesta aceptar que no sea parte tan antigua de la cultura universal: la primera evidencia ubica la primera taza que tomó alguien en el siglo XVII. El primer comercio cafetero tuvo probablemente entre los etíopes y los yemeníes en el siglo XV o a primeros del XVI. Procedía de los arbustos de Etiopía, al otro lado del Mar Rojo, y para las bocas abiertas y ávidas de los primeros imanes musulmanes que necesitaba el suplemento de cafeína para seguir predicando durante las largas noches de la mezquita.

Pero ¿de dónde proviene el café, *qahwe* en árabe? ¿Por qué los antiguos convirtieron una baya de un arbusto en el estupefaciente más extendido de todos los tiempos? Siempre habrá discusión al respecto, pero aquí les dejo los dos precursores más posibles de la bebida con la que inician la mayor parte de sus mañanas.

Cómo: recrear un antiguo subidón de cafeína

En realidad, la combinación de agua hirviendo y café molido es una forma bastante elaborada de conseguir ese subidón de energía. Las primeras personas que disfrutaron de los efectos vigorizantes del café es probable que se comieran su subidón en vez de beberlo. Y, si buscamos los primeros aficionados al café, lo mejor sería que nos fijásemos en el pueblo oromo de Etiopía. Su método favorito para tomarlo era moler el grano y su envoltura y mezclarlo con grasa animal o mantequilla clarificada hasta formar una gran bola. Abundaré en eso al final del capítulo.

La otra posible primera experiencia con el café procede de Somalia. La gente de esa región, rica en piratas, es todavía aficionada a algo llamado *bun*. En términos comprensibles, consiste en granos de café fritos con mantequilla y aceite para formar un aperitivo delicioso. Lo he probado hasta la saciedad pero, antes de nada, los...

Ingredientes

1 taza de granos de café entero.

½ taza de aceite vegetal

2-3 cucharadas de mantequilla clarificada (se dice *ghee* para aquellos que de verdad disfrutan pronunciando los nombres)

El *bun* es bastante fácil de elaborar. Se lava el café, se calienta el aceite y luego se fríen los granos durante unos veinte minutos, más o menos… ya notarán por el olor cuando estén a punto de quemarse. Y ahí ya se está entrando en el *ghee*. Si lo elaboran bien, toda la casa olerá algo a café quemado durante la mayor parte de la mañana.

El *ghee* tiene un regusto fuerte y grasiento. Por tradición, se supone que deben frotarse un poco del aceite por el rostro, para insuflarse algo de vigor. He descubierto que es una forma fácil de conseguir un tremendo acné. Pero, como estimulante, el *bun* es maravilloso. Los granos de café tienen pocas calorías y bastante sabor, y comerse un cuarto de taza te da un subidón semejante al de meterse unas cuantas tazas de café expreso, pero sin tantos tembleques.

No es tan auténtico pero, si están interesados en aumentar su experiencia con el *bun*, les recomiendo echar un poco de sal sobre los granos cocidos mientras se enfrían en un cuenco. La sal es justo lo que necesitan los sabores intensos y dulces de los granos de café fritos. Combinados con la naturaleza grasa del *ghee*, hace que su *bun* sepa como a chetos. Lo recomiendo encarecidamente.

¿Y qué pasa con el café, el brebaje elaborado que conocemos y amamos hoy en día? ¿Cómo empezó todo? Bueno, pues dependiendo de a qué dudoso narrador se lo preguntes (nota: ningún narrador, cuando hablamos de historia, es de fiar) la historia de amor de la humanidad con el café debió comenzar en las intrincadas colinas próximas a la vieja ciudad de Moca.

Los tres grandes mitos fundacionales del café

Hay una cita que se atribuye de manera errónea a mucha gente, desde Winston Churchill, pasando por Napoleón, hasta Hitler: la historia la escriben los vencedores. O, alternativamente: la historia es una colección de patrañas que aceptamos. En la historia del café no hay lo que se dice vencedores y no hay acuerdo acerca de las mentiras. Yo lo que he podido encontrar son tres mitos distintos sobre cómo pudo nacer esa gloriosa primera taza.

El mito número uno cuenta que, alrededor del 1258 d. C, Sheik Omar, un discípulo del fundador de la ciudad de Moca, fue exiliado por acostarse con el harén del sultán equivocado. Él y sus seguidores (por algún motivo, tenía seguidores) terminaron malviviendo en un lugar llamado Ousab. Se hallaban al borde de la inanición cuando Omar encontró algunos frutos silvestres y decidió que el riesgo de diarrea por culpa de la fruta venenosa era mejor que la certeza de la muerte.

En estado natural, los granos de café se ofrecen a nuestra indigna civilización envueltos en una pulpa de color rojo verdoso. Hace años, pasé una hermosa mañana recogiendo y comiendo frutos de café en un pueblo llamado San Marcos, junto al lago más profundo de América Central, Atitlan. Luego, tuve una tarde bastante menos agradable, vomitando esas cerezas. Pero la experiencia de ustedes podría ser distinta.

Sheik Omar y sus seguidores pudieron haber sufrido una experiencia similar. Por algún motivo, decidieron que los frutos nutritivos que envolvían los granos no eran la comida que necesitaban. Según algunos textos depositados en la *Bibliothèque Nationale* de París y que se citan en *All about coffee*, de William H. Ukers (1922), Omar y sus secuaces decidieron tratar de convertir los granos verdes masticables en algo más comestible: *No teniendo nada para comer, excepto café, tomó este, lo hirvió en una cazuela y se bebió la decocción.*

Al parecer, eso hizo el milagro. El jeque y sus seguidores sobrevivieron, y pronto se hicieron bastante famosos gracias a su bebida *medicinal*. Una vez que la gran gloria del café se hizo patente para la gente de Moca, Omar fue recibido de vuelta como un héroe y le otorgaron su propio monasterio, que parece haber sido el equivalente a un yate de puta madre en el antiguo mundo musulmán.

Otro mito da el crédito a un derviche llamado Hadji Omar. Los derviches tienen un curioso baile ritual que ejecutan a mayor gloria de Dios y, en su día, también eran un tipo peculiar de mendigo. En lugar de pedir calderilla para comprar comida y/o licor (que, de todas formas, estaba prohibido por el Islam), pedían para otros pobres. El baile de Hadji Omar o su mendicidad disgustaron a alguien ya que, como Omar, fue llevado por sus enemigos de Moka al desierto.

En vez de morir de hambre, se encontró con algunos extraños frutos que le salvaron la vida. Pero no le gustaba su sabor agridulce y decidió asarlas para tratar de conseguir un gusto más refinado. El fuego hizo que sus granos de café se volvieran demasiado duros, así que trató de hervirlos con agua para ablandarlos. El agua se volvió marrón y pronto el desesperado derviche se encontró trasegando el primer café negro de la historia. Su descubrimiento le devolvió el favor y el regreso a la ciudad de Moca. Hadji Omar se convirtió en un santo, lo que podría ser una recompensa mucho más cutre o mucho mejor que el monasterio de Omar, según. Todo depende de si los santos tienen de verdad o no sus propios halos.

La última versión del mito tiene que ver con otro Omar. A pesar de las diferentes circunstancias, todos estos Omar fueron tipos que solucionaron sus problemas echando unas bayas misteriosas al agua y calentándolas. Este último Omar era discípulo de un *mullah*, llamado Schadheli, que predijo su propia muerte y, en lugar de tratar de evitarlo, le dijo a Omar que, tras su muerte, llegaría una *persona velada* y daría una orden a Omar. Y él debía seguirla.

Schadheli murió, y, al poco tiempo, Omar tuvo un encuentro con una versión fantasmal y gigantesca de su maestro que llevaba un velo blanco. El monstruo fantasma ordenó a Omar que llenase un recipiente con agua y que no dejara de caminar hasta que el agua se volviera *inamovible*. Sea lo que sea que eso signifique, ocurrió al llegar Omar llegó a la ciudad de Moca.

Esta Moca sufría una horrible plaga, y Omar dejó de lado su agua para rezar por los enfermos y moribundos, y para curarlos con los poderes mágicos que todos los hombres santos tienen en viejas historias. Resultó muy bien durante un tiempo, hasta que Omar curó a la bella hija del rey y luego decidió que, ya que le había salvado la vida, probablemente era la voluntad de Dios que se la follase. Esto le hizo salir de la ciudad y le mandó al exilio, a una cueva donde vivía de hierbas silvestres. Al cabo del tiempo, se topó con el fruto del café, y decidió agregar algunos de esos frutos extraños y comestibles a su sopa nocturna. Así nació el café.

Ahora bien, existe una cuarta leyenda sobre los orígenes del café, una que sustituye a un exiliado llamado Omar y el estar casi muerto de hambre por adorables cabras drogadas. Según este mito, un cabrero llamado Kaldi estaba, esto... cabreando con algunas de las bestias peludas a su cargo cuando estas se metieron en un terreno lleno de matas de café. Las cabras se pusieron de frutos hasta las pelotas y empezaron a bailotear y a piruetear. Kaldi era el tipo de joven que solo era feliz probando nuevas drogas, advertido por sus cabras, por lo que comenzó a masticar los frutos y los granos a su vez. Al tiempo, pasaron por allí algunos religiosos y, estando tan aburridos como suele estarlo esa gente, hirvieron los granos y se percataron de que el brebaje resultante podía mantenerlos despiertos durante las largas noches que dedicaban a adorar las barbas de su dios.

Cada una de estas historias es casi tan posible (y tan poco posible) como las demás, pero independientemente de cómo se produjo esa primera taza, la fe y el café han estado inextricablemente vinculados desde el principio. Dado que el *monasterio despierto* es un cuento popular, está casi garantizado que los primeros hombres sagrados en desarrollar la adicción a la cafeína eran sufíes. La primera prueba histórica del uso del café se remonta a finales del siglo XV, como una *ayuda devocional* en las ceremonias sufíes *dhikr*.

Tales rituales se realizaban por la noche, y cuanto más tiempo uno podía mantenerse adorando, más le complacía eso a Dios. El café dio a esos sufíes lo que ha dado a generaciones de estudiantes universitarios. A principios del siglo XVII, el uso del café se había convertido en una parte concreta del culto en sí. Los seguidores del jeque Ikhlas Khalwati iban un *khalwa*, o retiro, cada invierno, a pasar tres días ayunando y sin beber otra cosa que café. Aparte de las úlceras que todos sin duda desarrollaron, el café les permitió *dhickr* toda la noche y rezar a gusto por las mañanas.

Cómo: Recrear al abuelo de todos los cafés

Dado que las tres historias de la sección anterior son todas divertidos trocitos del mito, resulta inverosímil que ninguna de ellas refleje con exactitud a la primera bebida hecha con granos de café. Lo cierto es que es muy probable que se tratara de una bebida llamada *quishir*: una infusión hecha con granos secos de café y cáscaras. Todavía se consume en Etiopía y Yemen a día hoy, y eso debería ilustrarles sobre casi todo lo que necesitan saber cómo viajó el café al mundo árabe.

Etiopía, el lugar de nacimiento del café, está separada de Yemen tan solo por el estrecho Golfo de Adén. Casi con toda seguridad, el café viajaba a Oriente Medio por este pequeño golfo y la primera taza real de *qahwa al-arabiya* (café árabe) fue casi con total certeza *quishir*.

Ingredientes

2-3 cucharadas de frutos y cáscaras secos de café
2 tazas de agua hirviendo

Instrucciones

La buena gente de *Counter Culture Coffee* solía vender un producto, *Cascara*, hecho a base de frutos y cáscaras secas de café, pensado para hacer una infusión. (Dejaron de venderlo en diciembre de 2015 y tengan en cuenta que, en la actualidad, es *imposible* encontrarlo). Pueden encontrar algunas recetas en internet, pero todas aconsejan, por lo general, entre dos o tres cucharadas rasas por taza de veinticinco a treinta gramos. No era una ciencia exacta en la antigua Etiopía y yo recomiendo calcular a ojo en lugar de medir de manera estricta.

Comiencen por llenar su taza al 20% con las bayas secas / cáscaras, y luego echen el agua hirviendo (o muy hirviendo). Déjenlo en remojo unos minutos hasta que se convierta en una rica oscuridad de color ámbar quemado. Entonces, pueden filtrar los posos o, si les gusta recrear la verdadera droga, beberlo turbio. La infusión en sí resulta un brebaje un poco dulce, algo agrio, Y con un regusto posterior muy levemente desagradable y un subidón pequeño de cafeína.

De vuelta al Café de Ur

La ciudad de Moca, donde todos nuestros Omares apócrifos inventaron sus primeras y míticas tazas de café, se localiza en la costa de Yemen. Habría sido uno de los primeros lugares de la Península Arábiga cuyos habitantes disfrutaron del *quishir*. Y puede ser el lugar de nacimiento de la primera taza de café tanto como cualquier otro.

El primer descendiente del *quishir* fue otro brebaje etíope, el *bounya*, hecho con pulpa de café machacada y granos hervidos. Beban todo el líquido sin saborear mucho el puré que queda, como yo lo hice, y coman luego la carne del fruto, al terminar la cocción. No recomiendo ni el brebaje resultante ni comer los granos hervidos. Pero el *bounya* me hizo preguntarme a qué habría poder sabido el Primer Café. La historia del segundo Omar de antes —el derviche que asaba y luego hervía sus granos de café— sonaba como si ese pudiera ser el eslabón perdido entre el *bounya* y el café.

Decidí intentarlo.

CÓMO: Preparar el Primer Café

Ingredientes

1 taza de granos de café verdes
Una sartén de hierro fundido y limpio
Una cacerola, llena de agua

Instrucciones

Primero, puse mis granos de café verde en una sartén y los freí a fuego medio hasta que se volvieron un rico marrón dorado, tendiendo hacia el negro en algunos bordes. Una vez que lo tuve así durante diez minutos, más o menos, eso parecía algo que se comería un derviche que viviese en las montañas, muerto de hambre. Traté de comerme un grano. Era duro, en parte crujiente y en parte comestible. Cogí mano y mortero y molí los granos lo mejor que pude. Solo la mitad de ellos quedaron bien machacados.

Puse todo eso en la cacerola y lo herví durante otros diez minutos, hasta que el agua alcanzó un color caramelo. Me tomé el primer café con mi amigo Brandon, que convino conmigo en que «no era el mejor café que tomado, pero tampoco el peor». No tenía la densidad negra de un expreso y tenía un toque a quemado que no era lo que se dice delicioso, pero funcionó: sentí esa subida que busco cuando me preparo una taza de café. En cuanto a los granos en parte asados y en parte hervidos del fondo, al probarlos… en fin, no sabían bien. Pero supongo que me habrían parecido más que deliciosos si yo hubiese sido un solitario ermitaño hambriento y exiliado en una cueva.

En cuanto al pico de cafeína… eso tuvo que ser en su día toda una revelación. Resulta fácil de entender la reacción extática al café de sus antiguos bebedores si cae en la cuenta de que todos (A) pesaban poco y (B) estaban probablemente hambrientos cuando tomaron su primera taza. La cafeína es una droga ligera, pero sigue siendo una droga. Hay una razón para que, en todos los mitos, el descubridor estuviese malnutrido y muriéndose en ese momento. Alguien, en tal estado, habría sufrido mucho mayor efecto de su dosis de cafeína.

Comprender los primeros efectos de aquel café antiguo en su primera generación de bebedores es clave para entender lo que ocurrió después.

La sangrienta persecución contra el café

A los musulmanes se les prohíbe beber alcohol. El café, por su parte, no está prohibido de manera explícita en el Corán y ocupó el nicho de las drogas. El resultado es que llegó a ser conocido como «el vino del Islam». Como el verdadero vino estaba todavía más prohibido en el mundo musulmán que en Salt Lake City, no es de sorprender que el café pronto incomodase a las autoridades religiosas.

La primera condena explícita del café por parte de los hombres santos llegó en 1511 d. C., menos de un siglo después de que el café empezase a colarse en el mundo musulmán. Los estudiosos religiosos de La Meca odiaban que la gente se dedicase *aquí un resoplido* a *beber café por placer*, en vez de hacerlo solo para permanecer despiertos durante las locas noches de adoración en vela. El delicioso sabor del café había dado la puñalada a la taza. En 1511, un pachá llamado Khair Beg o Kha'ir Bey (en el pasado, la gente no se podía de acuerdo en cómo pronunciar los nombres) se convirtió en el primer líder mundial en prohibir de manera oficial el café.

Beg o Bey era en esos momentos el gobernador de La Meca y ha de pasar a la historia como uno de los más gobernantes mojigatos de la historia. Según la historia que uno lea, unas veces le contarán que vio a un grupo de gente alrededor de una expendeduría de café y creyó que estaban planeando una rebelión violenta, y otras que se topó con una pintada ofensiva en el antiguo equivalente de las paredes de un baño* (* o también de unos baños públicos). Sea como sea, Khair Beg se convenció de la maldad del café y de manera inmediata mandó a sus secuaces a quemar todos los granos que pudiesen encontrar.

Esa primera prohibición no duró mucho. El sultán, jefe de Khair, amaba el café y levantó con rapidez la prohibición sobre los cafés de La Meca. Exigió a los dueños que se comportasen con decoro, con la fácil esperanza de que eso mantendría el café lejos de las iras de los clérigos de su imperio. No funcionó demasiado tiempo: a pesar del cariño del sultán y del hecho de que la palabra turca para el desayuno era *kahvalti* (literalmente, previo al café), incluso la versión infantil de la intoxicación cafetera era demasiado para los fundamentalistas de la época.

Hacia 1535, el odio al café en la Meca había alcanzado tal nivel que una muchedumbre de contrarios al café, atizados por un predicador furibundo, se desparramó sin freno por las calles de la ciudad, pegando fuego a las casas de café. Lo único que se me ocurre es que los fuegos consiguientes debieron oler de una forma absolutamente deliciosa. De hecho, los incendios de cafés durante el siglo XVI debieron ser sin duda un alivio bienvenido a los olores habituales de una urbe, en esos días previos a que la gente descubriese cómo resolver asuntos tales como «drenar las aguas residuales» o «enterrar con diligencia los cadáveres».

Los amantes del café de La Meca se echaron a las calles ante este acto de vandalismo de tan delicioso olor y se organizaron con rapidez para protegerlo. No tardó en desatarse una guerra abierta en las calles de la ciudad más sagrada del Islam. El conflicto no cesó hasta que el gobierno dictó un bando en el que se reafirmaba la legalidad del café. Así se restauró la paz (y la santidad del hábito mañanero de muchos musulmanes)... de momento. Porque los partidarios de prohibir el café no habían dicho su última palabra.

La legalidad y la aceptación del café sufrieron vaivenes a lo largo del siguiente siglo. La última prohibición de veras seria contra la bebida se produjo a principios del siglo XVII, durante el reinado de nuestro viejo amigo Murad IV. Mientras Murad se ocupaba en fingir que era un fumador de cigarrillos para poder cortar las pobres cabezas de la gente, uno de sus subordinados decidió que los despachos de café eran otra amenaza seria contra la moral pública.

En aquellos días, los sultanes como Murad tenían grandes visires que se ocupaban de toda esa legislación y campañas militares para los que ellos no tenían tiempo. Dedicar miles de horas a capturar y asesinar fumadores no deja mucho tiempo para administrar los asuntos mundanos. En la última época del reinado de Murad, un tipo llamado Kuprili era el gran visir y tuvo la ocurrencia de embarcarse en una guerra mientras su amo estaba enfrascado en combatir el humo de segunda mano.

La guerra no fue popular, como no suelen serlo muchas guerras, y el gran visir Kuprili comenzó a temer que sus enemigos pudieran usar los despachos de café en su contra. En ese momento, tales establecimientos eran lugares donde los intelectuales se reunían para discutir temas de candente actualidad y, tal vez, para sacar algunas conclusiones muy negativas sobre su gobierno. Para no arriesgarse a que se produjera alguna sedición, Kuprili decidió resucitar la prohibición de consumir café en el imperio. Dejaré que nuestro (requete)viejo amigo *All About Coffee* nos cuente cómo se castigaba el contravenir las nuevas ordenanzas:

> En caso de violar una vez la orden, el castigo era una paliza. Si se daba una segunda vez, metían a la víctima en un saco de cuero y la tiraban al Bósforo.

Decidan ustedes mismos si la decapitación a la que se arriesgaban los fumadores de tabaco otomanos era peor castigo que acabar dentro de una puta bolsa y ahogado. Pero creo que todos los lectores de este libro convendrán en que una vida sin el sin par café es el peor de los destinos. Sea como sea, la prohibición de Kuprili tuvo corto recorrido y la mayor parte de las proscripciones serias contra el café, en el mundo musulmán, habían finalizado a mediados del siglo XVI. Pero eso no significa que se abriera un horizonte diáfano para el café negro que todos conocemos y disfrutamos a día de hoy.

El mundo cristiano (o sea, Europa) se vio seducido por la idea de una deliciosa infusión negra capaz de mantenerte en vela toda la noche. Pero conocían lo suficiente de los orígenes del café para saber que era una bebida musulmana. Y musulmán era sobre todo un sinónimo de «maldad que estremece el alma» para las buenas gentes cristianas de la época. Empinar el codo y dormirse oyéndote a ti mismo vomitar era algo aceptable para el Señor. Pero ¿vino del Islam? Toda esa mierda prendió e iba a llevar mucho tiempo el que el europeo medio aceptase los orígenes incómodamente extranjeros del café.

Por suerte para el método preferido por los cristianos de despabilarse, el café tuvo en el Papa Clemente VIII (1536-1605) un devoto convencido. Mientras que otros líderes europeos como Federico el Grande coqueteaban con prohibiciones temporales de café, con el argumento (Jajajajaja) de que podían perjudicar tanto a las ventas de cerveza como a la moral pública, Clemente se tomó el café como solo un Papa puede tomarse... pues no sé cómo rematar esta broma. El caso es que lo adoraba. Y le partía el corazón que tantos hermanos cristianos lo considerasen una bebida pagana.

¿Qué podía hacer un papa? O verdaderos orígenes del café estaban ligados con claridad no a los musulmanes, sino a los religiosos islámicos. Un papa de menos talla habría alzado los brazos, prohibido el café y seguido bebiendo en la intimidad. Pero Clemente era un hombre astuto y su habilidad como pontífice no conocía trabas. Según cuenta la leyenda, dio un primer sorbo y proclamó que «había que bautizar al café para que fuese una verdadera bebida cristiana».

Puede que hubiese desarrollado en secreto el gusto por café antes de ese momento. Se sospecha que la bebida entró en Europa en 1529, cuando el Imperio Otomano asedió Viena. Dice la leyenda que pucheros de café aparecieron en los campamentos abandonados de los turcos, cuando su ejército se retiró, y que los defensores austriacos comprendieron de inmediato que era algo bueno al hervirlo y beber.

Los libros de historia son contundentes en algo: Clemente VIII gustaba de tomar café y se rebeló contra la idea de que fuese una bebida musulmana por el expeditivo método de bautizarlo y hacer así accesible el café a los cristianos de la tierra —y si recuerdo bien las nociones que recibí en mi clase de confirmación— y del cielo.

El café en la guerra

A lo largo de la historia, los militares han tenido una relación larga y cordial con el café. «Bebida caliente que te mantiene despierto» fue una respuesta directa a los deseos de miles de infortunados soldados que montan guardia en gélidos despoblados nocturnos, en los campos de batalla previos a la era del café. Una de las primeras unidades militares en adoptar el café, a comienzos del siglo XVI, fue el cuerpo de élite de guardia personal del sultán otomano. Al tiempo que esta droga ganaba y perdía el favor público (a menudo de forma violenta) a lo largo las décadas posteriores, se extendía con rapidez por los ejércitos del pasado.

A mediados del siglo XIX, había llegado a los Estados Unidos. William McKinley, vigésimo quinto presidente, se hizo famoso durante la Guerra de Secesión al afrontar las descargas de fusilería para llevar café caliente a sus camaradas de la Unión. La tensión de la guerra sembró un hondo afecto/adicción al café entre los soldados estadounidenses. Y, si hay algo que jamás ha faltado en las raciones de guerra producidas por las fuerzas armadas de los EE. UU., eso es un paquete de café soluble.

Pero el primer empleo del café en los anales de la guerra humana se produjo mucho antes del Imperio Otomano o incluso antes de que los granos de café y el agua caliente llegasen a maridar. Empezó en Oromia, el rinconcito de nuestro planeta desde el que el café comenzó su viaje épico hacia la dominación global. Los Oromo fueron los primeros adictos a la cafeína de la humanidad. Sus cazadores y guerreros se enamoraron tanto del grano como de la pulpa, pero no como bebida sino como alimento base para los viajes largos y las situaciones peligrosas.

Los antiguos guerreros Oromo, cuando salían a hacer una incursión, molían las bayas y los granos con *ghee* hasta hacer una pasta para luego convertir eso en una bola. Esa bola de mantequilla y café la llevarían en una pequeña bolsa de cuero para comerla por el camino. Hemos sacado a los frutos de café de nuestro mundo moderno, pero son una comida potente: ricos en proteínas, azúcar y sabor. Añadamos toda la grasa de la mantequilla y tendrá una barrita energética neolítica. En bola.

¿Cómo sabría ese precursor del café? Tenía que averiguarlo.

Cómo: hacer bolas energéticas

Ingredientes

½ taza de frutos y cáscaras de café

½ taza de granos de café secos, a poder ser tostados.

½ taza de *ghee* (mantequilla clarificada)

Mortero y mano

Una pequeña bolsa de cuero

Instrucciones

Echen los frutos y las cáscaras, junto con los granos de café, en el mortero. El uso de granos tostados es un poco tramposo, ya que solo se deberían usar granos de café crudos si se busca verdadera autenticidad, pero la variedad tostada sabe mucho mejor. Deben molerlo todo, con la mano, hasta que lo pulvericen lo más posible y los granos estén mezclados con los frutos y las cáscaras. Encontrar frutos maduros es harto difícil si no cultivan si propio café, pero la variante seca vale también.

Mézclenlo a porciones en su *ghee*, machacando lo más posible. La bola resultante debe ser de un tamaño que quepa con comodidad en la palma de su mano. Cuando hice la mía, resultaba poco apetitosa. Por su aspecto, debía ser tan sabrosa como un ataque al corazón.

Pero estaba seguro de que sería suficiente para probar la cocción. Tenía que probarlo. Dado que era un alimento pensado para un pueblo que viajaba a pie largas distancias, decidí que recorrer un trayecto largo era la única forma de probarlo de verdad.

Decidí correr una media maratón con el estómago vacío, con la bolsa de cuero que contenía mi bola de café colgando del cuello. Cuando comenzasen a fallarme las fuerzas, me comería mi bola energética y comprobaría si me daba la suficiente energía como para terminar la carrera.

De nuevo, esperaba que eso supiera a rayos y me hiciese vomitar apenas mordiese la esfera de mantequilla. Pero aquel extraño truco etíope para mantenerse activo a la hora de llevar a cabo mortíferas incursiones funcionó. La bolsa de cuero —de la que se hablaba en mis fuentes pero a la que no imaginaba como un elemento crítico— demostró ser la clave para cocinar aquello de forma adecuada. Por intuición, me había colgado la bolsa del cuello. Durante los diez primeros kilómetros de carrera, el calor de mi cuerpo hizo que el *ghee* se derritiese y ensopase la pulpa, las cáscaras y la molienda de café.

El resultante era una especie de bolsa aceitosa de frutos secos, pero con un sabor de veras increíble. Era rica y achocolatada, con la textura gustosa de las cerezas y las cáscaras de avena, y los granos proporcionaban una textura seductora que hacían la boca agua. Cada bocado me supo a gloria y, al cabo de dos o tres mordiscos, se esfumó el dolor del hambre y me sentí ligero como el viento.

Eso no solo funciona: lo prefiero de lejos a las barritas de cereales que he estado comiendo en los últimos años. Pruébenlo por ustedes mismos, por favor. El mundo debe saber esto. La única falla que encontré es que, llevar un gran saco abultado sobre el pecho, me hacía parecer un poco como un portador de un Alien, a punto siempre de reventar el esternón que le aprisiona.

No soy muy devoto del *quishir* o el café de Ur que preparé, pero tanto el bollo como la mantequilla etíope son deliciosos. Cuando se trata de drogas, los viejos métodos resultan mejores a menudo. No todo son chutes de orina y tabaco. Y sospecho que la enorme variedad de invenciones basadas en el café tiene mucho que ver con el lugar de la cafeína como droga apreciada de forma universal.

El café sufrió un periodo breve y terrible de represión. Pero, desde entonces, ha aterrizado en todos los rincones no mormones del globo. A día de hoy, a nadie le meten en un saco y le ahogan por beberlo. El café ha conquistado corazones y cerebros por todo el mundo, y no es difícil comprender por qué. Seas un revolucionario, un rey, un intelectual ateo, un clérigo o un soldado, apreciarás el valor de mantenerte despierto y degustar al tiempo algo delicioso.

Capítulo 13

Cómo evolucionamos hacia el fetichismo

¡Acertijo! Nombre algún objeto o actividad que los seres humanos no hayan sido capaces de sexualizar. Piensen, piensen. Yo espero.

...

Muy bien, entonces voy a asumir que saben navegar lo suficiente por Internet como para haber averiguado que no hay respuesta a esa pregunta. Si algo existe, en algún lugar, algunos humanos seguro que han descubierto la manera de masturbarse con ella. En los primeros tiempos de la pornografía online a eso se le llamaba *Regla 34*. Si puedes imaginarlo, alguien lo ha convertido en porno. En 2015, entrevisté a un hombre que se ganaba la vida escribiendo sobre la erótica del *incesto con control mental*. Hay toda una web dedicada a historias sensuales del cantante Roy Orbison atrapado en papel celofán.

¿Por qué lo hacemos?

Esa pregunta me la he formulado muchas, muchas veces a lo largo de años de entrevistas a dominatrices, pornógrafos y otros trabajadores sexuales. Estoy seguro que es una pregunta que te has hecho por lo menos alguna noche solitaria, a altas horas, explorando las profundidades de la Red. Resulta alucinante que a la gente le guste ser montada por los culos, caderas, pechos, muslos, bíceps etc., por gente de su(s) sexo(s) preferido(s). ¿Por qué sexualizamos tantas cosas que nada tienen que ver con el cuerpo humano o la cópula?

La respuesta a esa pregunta podría estar en la historia de la podofilia, conocida por sus practicantes como fetichismo de los pies. Un estudio realizado en 2007 por investigadores de las universidades de Bolonia, Aquila y Estocolmo, "Prevalencia relativa de los distintos fetiches", descubrió que los pies son la parte no genital que más se fetichiza del cuerpo humano. Algo así como la mitad de todas las parafilias relacionadas con el cuerpo humano tienen que ver con los pies.

Es importante comprender la palabra *parafilia*. Puede que te gusten los pies de tu novia, pero ese gustar no llega al nivel de parafilia a no ser que dependas, interactúes o fantasees con los pies para poder llegar al orgasmo. La dependencia que cursa con una parafilia puede ser ligera o total: algunas personas descubren que el estar atadas aumenta su experiencia sexual... y otras no pueden correrse si no están envueltas en cuerdas.

Hay toda una variedad de teorías sobre por qué el fetichismo de pies parece ser la parafilia más común en todo el pegajoso repertorio del erotismo humano. En *Phantoms in the Brain* (1998), el neurólogo V.S. Ramachandran postuló que «La razón es sencillamente que, en el cerebro, la zona del pie está justo al lado de la de los genitales».

Verán, el lóbulo parietal de su cerebro alberga lo que se conoce como el mapa de la imagen corporal. En esencia, ese es el lugar donde su cerebro almacena toda la información sobre cómo se mueve y siente cada parte de su cuerpo. En parte, esa es la razón del síndrome del miembro fantasma, ya que, aunque pierda una pierna, esa pierna todavía existe en su mapa de imagen corporal. Y, por algún motivo, los pies se hallan contiguos a los genitales en el mapa de la imagen corporal. El Dr. Ramachandran sospecha que unos «cables cruzados» entre las dos zonas podría ser el responsable de la extraña extensión del fetichismo de los pies (también informa de la existencia de pacientes que, habiendo perdido los miembros, aseguran *haber alcanzado el orgasmo* a través de sus pies fantasmas).

La teoría del Dr. Ramachandran puede explicar por qué el fetichismo de los pies es tan común. Pero no nos ayuda a comprender por qué nuestra especie sexualiza una serie tan enorme de cosas no sexuales. No hay ninguna región en nuestro mapa de imagen del cuerpo para «ser azotado por un eunuco obeso vestido de Batman», pero puede estar seguro de que alguien, en algún lugar del mundo, se está masturbando justo con esa fantasía. Las parafilias sexuales juegan un papel demasiado importante en la vida humana como para no dar algún tipo de ventaja evolutiva.

En 1998, el Dr. James Giannini nos ofreció el primer atisbo de cuál podría ser esa ventaja. Su artículo de referencia, *"Sexualization of the Female Foot as a Response to Sexually Transmitted Epidemics"*, recogió siglos de referencias a los fetiches sexuales, en la literatura y el arte. Giannini y sus colegas advirtieron que el fetichismo de los pies en concreto parecía ir parejo de los grandes brotes de ETS de la historia. En el siglo XIII, la gonorrea saltó a la fama gracias a los ejércitos de cruzados salidos y sin condones. Al mismo tiempo, los escritores y poetas medievales comenzaron a escribir largas y detalladas epístolas de amor al pie humano. En el siglo XVI, cuando la sífilis alzó su fea cabeza, el fetichismo de pies saltó de nuevo al candelero.

Giannini y su equipo advirtieron que las referencias al fetichismo de pie disminuían unos treinta a sesenta años tras finalizar cada brote de ETS y que, «en los demás periodos, el erotismo iba unido a pechos, nalgas y muslos».

Aunque los datos son convincentes, nuestros registros de la erótica medieval son por desgracia incompletos. En consecuencia, Giannini y sus intrépidos colegas recolectaron treinta viscosos años de ocho de las revistas pornográficas más populares de los Estados Unidos. Descubrieron que había una media de cinco a diez fotos de pies por revista, desde 1960 hasta mediados de los 80. A partir de

1986, justo cuando la epidemia de SIDA se hizo «viral», el número se disparó con un cohete. Los investigadores contaron más de cuarenta imágenes de pies por revista, en 1998.

Esos datos se pueden interpretar de muchas maneras. Una hipótesis es que nuestros cerebros se han vuelto más y más eficaces a la hora de erotizar tonterías porque eso actúa como un mecanismo de seguridad, en una forma de conseguir que la gente satisfaga sus necesidades sin infectarse de venéreas. Y, aunque el fetichismo de pies pueda ser el más común de la familia y el que se rastrea con más facilidad en la literatura, no es la herramienta más antigua ni la única en el repertorio de juguetes eróticos de nuestra especie.

La sorprendentemente antigua historia de los juguetes sexuales

Es muy posible que nos hayamos dado placer con ayuda de utensilios desde antes de que fuésemos homo *sapiens*. De hecho, si el ejemplo de nuestros primos los chimpancés es la tónica, es posible que el primer juguete sexual de la historia fuese una hoja.

La práctica del recorte de hojas se observó por primera vez en 1987, entre los chimpancés de las montañas Mahale de Tanzania. El recorte de hojas consiste en que *los chimpancés machos se dedican a morder las hojas secas para que las hembras les miren*. Es así como lo describió un estudioso de chimpancés, Toshisada Nishida (citado por Christopher Boesch en *Innovation in Wild Chimpanzees*):

> Un chimpancé recoge de una a cinco hojas secas, coge el pecíolo entre los dedos pulgar e índice, tira repetidamente de un lado a otro mientras retira la hoja con los incisivos, y la hace pedazos con los incisivos. Al despegar las hojas del tallo, se produce un sonido de rasgado claro y reconocible. Cuando ya solo queda la nervadura central con trozos diminutos de hoja, la deja caer y repite el proceso de rasgar una hoja nueva.

Esa hoja que muerden jamás se comen y el único propósito de todo eso parece ser que las señoras chimpancés presten su atención, permitiendo al macho que, esperanzado, la atraiga con su personalidad (¿chimponalidad?). Ahora bien, el recorte de hojas no parece tener demasiadas similitudes con un sótano lleno de artefactos de *bondage* o una caja llena de vibradores. Pero todo está muy relacionado: el recorte de hojas es la primera evidencia que hemos encontrado de que primates no humanos usan un «juguete» con el único propósito de excitarse.

Jamás conoceremos la forma exacta de la primera herramienta sexual que desarrollaron nuestros antepasados prehistóricos, puede que prehumanos. El ejemplo más antiguo de juguete sexual descubierto hasta el momento por los arqueólogos es un pene de tamaño natural, tallado en limonita, en la cueva de Hohle Fles, en los Alpes Suabos, en Alemania, y se cree que ese consolador paleolítico tiene por lo menos *veintiocho mil años de antigüedad*.

Los arqueólogos se han topado con la presencia de consoladores a lo largo de toda la historia humana. El consolador de dos cabezas se remonta al menos hasta la antigua Grecia. El uso de consoladores está representado a menudo en jarrones y en las comedias populares. La comedia de Aristófanes, *Lisístrata*, que trata sobre la huelga de mujeres ateniense, para obligar a que acabe la guerra del Peloponeso, incluye una de las primeras referencias a un juguete sexual en la historia de la literatura:

> Ni siquiera ha quedado una chispa de los amantes. Desde que los milesios nos traicionaron, ni siquiera he visto un consolador de cuero de ocho dedos de largo que nos sirviera de alivio.

Según el libro de Marguerite Johnson y Terry Ryan *Sexuality in Greek and Roman Society and Literature*, ocho dedos vienen a ser catorce o quince centímetros de largo. En la misma línea, el personaje de Lisistrata se queja de las privaciones que la guerra causa a las mujeres atenientes a las que no les quedan ni consoladores para satisfacerse. Las ayudas matrimoniales de las que se habla en ese pasaje puede que estuviesen hechas de cuero. Pero los griegos no se limitaron a un solo material: también hicieron consoladores desechables y comestibles, como colines.

El *olisbo-kollix* (literalmente, el consolador-bocadillo) puede que sirviera a más de un propósito. Tenemos representaciones artísticas de mujeres que portan grandes penes hechos de pan que servían presumiblemente para rituales religiosos. Pero también hay multitud de pinturas de *olisbo-kollixi* mucho más pequeño que parecen haber servido para... usos más mundanos (según la experta en sexo antiguo Vicki Leon en *The Joy of Sexus*). Los consoladores de cuero y de piedra pulida se habrían constreñido a los niveles más pudientes de la sociedad griega. Los de pan les daban a las campesinas una forma barata y discreta de satisfacerse con el plus añadido de un aperitivo cuando todo estaba hecho. Hemos de suponer que las ocasionales infecciones de la levadura debían considerarse un precio a pagar.

Los consoladores no siempre han jugado un papel lúdico en la historia. Durante la dinastía china de los Ming (1368-1644) una mujer culpable de adulterio podía ser condenada a montar un consolador de cerámica unido a una silla de montar y a cabalgar ese artilugio hasta la muerte. Merece la pena señalar que en la antigua Cina tenían también su repertorio de juguetes sexuales menos mortíferos, incluyendo consoladores metálicos diseñados para liberar líquidos como si de una eyaculación se tratase.

La historia de los juguetes sexuales no comienza y termina con pollas falsas. Hemos estado disfrutando de nuestros fetiches más secretos también a través de elaborados artefactos durante miles de años. Si le gusta ser azotado con látigo o zurriago, puede estar interesado en saber que su peculiar gusto se remonta al menos al 490 a. C.

La *Tumba de los azotes* pertenece a una noble etrusca de Tarquinia, Italia. Las paredes interiores están decoradas con representaciones diversas de vino, baile, música... y de una dama siendo azotada por dos hombres en el culo. Dejen que aclare algo: los que la azotan tienen erecciones *tremendas*. En apariencia, uno la está penetrando analmente y el otro oralmente. Gasten diez minutos en google y encontrarán miles de representaciones modernas de tal acto.

Los siglos pasados fueron dejando para nuestra especie más y más opciones eróticas. La asfixia erótica comenzó en el siglo XVII como una cura antepasada del viagra para la disfunción eréctil. El fetichismo del caucho y el látex puede que comenzarse con los primeros impermeables de caucho que se lanzaron a mediados del siglo XIC con una campaña publicitaria rebosante de jóvenes con ropa pluvial de caucho. A principios del XX, los comics y películas pulp detectivescos se llenar de imágenes de hermosas mujeres atadas y amordazadas que inspiraron toda una nueva generación de juguetes sexuales, y así sucesivamente.

Nuestra especie tiene una deuda con las desviaciones, pero eso no es algo que mucha gente esté dispuesta a reconocer. No encontrarán ningún libro de texto en los que se explique cómo el fetichismo del pie o los consoladores de pan ayudaron a los humanos antiguos a controlar las plagas. Pero los fetichismos han jugado su papel en el desarrollo humano, aunque *algunas* culturas se han mostrado de lo más agresivas contra el concepto de darse placer a uno mismo.

La guerra contra la masturbación

Lo que sabemos de la historia de la sexualidad humana se ve deformado por el hecho de que casi todo nos ha llegado a través de varones. El *Kamasutra* (400-200 a. de C.) nos da un maravilloso registro histórico de la vida sexual en la antigua India, incluyendo algunas de las primeras menciones al BDSM de la historia:

> No hay formas más agudas de infligir la pasión que usar los dientes o las uñas.

Pero también el *Kamasutra* fue escrito por un hombre acaudalado y muestra muchas actitudes que están desasosegantemente en línea con las peores partes de la cultura actual. El *Kamasutra* tiene el mérito de enfatizar la importancia del placer de la mujer en el acto sexual, pero también incluye un pasaje de lo más espantoso que aconseja emborrachar a una virgen para tomar su virginidad.

La historia del sexo se vuelve algo más democrática cuando observamos las ruinas de Pompeya, enterradas en cenizas por la erupción del Vesubio en el año 79 d. C. Se puede decir que Pompeya era el Las Vegas de la Roma antigua y la sepultura repentina de toda la ciudad preservó una biblioteca con las antiguas costumbres sexuales romanas. Hay frescos en las paredes de las habitaciones y baños romanos que retratan muchos actos sexuales en los que la mujer lleva las riendas, como el *cunnilingus* (que el *Kamasutra* desaconseja)...

... tríos de dos hombres y una mujer:

... y ella cabalgando al hombre.

La erupción del Vesubio fue un jodido apocalipsis para millares de antiguos romanos, pero ha supuesto una bendición enorme para nuestra comprensión de la evolución de la sexualidad romana. Todos esos frescos se habrían perdido si la ciudad hubiese sobrevivido unos siglos. Porque, algunos cientos años después de la destrucción de Pompeya, el mundo romano se encontró inmerso en una guerra contra la masturbación.

En el 342 d. C., los primeros emperadores cristianos de Roma, Constante y Constantino, dictaron las primeras leyes imperiales contra la homosexualidad. En el 538 d. C., el emperador Justiniano amplió esa prohibición a todos los actos sexuales que no tuviesen como objetivo la procreación. En su *novella* 77, insta a los buenos cristianos a abstenerse de tales concupiscencias diabólicas e ilegales para no atraer la justa ira del Señor por tales actos impíos, que resultaría en que las ciudades perecerían con todos sus habitantes.

La iglesia católica ha tenido un gran problema con la masturbación desde sus mismos comienzos. Todo parece tener el mismo origen. Como explica uno de los padres de la Iglesia, Clemente de Alejandría, el semen es un instrumento divino para la propagación del hombre, y tirar un chorro de ese instrumento divino dentro de un calcetín o un hombre resulta una afrenta al propio Dios.

No se puede decir que las costumbres sexuales europeas se hicieran más abiertas durante los siguientes mil doscientos años de cristianismo. Cuando las fetichistas ruinas de los paganos romanos y etruscos comenzaron a aparecer en las excavaciones arqueológicas de los siglos XVIII y XIX, la nobleza italiana ocultó, al público, todo lo *cuestionable* en un museo secreto del arte prohibido. Suerte tuvimos de que no lo quemasen todo: muchos consideraron que la destrucción de Pompeya había sido un castigo adecuado al antiguo libertinaje romano. En 1800 el Papa excomulgó oficialmente a todos sus habitantes, muertos hacía tanto.

Ese museo de la historia erótica oculta no se abrió al público hasta la década de los 60 del siglo pasado, cuando el mundo occidental decidió de manera colectiva que era ya el momento de relajarse un poco sobre todo ese tema del orgasmo. Y, cosa curiosa, todo empezó gracias a algunos médicos avanzados y sus juguetes sexuales medicinales.

La *histeria* es la enfermedad mental más antigua que se considera puramente femenina. Es un trastorno amplio que incluye de todo, desde síntomas que suenan a ataque de pánico hasta cosas tan vagas como emoción desbordada y fantasías eróticas. Hoy sabemos que los síntomas de la histeria aparecen en mujeres y hombres debido a una variedad de factores. Pero, durante milenios, la histeria fue el mal de las mujeres y además muy extendido. Según algunas autoridades, como Rachel Maines en *The Technology of Orgasm* (1999), la histeria era el segundo diagnóstico más común en el siglo XVII, para mujeres con fiebre.

Los médicos de antaño llegaron a la conclusión de que el orgasmo era la mejor medicina que podían prescribir para este problema. No se podía alentar a las mujeres a masturbarse, claro, puesto que eso sería dejar que el diablo entrase en ellas. Pero a tales damas se les recomendaba que bailasen e hicieran equitación y, si eso no funcionaba, el propio médico se ocupaba de ello. Los médicos de la época no eran aficionados a inducir paroxismo histérico a cuanta mujer cruzaba su puerta. Los primeros vibradores se crearon en Francia, en la década de 1730, para ayudar al proceso médico de que las mujeres se corrieran con eficiencia mecánica.

Los vibradores que el 50% (¡o más!) de la gente que está leyendo esto conoce y disfruta son descendientes de aquella herramienta médica. Es una historia con final feliz, pero también un paradójico ejemplo de hasta qué punto ha cambiado nuestra actitud hacia la masturbación. Hubo un tiempo en el que la capacidad humana para las fantasías sexuales nos mantuvo a salvo de las plagas. La gente desarrolló consoladores, algunos de los primeros juguetes de la historia, para ayudar a las mujeres a masturbarse... y, 30 000 años después, comenzamos a crear útiles para ayudar a los médicos a hacer el trabajo por ellas.

La historia que aprendieron en el colegio sin duda minimizó el influjo de las perversiones y la pornografía en la evolución humana, con una extravagante excepción...

La Venus de Willendorf: ¿Porno 3-D o el nacimiento de la medicina?

La Venus de Willendorf se remonta a unos 25 000 a. de C., lo que la convierte en la más antigua de las representaciones de una mujer desnuda que la arqueología conoce. No podemos saber con exactitud por qué la gente de los tiempos de maricastaña hacía piezas de arte. Pero, en la actualidad, el consenso popular reduce a esto a porno.

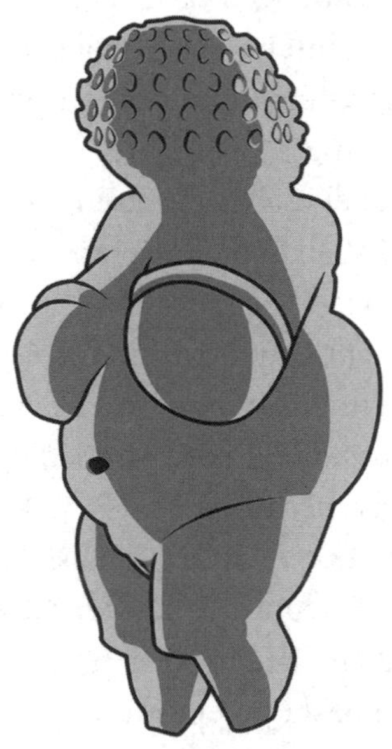

Tavia Morra

La teoría de que la Venus era básicamente algo obsceno ha llevado a los investigadores a hacer algunas suposiciones atrevidas acerca del antiguo erotismo. Así es como PBS[40] describe a la Venus en su web *How Art Made the World* (hacia 2015):

[40] Public Broadcasting Service. La cadena pública de televisión estadounidense (N. del T.).

> La gente que hizo esta estatua vivía en el entorno de plena Edad de Hielo, donde características como la gordura y la fertilidad eran de lo más deseables. En términos neurológicos, estas características se convirtieron en estímulos hiper normales que activaban respuestas neuronales en el cerebro. Así que, desde el punto de vista de la gente paleolítica, las partes más importantes tenían que ver con la reproducción exitosa: los pechos y la pelvis.

Tengan en cuenta que *gente paleolítica* significa varones paleolíticos en exclusiva. PBS —y la arqueología oficial— definen las partes más importantes desde la perspectiva de los varones antiguos.

Según Christopher L. C. Witcombe, historiador de arte, la equiparación entre la Venus y el porno ha sido aceptada de manera casi universal desde 1908. Su falta de rostro prueba que es un objeto sexual anónimo. Su falta de pies sugiere que carece de voluntad. El haberla llamado Venus es, de entrada, una broma sexista de los arqueólogos (varones) de comienzos del siglo XX: la diosa Venus estaba considerada la cumbre y el ideal físico de una mujer occidental civilizada. Se asumió en mofa que la estatuilla de Willendorf, tripuda y tetuda fue la Venus de un pueblo primitivo menos refinado.

Muy pocas hipótesis científicas de la era victoriana han llegado intactas al siglo XXI. Pero la idea de que la Venus, uno de los fundamentos de todo el arte humano, la hizo un hombre para ayudar a la masturbación es a día de hoy todavía *ampliamente aceptada.* Sin embargo, en 1996, LeRoy McDermontt, un profesor de la universidad Central Missouri State, le dio la vuelta en la cabeza a esa idea convencional: la Venus no era porno en absoluto. Era el autorretrato de una mujer.

En su artículo de 1996, *Toward Decolonizing Gender*, McDermott y Catherine McCoid sugieren que la Venus carece de rostro porque una mujer prehistórica no podía ver su propia cara. McCoid y McDermott señalan que las proporciones de Venus se parecen notablemente a cómo una mujer embarazada se habría visto al mirar hacia abajo: montículos de pecho y vientre.

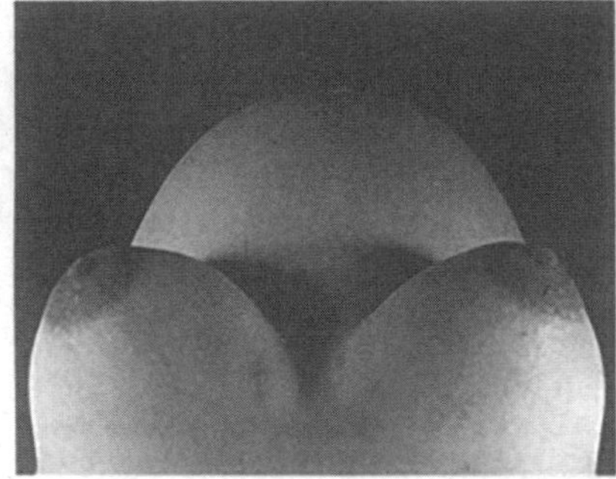
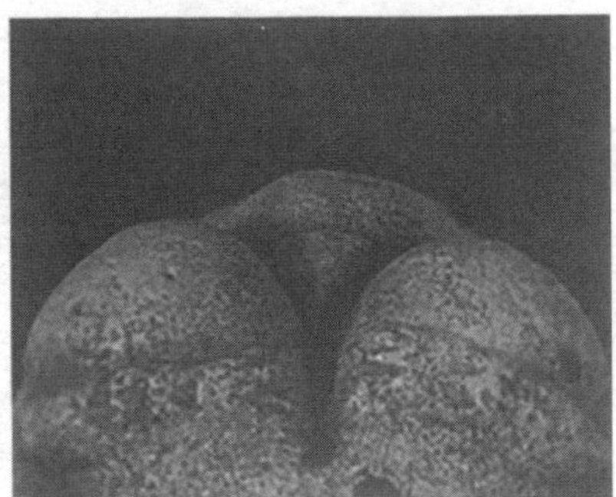

Con permiso de LeRoy McDermott

Y aquí tienen una foto de una mujer embarazada que se mira su propio trasero, comparada con la parte posterior de la estatuilla.

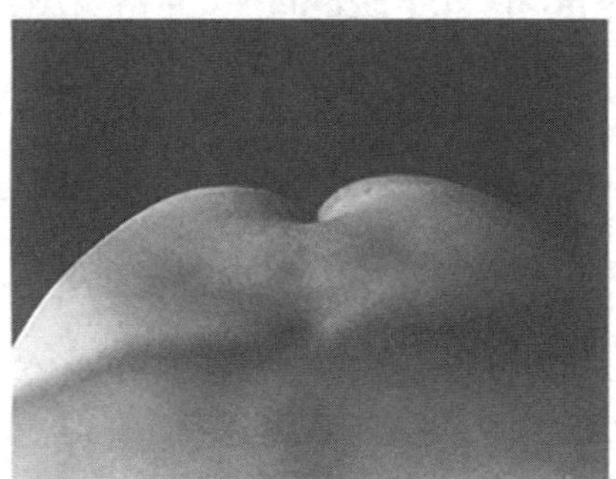
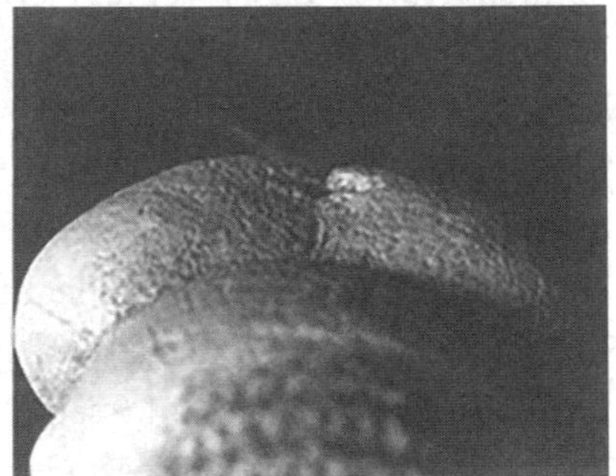

Con permiso de LeRoy McDermott

Tiene mucho sentido que gran parte de los primeros artistas humanos hayan sido mujeres y, más específicamente, embarazadas. Habrían pasado mucho tiempo paradas, sin poder cazar o reunirse, lo que les daría tiempo suficiente para mejorar sus habilidades. Y, como me dijo el profesor McDermott:

> Si los varones se ocupaban de manera activa de tallar imágenes femeninas y animales, ¿por qué el cuerpo masculino está casi completamente ausente?

El Dr. McDermott sospecha que la Venus de Willendorf, así como las otras venus que los arqueólogos han encontrado dispersas por yacimientos de la Edad de Piedra, se tallaron en realidad como *ayudas obstétricas.* Era una forma que tenían las mujeres para seguir y comprender mejor el proceso del embarazo, suministrando «información práctica y potencialmente útil» para las mujeres. En vez de arte erótico creado por los varones, la Venus podría representar el nacimiento de la ciencia médica, por cortesía de las mujeres.

> Las mujeres se enfrentaban en solitario al riesgo y al dolor del parto, y es muy probable que la idea de prepararse para ello pasase por la mente de una mujer mucho antes de que el proceso llegase a ser de interés intelectual para los hombres.

El Dr. McDermott publicó su teoría en la revista *Current Anthropology* en 1996. Su artículo pasó la revisión por pares y, ni entonces ni ahora, nadie fue capaz de encontrarle fallas. El Dr. McDermott apuntaba con tristeza que nadie lo puso en tela de juicio. Pero tampoco nadie lo aceptó. Dicho sea con franqueza, parecieron ignorarlo. No hay nada que nadie pueda refutar, así que lo llaman extravagante.

El Dr. McDermott es un tipo educado y su única protesta era que estaba molesto. Le pregunté por qué pensaba que había tanta resistencia entre los académicos a la idea de que las mujeres tallaran la Venus y la mayor parte del arte primitivo.

> La verdad es que no sabría decirte. Me gustaría entender por qué.

La teoría competitiva dominante parece especialmente absurda cuando te das cuenta de que gira en torno a la idea de gente antigua haciendo un fetiche de una mujer obesa. «Explíqueme cómo podría haber mujeres obesas en la Edad de Hielo». Y añadía:

> Son mujeres desnudas. Pero las mujeres tienen otros intereses, además de llamar la atención de los hombres.

La Venus sigue una pauta opuesta a todo lo demás de este libro. La historia que se enseña en los colegios blanquea los excesos del pasado. Se minimiza la influencia de las drogas en los grandes pensadores de la historia y se oculta el impacto de la prostitución y de los insultos en el desarrollo humano. En cuanto se puede, la historia oficial trata de presentar la versión más pulcra y menos picante de los sucesos.

Con una sola excepción: la Venus de Willendorf. Por algún motivo, preferimos enseñar a los chicos que es porno antiguo y no un sofisticado artificio médico tallado por mujeres para mujeres.

CAPÍTULO 14

El secuestro del genio: una historia profunda de las drogas de diseño

Supongamos que son ustedes cazadores que viven en la cuenca del Amazonas, hace tanto tiempo que la palabra americano no se ha inventado todavía y la palabra nativo no será necesaria hasta que los barcos progresen más allá del cascarón flotante. Ustedes avanzan por la selva un día en el equivalente antiguo a una carrera en un Walmart cuando se tropiezan con un jaguar. Y ya que ese jaguar son cien kilos de músculo que terminan en cuatro patas con zarpas que podrían liquidarles con facilidad, su primera reacción sería probablemente cagarse en los pantalones.

Por cierto, el jaguar también tiene algo de dios para ustedes. Han crecido viendo su imagen tallada en los templos y bordada en los ropajes de los hombres santos, y ahora que lo tienen ahí plantado delante de ustedes, están demasiado paralizados para moverse. Por suerte para ustedes, ese gran gato no tiene demasiada querencia por la carne humana, sea dulce o agria. De hecho, está demasiado ocupado poniéndose hasta el culo como para que le importe una mierda lo que ustedes estén haciendo.

Eso se hace más patente cuanto más miran. El señor Jaguar no está durmiendo ni enganchando con las fauces a un mono aullador, sino que está chupando una enredadera. Esa liana no tiene todavía nombre, porque las plantas y los jaguares de verdad que tienen muy poca necesidad de nombres. Pero la gente de la zona acabará por llamarla ayahuasca. Siglos más tarde, la gente que lleva bata de laboratorio clasificará a esa enredadera como un poderoso inhibidor de la monoaminoxidasa (IMAO). Hoy en día, conocemos a la IMAO como una categoría de drogas que se prescriben sobre todo para combatir la depresión.

Pero todo cuanto ustedes saben es que el jaguar anduvo en el paraíso de los gatos largo tiempo. Era tan adorable que casi no echaron a correr cuando comenzó a despejarse. Pudieron volver a casa si nada más una pérdida del control de los esfínteres y de inmediato comparten la buena noticia:

> ¡Amigos, la selva está de fiesta!

Esta pequeña escena muestra un escenario posible para el nacimiento de la ahora famosa droga ayahuasca. Y aunque el IMAO de la ayahuasca es en sí mismo una droga poderosa, solo alcanza todo su potencial cuando se mezcla con las hojas de un arbusto llamado yopo. Resulta que el yopo contiene la droga dimetiltriptamina o DMT. La mezcla resultante, generalmente llamada ayahuasca a secas, es uno de los alucinógenos más poderosos de la tierra.

Hoy en día cualquier occidental, con lo que vale un MacBook, puede permitirse el lujo de volar a Guatemala, Costa Rica, Brasil o a cualquier nación latinoamericana que le plazca y pagar a un chamán para pasar una ceremonia de ayahuasca. Sin duda, es una experiencia intensa —y pueden encontrar decenas de informes de viajes contemporáneos en unos segundos, en Google—, pero el viaje en sí es lo menos interesante de ayahuasca.

Los IMAO como la ayahuasca (*banisteriopsis caapi*) son una medicación eficaz, pero no causan episodios de alucinaciones de ocho horas que le cambien a uno la vida a no ser que se combinen con DMT. La DMT, en sí misma, es del todo inactiva si se toma por vía oral… a no ser que se tome con un IMAO, lo que previene que el estómago casque.

Puede ser que el descubrimiento de la mezcla de ayahuasca que tan famosa es a día de hoy se produjera al cabo de muchos años de prueba-error. Las leyendas tribales afirman que la humanidad se fijó en la *banisteriopsis caapi* cuando algunos vieron a los jaguares masticando las enredaderas y les imitaron. Los IMAOs alteran sensiblemente las reacciones del consumidor a ciertas drogas y alimentos. Los primeros en emplearlo se percataron de ello y, al cabo, los más creativos/imprudentes decidieron probar a mezclar las enredaderas con otras plantas de su gusto. Algunos de estos intrépidos enfermarían —y unos cuantos debieron morir—, pero los más astutos y afortunados dieron con mezclas que funcionaban. Y luego se lo dijeron a sus amigos.

La industria de las drogas de diseño, que vale miles de millones de dólares hoy, trabaja bajo el mismo modelo básico. Y todo comenzó con...

La guerra contra el dolor

La mayor parte de la gente que está leyendo esto no vive con dolor crónico cada hora de cada día de su vida. Demos un gran aplauso a la ciencia médica, en su honor. Pero, antes de los antibióticos y el nutricionismo, en los días en los que el bocio y la gota señoreaban la tierra y la amputación era la solución por defecto de la medicina convencional a una herida grave, el dolor era el enemigo perpetuo de la humanidad.

El alcohol, la marihuana y el opio están entre las primeras drogas que la humanidad utilizó. Pero los dos primeros solo sirven de paliativos, porque no son lo bastante fuertes como para lidiar con las agonías más serias. El opio, fumado o en infusión, es mejor para anular el dolor. Pero tampoco resulta útil a la hora de intervenir a un paciente.

La química y la ciencia se dieron la mano por primera vez gracias a un alquimista llamado Paracelso (1493-1541).Fue pionero en el empleo medicinal del mercurio, el arsénico, el plomo y otros varios venenos mortales. Pero, cuando no estaba dando a multitud de pacientes venenos mortales, empleaba algo de su tiempo en crear una tintura de alcohol y opio llamada láudano.

El láudano fue la droga estrella en la frontera americana. Si le prescribían en el Viejo Oeste una droga adictiva pero sin receta, lo más seguro es que se tratase de láudano. El siguiente científico en trastear con el opio fue Friedrich Sertumer, aprendiz de farmacéutico a comienzos del siglo XIX que se percató de que la mayor parte de los derivados del opio de la época eran muy diferentes en cuanto a calidad y, por tanto, no funcionaban en absoluto.

No era un químico experto ni un médico. Pero aquello era el siglo XIX y cualquiera con un tubo de ensayo y un par de cojones podía aspirar a hacer algún descubrimiento médico. Sertumer se puso manos a la obra y pasó años ensayando, tratando de destilar el principio activo del opio en concentrado. Supo que por fin había tenido éxito cuando, sufriendo dolor de muelas, se tomó un trago de su última fórmula y notó que el dolor se iba por completo.

El remedio para el dolor de muelas de Sertumer era lo que hoy conocemos como morfina. Se convirtió con rapidez en su adalid, probando la nueva droga en los nichos porque —de nuevo— aquello eran los comienzos del siglo XIX y no había ninguna puta regla. La medicina moderna acabó por darse por aludida con su descubrimiento al cabo y, cuando llegó la Guerra de Secesión Americana, la morfina era el analgésico favorito del momento.

La heroína fue la siguiente, desarrollada en la década de 1890 por un químico de Bayer llamado Heinrich Dreser. El nombre heroína viene de la palabra alemana para heroico y quería resaltar el tremendo poder de la droga. La heroína llega al cerebro mucho más rápido que la morfina y por lo general hace mucho mejor trabajo a la hora de eliminar el dolor. Poro seguía sin ser suficiente. Un chute de caballo puede hacer muchas cosas por un tipo, pero no bloqueará por completo del dolor de una amputación o una extracción de un órgano.

Durante largo tiempo, no se pudo realizar ninguna intervención quirúrgica sin un equipo de «ayudantes de cirujano»; hombres lo bastante fuertes como para inmovilizar al paciente mientras el doctor le abría. La única razón por la que ese trabajo ya no existe es porque hemos desarrollado anestésicos adecuados, capaces de bloquear de verdad y por entero la percepción cerebral del dolor, el tiempo suficiente como para que los cirujanos hagan su trabajo.

Irónicamente, esa bomba atómica en la guerra contra el dolor había sido inventada en la década de 1770, mucho antes de la Guerra de Independencia Americana, las Guerras Napoleónicas o la Guerra Civil, todos ellos conflictos en los que habría sido útil la existencia de un anestésico funcional. El óxido nitroso lo descubrió en 1772 Joseph Priestley. Publicó su descubrimiento en 1776, justo el año en que los Estados Unidos decidieron pegar una patada en el culo a la madre patria.

El óxido nitroso fue denominado «gas de la risa» en 1799, pero lo cierto es que ese término no hace en realidad justicia a la hora de describir cómo esta sustancia notable afecta al cuerpo humano. El óxido nitroso te saca de ti mismo, y en dosis lo suficientemente altas te vuelve incapaz de percibir el mundo exterior. Mientras que el opio y sus derivados son analgésicos, el nitroso es un disociativo, como el PCP. No amortigua el dolor. Saca a la conciencia fuera del reino donde existe dolor.

Si alguna vez han sufrido una cirugía dental, saben lo bien que puede funcionar el gas de la risa. En un instante dado están sentados incómodos, con la terrible certeza de que un taladro está a punto de hacer una escabechina en la parte inferior de sus cráneos... Y al siguiente, están flotando libres, ajenos del todo al hecho de que alguien le está sacando huesos. El óxido nitroso funciona, pero no tuvo la oportunidad de servir como anestésico hasta casi un siglo después de su descubrimiento.

El óxido nitroso se convirtió con rapidez en la droga del día de la clase alta. Los petimetres y los dandis se reunían en enormes carpas, que se llenaban de óxido nitroso para producir subidones de lo más surtido para todos. Sí, los anuncios de esas fiestas en la era victoriana eran tan hilarantes como cabría esperar.

Este folleto, de una fiesta de 1845 en Nueva York, advierte de que el gas se dispensará solo a «caballeros de reputación intachable» aunque el folleto parece más bien mostrar a un hombre insuflando a la fuerza a una mujer con una bolsa enorme. El uso del óxido nitroso parecía ser ya un espectáculo; es posible que hubiese más espectadores observando el subidón de sus compañeros que poniéndose ellos mismos. Se instaba a los varones asistentes a proteger a los consumidores de posibles autolesiones, lo que era una sabia precaución, habida cuenta de hasta qué punto el óxido nitroso tiende a perturbar las habilidades motoras. El folleto también contiene la inquietante advertencia de que «lo más seguro es que nadie busque pelea»

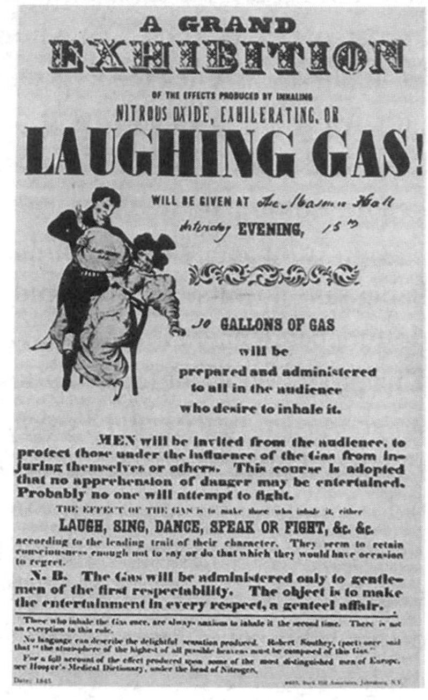

Joseph Priestley advirtió de inmediato que el óxido nitroso tenía un efecto anestésico del dolor. Otros químicos notificaron descubrimientos similares en los siguientes años, pero nadie cayó en la idea de usar el fármaco como anestésico hasta mediados del siglo XIX.

La historia del éter muestra algunas extrañas similitudes con la del óxido nitroso: también es una droga que, una vez inhalada, disocia el cuerpo de toda sensación de dolor. Ambas drogas provocan una tremenda adicción, a veces fulminante... y las dos fueron utilizadas para tonterías y banalidades durante generaciones, antes de que a alguien se le ocurriese que podían usar sus propiedades en medicina.

El éter realmente se descubrió en el siglo XVI (y puede que mucho antes), pero no fue hasta 1846 que un dentista llamado William Morton lo usó para operar a un paciente.

En el momento en que Morton desarrolló su experimento, el éter, como el óxido nitroso, era sobre todo conocido como una droga de lujo de la clase alta. En concreto, los estudiantes de Harvard (y la facultad) eran bastante famosos gracias a sus juergas de éter. Pero Morton sabía que el éter podía hacer mucho más y lo demostró frente a una audiencia el 16 de octubre de 1846, dejando inconsciente a un paciente con una esponja empapada en éter y quitándole un tumor de un lateral del cuello. Cuando el hombre se despertó, manifestó que solo había sentido como si le *arañasen* el cuello.

La anestesiología nació ese día. El óxido nitroso tuvo su primer uso como anestésico poco después. Y, aunque pasarían décadas antes de que la práctica de anestesiar a los pacientes se hiciera más común que limitarse a inmovilizarlos, el triunfo de Morton fue una tremenda victoria en la guerra contra el dolor.

La historia del óxido nitroso y el éter se ha repetido una y otra vez con toda una pléyade de narcóticos. Es el patrón en las drogas de diseño moderno: un nuevo y notable producto químico se descubre y se sintetiza, y de inmediato se convierte en una droga festiva, mucho antes de que los científicos descubran la mejor manera de usarlo con seguridad y responsabilidad.

Cómo vive, mata y muere una droga de diseño

De acuerdo con la *Drug Enforcement Administration*[41] y un sinfín de políticos involucrados en el asunto, una droga de diseño es cualquier narcótico fabricado con la intención de reproducir los efectos de una

[41] La DEA.

droga ya ilegal. Las «sales de baño» que saltaron a los medios hace unos años fueron una droga diseñada para imitar a estimulantes como la metanfetamina. Hay drogas de diseño que son réplica de sustancias ilegales como la MDMA, el LSD, e incluso la marihuana. Algunas producen los mismos efectos que sus contrapartidas reales e ilegales. Otras solo tienen una semejanza muy vaga.

Las primeras de estas drogas de diseño fueron análogos (versiones casi idénticas) del fentanilo, una familia de analgésicos desarrollada en los años setenta para proporcionar una alternativa no-opiácea a la morfina y la heroína. Un derivado del fentanilo, el butirfentanilo, popular hoy en día, parece ser *veinte veces más fuerte* que la morfina.

El primer fentanilo en llegar a la calle tenía el apodo de *China White*. Consiguió popularidad en 1979, y *de inmediato*, comenzó a matar a la gente por sobredosis accidentales. En menos de una década, se produjeron más de un centenar de muertes atribuidas a los diversos fentanilos.

En el curso de mi investigación, tuve la suerte de entrar en contacto con una fuente que trabaja dentro de una de las tiendas online de drogas que distribuyen esas «sustancias experimentales» a consumidores por todos los Estados Unidos. El fentanilo le tenía aterrorizado:

> Si lo consigues y no tienes un equipo muy preciso, para medir al miligramo, resulta de lo más fácil tomar demasiado.... Varios adolescentes y un anciano han muerto por una dosis de 5 mg. (Para que sirva de referencia, 5 mg. tienen aproximadamente el tamaño de una semilla de mostaza.)

Mi informador no trabajaba para una empresa que vendiese muchos derivados de fentanilo. Pero consideraba que esa droga era un riesgo importante para la futura seguridad de su negocio. «No creo que el mercado químico de la investigación vaya a colapsar nunca, pero sí me doy cuenta de que está sufriendo un golpe importante».

La mayoría de los productos químicos recreativos son legales tan solo en el sentido más laxo de la palabra. La *Federal Analog Act*, aprobada en 1986, permite al gobierno a tratar cualquier sustancia química «sustancialmente similar» a una droga de las clasificadas como 1 o 2[42], como si fuese tal droga, si tiene que ver con el consumo humano. Eso significa que mi informador podría ser perseguido y encarcelado por comercializar un surtido de medicamentos experimentales.

La línea que separa los medicamentos experimentales de las drogas de diseño es muy borrosa y la diferencia estriba sobre todo en la intención. Si el creador o creadores de una sustancia pretenden imitar los efectos de un narcótico ilegal, como los derivados del fentanilo y las diversas especies de hierbas legales que se encuentran en las *head shop*, se trata de una droga de diseño. Si la droga se creó para otro propósito y se hizo sin saber mucho más de que «algo hará», se trata de un medicamento experimental.

Ambos se venden juntos en las tiendas online como la que mi fuente ayuda a mantener. Algunas sustancias caen en las dos categorías. Por ejemplo, la 4-Metiltioanfetamina (MTA) es una droga de diseño que se desarrolló en la década de 1990. Durante un tiempo, se vendió como una alternativa al MDMA, o éxtasis. Digo alternativa, pero la realidad del mercado de drogas ilegales es que la MTA a menudo se comprime en píldoras y se vende como éxtasis. Los distribuidores suponían que los efectos serían lo bastante semejantes como para que nadie se diera cuenta.

La MTA es una droga de diseño porque su creador, el Dr. David Nichols, lo diseñó específicamente para funcionar como MDMA. Pero el Dr. Nichols nunca pensó que la MTA se usaría como droga callejera. La sintetizó para probarlo como antidepresivo en ratas.

Sus primeras investigaciones con MTA fueron prometedoras. Publicó un artículo sobre sus descubrimientos e indicó que el producto químico parecía funcionar «como la MDMA». Mi fuente de la

[42] La FDA estadounidense tiene una escala para clasificar a las sustancias consideradas como drogas que va del 1 al 5 (N. del T.).

tienda de las drogas online habló del Dr. Nichols con respeto. De hecho, el Dr. Nichols es una especie de famoso en la industria de las drogas de diseño. Algunos químicos de Dinamarca estaban muy atentos al trabajo que salía del laboratorio de Nichols. Leyeron acerca de la MTA, la replicaron y empezaron a venderla en grandes cantidades. El Dr. Nichols me dijo:

> Lo que no sabíamos en ese momento es que la MTA es un liberador de serotonina, pero que, a la vez, inhibe la enzima anabolizante de la serotonina.

La serotonina es un transmisor cerebral natural que significa felicidad. Pero sus cerebros pueden solo con cierta cantidad a la vez. Demasiada acumulación de serotonina en el cuerpo puede causar el síndrome de serotonina mortal. Al menos cinco personas han muerto después de tomar MTA. Como me explicó el doctor Nichols:

> Yo creía que tomarían una dosis y no sucedería gran cosa, porque no causa euforia como la MDMA. Pero se tomaron un par más para lograrlo y lo que consiguieron fue una liberación masiva de serotonina.

El Dr. Nichols entró en la química medicinal para ayudar al avance de las fronteras del conocimiento humano y para mejorar el estado de la medicina. Es una ironía de lo más injusta que parte de su trabajo conlleve la pérdida de vidas humanas. A medida que la lluvia de MTA, conocida en la calle como *flatliners*, fue arreciando, se percató por primera vez de que estaba siendo vigilado por otros químicos menos éticos. Cuando hablé con él me dijo:

> Visité una web llamado *Honest Chemical Company*… tienen ahí todo tipo de productos químicos ilegales con el letrero no apto para el consumo humano. Entrevistaron a uno de esos químicos de Bélgica hace unos años, era uno de los que las distribuye, le preguntaron: "¿De dónde sacas tus ideas?"… y respondió "El laboratorio de Dave Nichols es particularmente interesante".

El Dr. Nichols estaba *bastante molesto* con eso. Tiene un gran problema con los químicos sin ética que distribuyen drogas potencialmente peligrosas, sin probar en ensayos clínicos, a una masa de consumidores en su mayoría ignorantes. Pero el Dr. Nichols hace recaer la mayor parte de la culpa al estado actual de prohibición de drogas. Si las drogas más seguras y más estudiadas, como la MDMA, no estuvieran tan perseguidas, no habría un mercado para todas las extrañas sustancias que él y sus colegas han estado sintetizando para legítimos estudios científicos.

Ya que hablamos de sus colegas, ningún capítulo sobre drogas de diseño estaría completo sin mencionar a Alexander *Sasha* Shulgin, un antiguo químico de Dow que ayudó a popularizar en MDMA. También inventó más de 230 drogas de diseño y probó sus efectos en sí mismo, en su esposa y en sus amigos. Las experiencias de Shulgin —y las guías para recrear su trabajo— están publicadas en los libros titulados PiHKAL y TiHKAL.

Shulgin y Nichols defendieron el uso responsable de alucinógenos en investigaciones legítimas. Tal investigación ha estado bloqueada durante años por culpa de la industria de las drogas recreativas y la DEA. Pero, recientemente, las cosas han comenzado a cambiar y un futuro nuevo y brillante puede estar en el horizonte para los revoltosos retoños químicos de estos científicos.

El futuro terapéutico de las drogas de diseño

La MDMA, 3,4-metilendioxi-metanfetamina, conocida como éxtasis, *molly* y cualquier otro nombre estúpido por el que la gente haya comenzado a llamarla esta semana, tiene uno de los más trágicas historia de todas las drogas. La sintetizó en 1912 en Merck un grupo de científicos que pretendía desarrollar un mediador químico que pudiera actuar como anticoagulante. No está claro cuando con exactitud se probó el MDMA por primera vez en humanos. Pero en 1970 ya tenía un carrerón de montañas de pastillas incautadas en las redadas antidroga de los EEUU.

Alexander Shulgin fue el primer humano que probó la MDMA de manera oficial e informó de forma científica sobre sus efectos. Preparó un lote y lo probó en 1976, describiendo los efectos del éxtasis por primera vez y poniendo sin querer en marcha la popularidad de la droga. Su informe sobre ese viaje inaugural es contenido y bastante sobrio.

> Sentí que podía hablar sobre cuestiones profundas y personales con especial claridad y experimenté algo de la sensación que se tiene tras el segundo Martini, en el que uno discurre con brillantez y con capacidades analíticas sumamente agudas.

Esta es solo una de las 179 experiencias con drogas diferentes que el Dr. Shulgin y su esposa describen en su libro PiHKAL, o *las fenetilaminas que he conocido y amado.* No destaca especialmente sobre las demás. Pero, por alguna razón, la MDMA despegó como un maldito cohete, haciéndose lo bastante popular como para granjearse la ira del gobierno y ser prohibida de manera permanente en 1985, en plena época de la ley de drogas «No es no». Si todo lo que el mundo hubiera perdido hubiese sido una droga para fiestas, esta no sería una historia tan triste. Pero un cúmulo creciente de pruebas sugiere que la MDMA es mucho, mucho más que eso.

Los primeros ensayos clínicos tocantes a la MDMA comenzaron a hacerse públicos a comienzos de la década de los 2000. En 2002, se administró a alrededor de trescientos sujetos la droga para una variedad de estudios sobre la MDMA en diversos campos. Los estudios tuvieron lugar en sitios tan dispares como San Francisco y Suiza, y se llegó a la conclusión de que la MDMA era una droga considerablemente segura si se administraba en condiciones clínicas. Sin embargo, la resistencia a probarla a gran escala resultó tremenda. El doctor Michael Mithoefer recibió la aprobación de la FDA para dirigir el primer estudio sobre la eficacia de la MDMA como tratamiento para la TEPT en 2001, en la universidad Médica de Carolina del Sur. Pero el doctor Mithoefer también necesita la aprobación de una junta de revisión institucional o JRI para dirigir la investigación en su universidad. Y eso ya resultó más difícil.

> Quedó de manifiesto... [que] había demasiados obstáculos políticos para ni siquiera la revisaran. Era demasiado polémico como para que ellos quisieran algo así en su universidad.

Así que el doctor Mithoefer y su equipo esperaron tres meses para obtener una nueva aprobación de la FDA para dirigir el estudio en las instalaciones privadas que su esposa, una enfermera psiquiátrica, y él compartían. Al cabo, consiguieron una aprobación de una JRI independiente:

> Y lo siguiente era pasar por la DEA.

Y luego, cuando los Mithoefer parecían haber sobrepasado todos los obstáculos, la JRI retiró su aprobación.

> Al principio, no les dieron una razón. Luego resultó que todo se debía a un artículo de George Ricuarte.

El artículo del doctor Ricuarte, con el hilarante título de "Neurotoxicidad Dopaminérgica severa en los primates tras aplicarles una dosis de niveles medios en consumidores de MDMA"[43], se publicó en el 2002. El artículo sugería que, a partir de estudios realizados en monos araña, el éxtasis podía causar daños graves en los receptores cerebrales de dopamina y podía llegar a rematar en un desarrollo precoz de la enfermedad de Parkinson en incontables consumidores desafortunados. El estudio del doctor Ricuarte fue clave para la proposición

[43] "Severe Dopaminergic Neurotoxicity in Primates after a Common Recreational Dose Regimen of MDMA"

de ley RAVE (*Reducing American`s Vulnerability to Ecstasy*) de 2003, que permitió a las agencias gubernamentales hacer responsables a los dueños de los establecimientos de las drogas encontradas en sus instalaciones. Algunos, entre los que se incluye este autor, podrían argumentar que nombrar a una ley así debería descalificar a los responsables para nombrar o dictar, o lo que sea, leyes.

El artículo de George Ricuarte fue refutado de manera formal en el 2003, cuando se descubrió que el daño neurotóxico real provocado en su estudio era gracias a la metanfetamina. A Michael Mithoefer le resultó bastante frustrante todo esto: ya había planteado la hipótesis de que el estudio estuviese contaminado más de un año antes. Pero se descartó porque, oh casualidad, porque el doctor Ricuarte era un investigador sobre abuso de drogas con muchos apoyos, hasta que *Science* publicó la refutación. El estudio de Mithoefer recuperó la aprobación de la JRI, pero pasaron dos años y medio hasta que la DEA dio beneplácito al estudio. Como recordó el doctor Mithoefer durante una entrevista que le hice:

> Hubo un par de retrasos porque perdieron la solicitud y hubo problemas burocráticos, también problemas para conseguir un panel externo para comprobar si también ellos pensaban que era buena idea. Siempre tuvimos un trato cordial con ellos... no sentíamos hostilidad pero sí notábamos inercia y que, quizás, esperaban que desistiésemos.

El doctor Mithoefer y su esposa no cejaron. Su estudio inicial, que involucró a veinte pacientes divididos en dos grupos: doce receptores activos (MDMA-receptores) y ocho placebo-receptores, se publicó al final en 2010. Ambos grupos recibieron psicoterapia antes, después y durante las sesiones de placebo y de drogas reales. Todos los pacientes sufrían estrés postraumático y habían recibido medicamentos y terapias para su dolencia, habiendo obtenido poco o ningún alivio de los síntomas. Los resultados del primer estudio fueron increíbles: el 83% de los pacientes que recibieron MDMA mostraron una reducción significativa de los síntomas. Solo el 25% del grupo de control notó lo mismo. Un estudio de seguimiento demostró que la inmensa mayoría de los pacientes continuaban notando beneficios de esa terapia más de tres años después.

El ensayo clínico de fase uno con el MDMA fue un éxito tremendo, por lo que los doctores Mithoefer consiguieron financiación y aprobación para una segunda fase de su estudio. Si las personas que sufrían de trastorno por estrés postraumático en el estudio de fase uno eran en su mayoría víctimas de crímenes y violencia sexual, los sujetos del estudio de fase dos fueron sobre todo veteranos de las guerras de Irak y Afganistán. Fue difícil encontrar voluntarios para los estudios de fase uno, pero el segundo estudio tuvo el problema contrario.

> Más de seiscientos veteranos nos llamaron de todo el país sin necesidad de que hiciéramos convocatoria. Nos… enterraron en peticiones y llamadas. Fue muy triste, porque solo pudimos seleccionar a unos pocos.

Dos de esos pocos fueron Tony Macie y Nicholas Blackston, veteranos de la guerra de Irak, que salieron de la experiencia de combate con niveles de estrés postraumático que les imposibilitaban para una vida normal. Hablé con los dos hombres y el señor Blackston pudo señalar un incidente que era responsable de la parte del león de su sufrimiento:

> Dispararon un RPG[44] contra mi Humvee[45]. Pegó justo delante de donde yo estaba. El conductor… un trozo de metal le cortó la femoral. Yo servía en la ametralladora… las cajas de munición recibieron el impacto y explotaron, así que fui herido por la metralla de mi propia munición… íbamos riendo un instante antes y de golpe caí en este abismo negro.

El conductor de Nicholas, íntimo amigo suyo, además de camarada, murió en el ataque. Tanto Nicholas como Tony presenciaron

[44] Rocket Propelled Grenade. Una granada antitanque (N. del T.).

[45] HMMWV. High Mobility Multipurpose Wheeled Vehicle. La versión militar del Hummer.

sucesos desgarradores durante el tiempo que pasaron en Irak y desarrollaron un síndrome de estrés postraumático lo bastante fuerte como para verse impedidos para una vida normal. La MDMA, combinada con sesiones terapéuticas con los Mithoefer, ayudó a curar a los veteranos, ahí donde la farmacopea y la terapia convencional habían fracasado. Tony Macie describió su primera dosis de MDMA como «profunda» y recordó el momento en que se colocó:

> [El doctor Mithoefer] digo algo como "¿Cómo te sientes?" Y [él] siguió preguntando por mi nivel de ansiedad, que se medía en una escala de uno a cinco.
>
> —¿Cero?
>
> —No, entre uno y cinco.
>
> [Yo] no me apeé de la burra: "No. Es cero".

La gran mejoría que Nicholas Blackston mostró con la MDMA fue tal que le hizo sentirse por primera vez cómodo al narrar sus experiencias de combate a terapeutas profesionales.

> Estás tan increíblemente cómodo con ellos y lo único que quieres es hablar de cosas. Con el síndrome de estrés postraumático... sientes que no te puedes relacionar con nadie. Una vez que lo dejas salir todo... hay un montón de terapia en eso. En cuatro horas recibes cuatro años de terapia.

Si ustedes han tenido alguna experiencia con la MDMA probablemente comprenderán por qué funciona tan bien. El éxtasis inunda sus cerebros de oxitocina, la misma sustancia que sus cerebros producen de manera masiva en el instante en que tienen un bebé. Las altas concentraciones de éxtasis pueden inducir alucinaciones incapacitantes, pero las dosis terapéuticas te hacen sentir casi lúcido. La MDMA no te jode tanto y eso hace que no estés ansioso. La paranoia se ve sustituida por confianza y empatía. Y los últimos estudios en imágenes han mostrado que la MDMA sosiega un área cerebral que es la amígdala que se activa con el miedo. Por supuesto todo eso ayuda con el síndrome de estrés postraumático.

Antes de someterse a la terapia MDMA, el señor Blackston se sentía disociado de sus emociones. Y ahora «recuperé mis emociones», afirma. Describió su pugna previa con el síndrome de estrés postraumático como «tratar de limpiar tu habitación con la luz apagada y frustrado cada vez que tu cabeza choca con algo». Blackston agregó que «La MDMA encendió la luz dentro de mi cabeza».

El señor Macie me explicó que:

> En mi caso, la MDMA disolvió mi ego, me hizo sentir en plan «por Dios, todas esas cosas que experimenté no fueron ni buenas ni malas». Tan solo las asumí... esto disolvió mi propio ego... toda mi forma de pensar y comprendí que pasó lo que pasó. No negué lo que pasó.

Por su parte, el doctor Mithoefer afirma que la MDMA:

> Tiende a hacer que las personas sean mucho más conscientes y deseosas de expresar sus procesos inconscientes más profundos. Te da una visión de lo que está ocurriendo de una manera mucho más profunda y permite a la gente afrontar de cara las cosas, y tiene un gran potencial terapéutico, con independencia de para qué la haya usado la gente. Eso no significa que no se pueda hacer una curación profunda sin ella. Pero cataliza los procesos terapéuticos en un montón de personas.

Añade que el éxtasis no es una varita mágica. Los sujetos de sus estudios no se beneficiaron por el simple hecho de pestañear y poner los ojos en blanco. Y no fue un proceso divertido. «Tuvimos a tres que dijeron "No sé por qué llaman a esto éxtasis". La MDMA no es un paseo. Fue una terapia bastante dolorosa».

Dolorosa, sí, pero eficaz de una manera casi increíble y la investigación del doctor Mithoefer ha ayudado a abrir una puerta a...

El emocionante futuro de la medicina psicodélica

Si la investigación de los Mithoefer —en la actualidad en su tercera fase— continúa dando sus frutos, el doctor Mithoefer espera que la MDMA pueda obtener la aprobación de la FDA en 2017. Esto nos lleva a un futuro en el que los profesionales médicos podrán aprovechar el extraordinario potencial de la MDMA. Mucha gente muy capacitada está empleándose a fondo para que eso suceda. La *Multidisciplinary Association for Psychedelic Studies* (MAPS) financió la rompedora investigación de Mithoefer y continúa esforzándose para llegar a un futuro en el que no descartemos medicina prometedora solo porque hay mucho adolescente tomándola y masticándola en varillas luminosas.

El doctor David Nichols, creador de la problemática droga MTA, continúa dedicando su vida a mejorar nuestra comprensión de los psicodélicos. Está en el equipo del instituto del *Heffter Research Institute*, que promueve la investigación de la máxima calidad sobre esas drogas que la mayoría de los americanos conocen solamente a través de *Fear and Loathing in Las Vegas*. Nichols sintetizó la MDMA que se empleó en la investigación de Mithoefer, décadas antes de que Mithoefer comenzase esta… antes de que MDMA fuera incluso ilegal.

Hoy en día, es una de las pocas personas en el mundo que tiene un permiso oficial para sintetizar productos químicos como LSD, DMT, MDMA, e incluso psilocibina. Obtener el permiso oficial para fabricar drogas de nivel 1 es un proceso deliberadamente fastidioso. En primer lugar, tienen que presentar su propuesta de investigación a la DEA. Pero los chicos de la DEA son policías: no saben nada de ciencia. Así que envían la propuesta a un comité asesor de la FDA, un paso que Dr. Nichols describió como «completamente innecesario. Está pensado para retrasar el proceso».

El comité de la FDA se dedica a decidir si la investigación es «ciencia legítima», algo por lo que los investigadores que tratan con *otros* productos químicos legales que alteran la mente no tienen que pasar.

> No mucha gente lo hace, porque es un incordio.

Cualquier científico que trabaje con drogas ilegales será contemplado con sospecha por la DEA. El doctor Nichols ha publicado mucha más investigación científica que la media. Pero la DEA todavía lo trata como si sospechase que toda esta ciencia a la que ha consagrado la mayor parte de su vida es una sofisticada tapadera para su doble vida como traficante de ácido.

No sé si me cae bien la DEA.

La investigación del doctor Nichols implicó dar a las ratas LSD de forma diaria, «para mantenerlas entrenadas». No estaba drogando ratas por diversión, desde luego. Lo estaba haciendo para investigar cómo comienza la psicosis en el cerebro. Esta investigación fue publicada en 2005 por la revista *Psychopharmacology* y llevaba el nombre de estudio más exageradamente engorroso que aparece en este libro: "Distintas fases temporales en la farmacología comportamental del LSD: Los efectos del mediador-receptor a la dopamina D2 en las ratas y su influencia en la psicosis[46]". El estudio aportó pruebas de que los receptores de dopamina del cerebro juegan su papel en el desencadenamiento de la psicosis.

Adviértase que «suministrar LSD a la gente» no tuvo nada que ver con la investigación que el doctor Nichols y su equipo llevaron a cabo. El ácido solo se usó porque estimulaba las vías cerebrales en las *ratas* sujetas a estudio.

Pero, para la DEA, el hecho de que la investigación implicara el uso LSD fue causa suficiente para que el Dr. Nichols les pareciera

[46] "Distinct Temporal Phases in the Behavioral Pharmacology of LSD: Dopamine D2 Receptor-mediated Effects in the Rat and Implications for Psychosis"

oscuro. Recordó que los agentes encargados de inspeccionar su laboratorio entendían poco o nada de lo que le habían permitido hacer.

> Preguntaron: «¿De dónde ha salido todo este LSD?».
> Respondí: «Lo fabricamos?»
> «¿Tiene permiso para ello?»
> Respondí: «Sí, lo tengo. Si consulta la ley, verá que mi licencia de investigación me permite hacerla».
> «¿Sabe la oficina principal, en Washington, que está haciendo esto?».

Es obvio que sí, ya que su investigación había sido aprobada por la DEA y la FDA antes de arrancar. Pero los obstáculos que había tenido que vencer para comenzar su investigación no les importaban a los agentes de la DEA que se presentaron en su puerta. Los agentes se mostraron quisquillosos con las quince sustancias que almacenaba gracias a su licencia y le preguntaron por qué necesitaba cada una de ellas.

«Tuve que volver a explicar todo mi protocolo».

El doctor Nichols se encontró explicando una ciencia complicada a un grupo de hombres sin formación ni experiencia en la materia. En esencia, él y todos los investigadores que quieran aprender algo de LSD, MDMA, etc., tienen que:

1. justificar su investigación a un grupo de no-científicos para que se apruebe y
2. volver a justificar aleatoriamente esa misma investigación a más no-científicos cada vez que se les ocurra pasar a comprobar.

La guerra contra las drogas ha sido un notable fracaso —solo hay que visitar cualquier espectáculo de EDM[47] para comprobar tal cosa—, pero la guerra contra la investigación sobre drogas ha resul-

[47] Electronic Dance Music (N. del T.).

tado de lo más exitosa. La prohibición del LSD en 1965 no impidió que Woodstock se convirtiera en un festín de ácido, pero sí llevó al casi final en la investigación sobre esa droga. También provocó una trágica eliminación de la investigación que ya se había realizado.

En 2012, un estudio en el *Journal of Psychopharmacology* evaluó los resultados de seis estudios que involucraban a más de quinientos sujetos y que se llevaron a cabo en Noruega entre 1966 y 1970. La investigación incluyó una terapia para los alcohólicos a base de LSD e indicaba que una dosis única de ácido podía reducir el consumo de alcohol de un paciente durante un máximo de seis meses. De las personas que recibieron LSD, el 59% redujo sus problemas con el alcohol. Solo el 38% del grupo control hizo lo mismo.

A pesar de los prometedores resultados, la investigación adicional sobre los efectos de LSD en la conducta adictiva se estancó durante décadas debido a su ilegalización. Recientemente, ha comenzado a coger fuelle de nuevo. Científicos del *Imperial College* de Londres realizaron otro estudio con solo veinte voluntarios en 2015. Científicos de Berlín publicaron una investigación en 2011 que apunta a que un análogo del LSD podría proporcionar un tratamiento eficaz para las cefaleas en racimos. Un estudio piloto ha demostrado en Suiza que el LSD puede ayudar a los pacientes con enfermedades terminales a sobrellevar su ansiedad ante la muerte.

Siempre habrá un lugar en la juerga para los productos químicos de investigación, drogas de diseño, o como quieran llamarlos. Y es muy posible que los agentes del gobierno, con placas y armas, continúen reventando esas fiestas hasta el día del Juicio Final. Pero, gracias a unos cuantos científicos valientes, es posible que todavía vivamos para ver el día en que permitamos que esas sustancias nos ayuden, en lugar de apartarlas del mundo. Durante nuestra entrevista, el Dr. Mithoefer me leyó una cita del Dr. Stanislav Grof, pionero en la investigación del LSD, que consideró particularmente relevante para el futuro uso médico de los psicodélicos:

> No parece que sea una exageración decir que los psicodélicos, usados de manera responsable y con la debida precaución, serían para la

psiquiatría lo que el microscopio es para la biología y la medicina, o el telescopio para la astronomía.

Y ahora, tras años de prohibición, parece que los psiquiatras podrían finalmente estar a punto de conseguir su propio telescopio.

Capítulo 15

La curiosa historia del brandi de salamandra

Eslovenia es una pequeña nación europea fronteriza con Italia, Austria, Hungría y Croacia. Nació en 1918, al final de la Primera Guerra Mundial, y luego volvió a renacer en 1991, cuando Yugoslavia se fragmentó. Eslovenia cuenta con un poco más de dos millones de habitantes. Eso es menos de una cuarta parte de la población de Los Ángeles. Eslovenia no tiene peso en la política mundial. Puede uno conducir de un extremo a otro del país en una o dos horas. Pero si lo que se dice es cierto, tiene algo de lo que ninguna otra nación en la tierra puede jactarse:

Brandi de salamandra

Supuestamente un poderoso alucinógeno, el brandi de salamandra se hace ahogando salamandras venenosas en brandi. A medida que los desafortunados anfibios se ahogan, su piel segrega un veneno que se mezcla con el alcohol del brandi y aporta a este un efecto psicoactivo bastante potente. De dar crédito a su leyenda, un viaje de brandi de la salamandra incluye a menudo atracción sexual espontánea por objetos inanimados.

Durante mi investigación para este capítulo, me encontré con varias entradas en comunidades *online*, escritos por arriesgados psiconautas que pretendían conseguir este narcótico tan extravagante. Lo que nunca me encontré fue a alguien que ofreciera vender brandi de salamandra. Encontré un puñado de informes sobre colocones y una imagen de una supuesta botella, pero no parece que la droga se haya exportado nunca de Eslovenia.

Se cree que el brandi de salamandra que se produce principalmente en el interior de Eslovenia, por los agricultores ancianos y los destiladores a pequeña escala en las colinas alrededor de ciudades como Skofja Loka. Durante las dos últimas décadas, las supuestas propiedades del brandi de salamandra se han convertido en un mito dentro de la cultura eslovena de la droga. Se ha transformado en un icono para un pintoresco orgullo patriótico desde que un hombre llamado Blaz Ogorevc escribiera en 1995 sobre colocarse con el mismo, en la revista *Mladina*.

Mladina es una publicación que se dedica tanto al periodismo como a la sátira. Publicó denuncias de corrupción en Yugoslavia junto con historietas destinadas a traducir las cuestiones del día a una lengua que los jóvenes manejasen. Blaz Ogorevc, el escritor más conocido de *Mladina*, es respetado tanto por su periodismo de investigación como por sus experiencias con drogas en los años sesenta. En otras palabras, los orígenes del aguardiente de salamandra se encuentran en una fuente por lo general confiable y conocida por burlarse y tratar de hacer reír a la gente.

Trabajo para *Cracked*, un sitio web que busca a la misma audiencia que *Mladina* (pero en países de habla inglesa) y también pretende atraer a los lectores mediante la exposición de hechos concretos y conceptos importantes a través del medio cálido y pegajoso de la comedia. Así que era apropiado que *Cracked* fuese el sitio web que desvelase al gran mundo la existencia del aguardiente de salamandra, al publicar el artículo *Seis animales con los que pueden colocarse*, el 18 de agosto de 2009.

Desde que leí ese artículo, me estuve preguntando si los mitos sobre el brandi de salamandra podrían ser reales, con todo ese encadenado de torturar anfibios y follarse objetos inanimados. Cuando empecé a escribir este libro, sabía que tenía que aprovechar la oportunidad para responderme a la pregunta por mí mismo, de una vez por todas. Y mi investigación comenzó con una simple pregunta:

¿Puedes colocarte bebiendo animales venenosos muertos?

Una breve historia de las conversiones de animales muertos en droga

Matamos a muchos animales a día de hoy por toda clase de motivos, desde comer filetes a hacer guantes más suaves. Pero, si hay una forma en la que no es probable que vean usar a un animal muerto, en el mundo occidental, esa es para colocarse. No es una cuestión de ética. Si con la sangre de rana se hiciera un narcótico accesible y divertido, el Medio Oeste estaría lleno de granjas de ranas o habría viveros ilegales de batracios ocultos en las colonias de remolques de Nuevo México.

Viajen a Saigón, o a cualquier parte de Vietnam con una población turística considerable, y verán botella tras botella de licor de cobra. Las botellas a menudo contienen lagartos, insectos, ranas, tortugas, y cualquier otro animal que acertó a pasar por allí cuando aquel revoltijo bebestible se hizo. Los vendedores se los ofrecen a los turistas como potentes afrodisíacos, pero a menos que seas un necro-herpetófilo, eso es una mentira.

De hecho, las botellas que venden a los turistas no son más que animales muertos conservados en licor de alta graduación o en alcohol para friegas. Los lugareños son demasiado listos para beberlos. Pero la medicina tradicional del sudeste asiático, y también de China, ha considerado al vino de serpiente como un valioso remedio durante miles de años. Se cree que es un bálsamo eficaz para dolencias tan variadas como el reumatismo, la mala circulación e incluso el cáncer.

Tengo que pensar que parte del atractivo del vino de serpiente es hacerles una peineta a las más que mortíferas serpientes. El alcohol descompone las proteínas del veneno de serpiente, haciéndolo inofensivo, y el resultado es que las serpientes más venenosas tienden a ser los ingredientes más populares. No es difícil imaginar que los antiguos campesinos chinos que comenzaron a ahogar a las cobras en el vino de arroz lo hicieron en parte por aversión hacia los animales a los que temían durante toda su vida.

En Okinawa elaboran el *habushu*, un tipo de vino de serpiente producido por ahogamiento de un *habu*. Antes de que sientan demasiada simpatía por las serpientes, deben saber que los *habus* son los más jodidos hijos de puta del reino de los reptiles. Además de ser mortalmente venenosos, con frecuencia alcanzan más de metro y medio de longitud y cazan con asiduidad a los seres humanos (se dejan caer de los malditos árboles). El *habushu* concede supuestamente a quien lo bebe una mayor energía y una libido poderosa, ya que las serpientes *habu* pueden aparearse durante más de un día sin detenerse. Estuve en Okinawa y probé el *habushu*. No me llenó de energía ni me provocó una poderosa erección nutrida por serpientes. Pero los resultados de ustedes pueden variar.

Por la razón que sea, las serpientes ahogadas en alcohol nunca se hicieron populares en los Estados Unidos. El subidón de origen animal y del que usted sabrá que alguna gente lo utiliza aquí es lamer sapos. Y eso de lamer sapos es un error garrafal. Ningún sapo registrado por la ciencia les dará un colocón tan solo lamiéndolo. Pero si se las arreglan para conseguir *bufo alvarius*, también llamado sapo del río Colorado o sapo bufo, pueden extraer el veneno de su cuerpo, secarlo y luego fumar ese veneno seco para pegarse un viaje ultraterreno.

Tengan en cuenta que ese proceso es en la actualidad 100% ilegal en los EE. UU., así como en la mayor parte del mundo. El veneno del *bufo alvarius* contiene un producto químico conocido como 5-MeO-DMT, que es uno de los alucinógenos más potentes en la tierra. Si el nombre DMT suena familiar, es porque ese mismo producto químico se encuentra en varias plantas de todo el mundo y a menudo los chamanes, tanto del sur como de Centroamérica, lo mezclan con las lianas de la ayahuasca.

Esas enredaderas contiene un inhibidor de la monoaminooxidasa, o IMAO, que, recuerden el capítulo anterior, activa oralmente la DMT. Si se limitan a tomar directamente el veneno del sapo, que contiene DMT, es decir, lamiendo a la pobre criatura, no pasará nada. Nada alucinógeno, al menos. Las otras partes del veneno del sapo bufo son muy activas por vía oral y perfectamente capaces de mandar al hospital o incluso matar a cualquier humano lo bastante tonto como para ingerirlas.

El *bufo alvarius* no es tampoco el único animal con su propio almacén de DMT. El hígado y la médula de la jirafa también contienen la droga. En Sudán, el pueblo Humr ha descubierto cómo convertir esas partes de la jirafa en un alucinógeno de gran potencia llamado *Umm Nyolokh*. Se dice de esta preparación en particular de DMT que causa vívidas alucinaciones de jirafas. Suena como la receta de un viaje lleno de culpabilidad y de lo más inquietante. Pero también recuerda más que un poco a los escasos relatos de viaje que encontrará acerca del aguardiente de salamandra. Aquí les dejo lo que escribió Ogorevc:

> Pero maldita sea, unas cuantas salamandras me rondaban. Y dijeron con sus voces misteriosas: mira, mira, quién está allí...

Tener alucinaciones con un animal muerto por tu puta culpa tiene cierto sentido. Los viajes de las drogas tienden a amplificar cualquier sentimiento y pensamiento que le estuviese dando vueltas en la cabeza. Pero Ogorevc también describió otro síntoma, completamente distinto a cuanto yo hubiera oído antes:

> Y todo absolutamente parecía nuevo y extraño, y quería follarme algo, cualquier cosa. Y, en esta casi completa ausencia mundana... elegí las hayas. Sus troncos... me resultaban horriblemente eróticos.

Como mencioné antes, la gran baza del de salamandra para saltar a la fama psicodélica es la tendencia a *inducir atracción sexual espontánea por objetos inanimados.* Eso no es una característica del DMT ni de ninguna otra droga terrenal. Por desgracia, la ciencia moderna ha dedicado tan poco esfuerzo a averiguar por qué el veneno de salamandra pone salida a la gente que resulta vergonzoso. Un investigador de psicodélicos llamado Ivan Valencic rompió esa barrera de escasa información y apuntó hacia la samandarina, que está de forma natural en las secreciones de la salamandra de fuego europea, como posible responsable.

La samandarina se absorbe a través de la piel o una membrana mucosa, y puede causar presión arterial elevada y calambres, así como entumecimiento. La salamandra de fuego es en realidad la única especie que segrega samandarina. Otras especies de salamandra viven también en Eslovenia, y no está claro qué especie de anfibio produce el aguardiente más potente. Esto significa que otro posible culpable alucinógeno es el veneno que tienen todas las demás especies de salamandra: la mortífera tetrodotoxina. Puede ser que lo conozcan por ser el agente paralizante que hace del pez globo japonés una comida tan arriesgado. Vale la pena señalar que las leyendas locales acerca del aguardiente de salamandra señalan su capacidad de «arrebatar las piernas» a los consumidores.

Sea cual sea el culpable, cabe en lo posible que el aguardiente de salamandra tenga algún efecto psicoactivo. La ciencia no lo descarta... pero tampoco lo respalda. A falta de una respuesta científica clara, me veo obligado a trabajar con las pruebas anecdóticas de los pocos narco-antropólogos que me han precedido.

Desvelando la verdad sobre el brandi de salamandra

Aparte de Blaz Ogorevc, otros investigadores han intentado desvelar las verdades del brandi de salamandra. El primero parece que fue Ivan Valencic en 1998. Identificó a la salamandra de fuego como el ingrediente clave, y también señaló que los lugareños a menudo mezclaban sus bebidas con ajenjo. (Por lo que sé, él es el único erudito que sugiere esto y lo hace sin aportar prueba alguna.) Ivan afirmó que agosto es el comienzo tradicional de la temporada de caza de salamandra y que se cree que el aguardiente de salamandra tiene siglos de antigüedad.

Eso es algo emocionante, de ser cierto. Pero el artículo de Iván parece basarse sobre todo en sus propias investigaciones y estudios etnográficos en Eslovenia. Su única fuente de datos objetivos sobre el brandi es el artículo de Ogorevc de 1995. Valencic no es químico ni biólogo, pero se toma el asunto del brandi con mucho más seriedad que Ogorevc. Según dice, tiene de media un 45% de alcohol y cinco o seis salamandras de 20 centímetros de longitud dan la imponente cantidad de treinta litros de licor.

Tomen nota, en caso de que quieran empezar la Fiesta del Árbol con una orgía masiva en los bosques.

Eso suena muy concreto, pero Iván parece tener menos control sobre la dosificación: aconseja entre cincuenta mililitros (alrededor de un vaso) y doscientos mililitros. Resulta aterrador imaginar una droga con ese tipo de variación en la dosis, aunque tiene sentido para una droga popular. Probablemente no haya mucha estandarización entre el tipo de personas que ahogan animales para consumirlos.

Iván también afirma que el brandi es claro. Eso contradice de la imagen del supuesto brebaje que se puede encontrar en Internet. Publicada por John Morris en 2000, muestra una salamandra de fuego suspendida en una botella de licor azul claro. John escribía en el *Daily*

Telegraph y mantuvo la columna *Grail Trail.* Viajó a Eslovenia y al parecer se topó con una botella de brandi:

> Tuve que pasar por una sucesión de contactos clandestinos y horas interminables en tabernas llenas de humo, en Skofja Loka, antes de llegar a lo que buscaba. Es mejor disfrutarlo a la manera local, bebiendo en el bosque, donde hay un montón de árboles de los que enamorarse. Buscar abiertamente el brebaje mágico no dará resultado, pero un desdeñoso agricultor local podría *encontrar* algo de material si el precio es adecuado.

Morris fijó el precio por botella entre veinticinco y treinta dólares, y menciona que el otoño, «justo antes de que la salamandra entre en hibernación», es el mejor momento para comprar una. También reitera la famosa afirmación de Ogorevc de que el aguardiente vuelve a los consumidores incontrolablemente lascivos:

> La carga erótica de la bebida es poderosa, pero tiende a ser indiscriminada en su objetivo, de modo que cualquier cosa en la naturaleza puede llegar a ser sexualmente atractivo... árboles, plantas, animales o incluso los seres humanos.

Dicho esto, Morris ofrece poco de lo que podríamos llamar testimonio personal sobre los efectos y de la droga y también da las gracias a Ogorevc por su ayuda para su artículo. Así que podemos contabilizar a la historia de Morris como otro grano en el montón del licor anfibio alucinógeno, aunque está lejos de tener un peso concluyente. Si esta bebida psicodélica, con reputación de folla-árboles, es tan solo una broma de Blaz Ogorevc, es muy posible que el señor Morris esté ayudando a apuntalarla.

Yo, al menos, he descubierto una web sobre derechos de los animales que se toma en serio la posibilidad de la existencia de aguardiente de salamandra. *Save the Salamanders* incluye al brandi de salamandra en la clasificación de amenaza seria para la subsistencia de las especies de salamandra. La web usa una imagen del artículo de Morris y contiene información que parece haber sido salido en su totalidad de la lectura de esa historia y sin haber hecho ninguna otra investigación.

> También capturan y matan salamandras para hacer brandi de salamandra, una bebida que contiene un cadáver de salamandra muerta en ella. Uno de los métodos crueles con los que se hace la bebida es arrojando a dos salamandras vivas a un barril de frutas en fermentación y dejarlas ahí un mes. Después, esa preparación se destila.

La refutación de la existencia del brandi de salamandra nos viene casi en exclusiva de un solo hombre: Miha Kozorog, profesor en la Universidad de Ljubljana. Es autor de dos artículos, uno de 2003, publicado por su facultad, y otro de 2014, publicado en el libro *Edible Identities: Food as Cultural Heritage*. Advirtió que el brandi de salamandra era bastante famoso en la cultura de la droga local y se marchó al campo, a tratar de encontrarlo.

Aunque sus descubrimientos apuntan en la dirección de que el brandi de salamandra es una bebida real, con larga tradición en Eslovenia, no tiene mucha reputación como alucinógeno. En vez de eso, el nombre se ha convertido en un alias para la bebida hecha por destiladores de aguardiente de garrafón que aumentan su producción añadiendo ingredientes dudosos. Cuando les preguntó a los destiladores locales sobre la bebida, sus respuestas fueron del tipo «siempre hemos sido fabricantes honrados de brandi» o «hacer brandi de salamandra es algo indigno».

Korozog resumió: «nadie menciona el brandi de salamandra en conexión con estados alterados de conciencia, sino tan solo con la fabricación fraudulenta. El término se utilizó cuando, tras beber ese brandi, se sintieron efectos muy negativos, tales como la parálisis parcial [que no un síntoma del consumo de alcohol] y enfermedad»

En otras palabras, hay una posibilidad muy real de que beber las mucosidades venenosas de una salamandra cause algún tipo de efecto paralizante, lo que puede sin duda alterar la naturaleza de cualquier bebida que produzcan. Pero la investigación de Korozog no hace probable que el mítico colocón erótico de Ogorev tuviese lugar.

Pero si Blaz Ogorevc y John Morris mienten, ¿por qué lo hacen? La única explicación que se me ocurre es la del orgullo nacional. Eslovenia es un pedazo pequeño y perdido del continente europeo. Un alucinógeno de efectos únicos es una cuestión de orgullo en ciertos círculos de la sociedad. Kozorog mismo observó que la droga es considerada como una parte del patrimonio nacional por algunos de sus compañeros.

> El brandi de salamandra resultaba atractivo porque era fresco, exótico y *nuestro.*

El asunto de la existencia del brandi de salamandra ha quedado muy en tela de juicio, pero no estaba del todo resuelto. Así que tuve que viajar yo mismo a Eslovenia y ver si podía solventar, de una u otra forma, este debate…

Buscando la verdad sobre el brandi de salamandra

Viajé a Eslovenia en agosto de 2015, a la capital Liubliana. Pasé varios días allí, deambulando por zonas de artistas y preguntando a jóvenes aficionados a los narcóticos si habían oído hablar del brandi de salamandra. La respuesta a esa pregunta era siempre sí, fuera porque habían leído el artículo de Blaz Ogorevc o porque habían oído discutir sobre ello a amigos en alguna fiesta. Solo encontré a un hombre de afirmaba haberlo probado: un joven estilista de una peluquería que nos contó que le habían pasado un poco en una fiesta. Afirmó que le colocó a lo grande, pero no quiso entrar en detalles.

Puede que estuviese mintiendo. Nadie más en Ljubljana afirmaba haber probado el brandi de salamandra. Aquí y allá me encontré con algunos que decían que un amigo lo había probado en una fiesta o que algo le había oído a un tío suyo. Intenté seguir todas esas pistas, pero ninguna me llevó a ninguna parte. Tras cuatro infructuosos días de búsqueda, decidí que tendría que aventurarme más a fondo en Eslovenia si quería desentrañar el misterio del brandi de salamandra.

Según Ogorevc, el centro de la producción del brandi de salamandra se encuentra en los pequeños pueblos y aldeas que rodean la ciudad de Skofja Loka. (Por suerte para Ogorevc, da la casualidad que Skofja Loka era también su ciudad natal.) Skofja Loka es el lugar más idílico en el que he estado. Es una pequeña aldea medieval rodeada de rotundas colinas y extensos bosques verdes. Existen muchas pequeñas tabernas y restaurantes en las que los lugareños se reúnen al final del día para beber cerveza local (Lasko) y coger las consabidas curdas.

Empleé la mayor parte del tiempo que pasé en Skofja Loka rondando por esos pequeños bares con la ayuda de mi traductor, Neza. La gente más joven con la que hablamos tenía poco que decir al respecto. Lo que sabían parecía sacado en exclusiva del artículo de Ogorevc; Muchos de ellos lo habían leído y el resto al menos había oído hablar de ello. Pero los lugareños de mayor edad tenían mucho más que contar. En primer lugar, aclararon que no era brandi de salamandra, sino schnapps de salamandra. El brandi no es una bebida popular entre los habitantes de las montañas y colinas de Eslovenia. A cambio la gente del interior tiene una tradición larga y sostenida de cerveza de schnapps. El schnapps destilado en casa es a la Eslovenia rural qué lo *White Ligthning*[48] es a Appalachia.

Un hombre con el que hablamos, Ystok, nos dijo que tuvo un restaurante en el cercano valle de Poljanska. Afirmaba que una ciudad en el valle, apodada «Culodelmundo» por todos los que no vivían allí, fue el centro de producción de schnapps de salamandra. Según él, Culodelmundo se había ganado su reputación por estar lleno de la clase de gañanes que uno podría esperar que se dedicasen a ahogar sala-

[48] También conocido como *Moonshine*, el típico güisqui destilado ilegalmente en zonas rural de EEUU.

mandras para pillarse un colocón barato. Ystok también nos avisó de que tendríamos problemas para encontrar cualquier tipo de schnapps de salamandra en estos días: Gracias a los impuestos del gobierno y las regulaciones sobre los alambiques grandes utilizados para hacer schnapps, era ilegal.

Ystok nos habló del método de producción del que había oído hablar, consistente en meter una salamandra viva en una pequeña caja cerrada (llamada el «sombrero») encima del alambique. El desafortunado anfibio moriría lentamente y sus venenos se hundirían en los schnapps. Al parecer, una salamandra contenía suficiente veneno para preparar de cuatro a cinco litros de schnapps. Describió la bebida resultante como «muy venenosa». Nos contó una historia (posiblemente apócrifa, aunque nunca se sabe) de un borracho local, un hombre que podía beberse como si tal cosa una botella de schnapps normal, que ya estaba LISTO con dos vasos de schnapps de salamandra. Ystok añadió: «Hay personas que lo llaman un sibaritismo, pero no lo es».

Neza y yo llevábamos conversando con Ystok unos veinte minutos, cuando varios de sus amigos, que andaban por la taberna, se dieron cuenta de lo que estábamos hablando. Les faltó tiempo para ofrecer sus propias opiniones sobre el schnapps de salamandra. Una persona nos dijo que, mientras que el schnapps normal se toma a menudo como digestivo (para «problemas estomacales») o se sirve como aperitivo antes de las comidas, el schnapps de salamandra se utilizó principalmente para «colocarse de verdad».

Algunas de las primeras personas a las que pregunté acerca del schnapps de salamandra, en Ljubljana y Skofja Loka, habían afirmado de manera categórica que era solo otro tipo de bebida alcohólica. Eso estaba en la línea de las conclusiones a las que llegó Miha Kozorog: algunos traficantes de alcohol infames añadían salamandras al brebaje buscando darle más fuerza, no un alucinógeno. Pero Ystok y sus compañeros estaban convencidos de que el schnapps de salamandra era una droga, y una potente de verdad. Me advirtieron en repetidas ocasiones acerca de que era «venenoso» y que debería rebajarlo con agua.

En general, las personas mayores a las que consulté estaban convencidas de que existía y se dividían en su opinión sobre si poseía o no cualidades alucinógenas. Los lugareños más jóvenes con los que hablé tan solo sabían que existía y, más o menos, repetían lo que habían leído en el artículo de Blaz Ogorevc, si es que tenían algo que decir. Esa noche, en otro pequeño bar en Skofja Loka, me encontre con varios hombres de mediana edad bebiendo juntos. Uno de ellos afirmó haber intentado elaborar el schnapps de salamandra por su cuenta. Apuntó que: «Se te va la cabeza cuando bebes eso». Estaba de acuerdo con la hipótesis de Ivan Valencic de que el schnapps de salamandra incluye algún tipo de agente paralízate que «le arrebata las piernas» al bebedor.

Me senté a beber con estos hombres durante un par de horas (uno de ellos era el dueño del bar, así que las cervezas eran gratis) y, tras cierto tiempo, el hombre que afirmaba haber probado schnapps de salamandra admitió que no estaba seguro de si había catado el verdadero brebaje. Pero tenía algunos parientes cerca, en una granja en las montañas, en el camino al pueblo de Culodelmundo, y nos dijo que allí sabrían más.

Así que, al día siguiente, salimos en el coche de Neza para Culodelmundo y alrededores, y paramos de camino en esta granja. Después de una de las mayores comilonas de mi vida (las palabras no pueden hacer justicia a la salchicha), entrevisté al viejo granjero. No sabía dónde encontrar schnapps de salamandra, pero me suministró algunas de las informaciones más precisas de todo el viaje. Según él, los schnapps de salamandra eran mucho más comunes justo después de la Segunda Guerra Mundial, cuando los tiempos eran duro y un buen colocón era algo difícil de conseguir.

Afirmó que el schnapps con salamandra tan solo te emborracha de verdad y te deja después con un terrible dolor de cabeza. Confirmó que tenía fama de «arrebatar las piernas» y nos habló de un borracho local que «bebió demasiado. . . estaba petrificado». Se trataba de una bebida amarga, en nada parecida a un schnapps normal. El viejo granjero también nos habló de otro método de elaboración de la cerveza:

Decapitar a salamandra para luego echar los schnapps calientes sobre la cabeza cortada. Eso tiene cierto sentido biológico: la salamandra de fuego tiene sus glándulas venenosas en la parte posterior de la cabeza.

Después del almuerzo y la entrevista, condujimos hacia el valle, en dirección al pueblo de Culodelmundo. Comenzó a llover con fuerza durante nuestro viaje y avanzamos con lentitud por los caminos sinuosos de montaña. En un momento dado, pasamos ante un anciano canoso que afilaba una guadaña, y Neza detuvo el coche para hablar con él. Resultó que tenía mucho que decir: era un admirador de Blaz Ogorevc y conocía el artículo original sobre el schnapps de salamandra. Pero también había vivido en la región toda su vida y había oído otra teoría sobre la bebida, que me resultó fascinante.

Al parecer, después de la Segunda Guerra Mundial, los destiladores locales comenzaron a usar una nueva levadura italiana que fermentaba más rápido. El nombre de la levadura era muy similar a la palabra eslovena para la salamandra, y ahí podría estar el origen del mito del schnapps de salamandra. Añadió que había oído a algunas personas hablar de la «mala reputación» de la bebida por sus propiedades alucinógenas. Lo mismo que nosotros, no parecía saber la verdad.

Tras conducir otra media hora, llegamos por fin a Culodelmundo. Era una ciudad sorprendentemente agradable, después de lo que el nombre nos había hecho esperar, pero no encontramos rastros del schnapps de salamandra. Un hombre con el que hablamos nos dijo que «la gente solía hablar mucho de eso, pero eso era antes». Paramos para tomarnos unas cervezas de consolación en un bar local, donde un hombre musculoso y cejijunto nos habló de un destilador de schnapps, en un pueblo próximo, que podría saber algo más sobre aquel brebaje cada vez más mítico.

Nos dirigimos a la destilería y, después de beber una copa deliciosa de schnapps de miel y otra terrible de schnapps de comino, comenzamos a hablar con los propietarios sobre schnapps de la variedad salamandrada. No lo elaboraban, por supuesto, pero sí apuntaron una nueva teoría sobre el origen de la bebida. Por lo que habían oído, las salamandras se sentían atraídas por el calor de los alambiques y acudían a ellos hasta que los fabricantes «comenzaron a añadirlas». Insistieron en que el schnapps de salamandra era la droga de una generación anterior y que «probablemente todos los que la habían bebido estaban ya muertos».

Y así mi viaje a Eslovenia tocó a su fin. Había reunido un montón de teorías fascinantes e historias contradictorias sobre el brandi/schnapps de salamandra. Pero en realidad no había encontrado ningún ejemplo de la propia bebida. La saga del alucinógeno basado en salamandras permanece inconclusa, tal vez para algún narcoarqueólogo atrevido del futuro. No me gusta terminar así, escribiendo tan solo otro capítulo en este dilatado misterio y no su solución definitiva.

Pero el libro tiene que terminar en alguna parte y aquí parece un momento tan bueno como cualquier otro. ¡Adiós!

...

¡Ja! Es una broma. Ese adiós fue una prueba y todos siguen leyendo. El hecho de que no pudiera encontrar ningún schnapps de salamandra en Eslovenia solo significaba que iba a tener que elaborar una partida yo mismo y probarla. En efecto, estoy a punto de enseñarles a...

Cómo hacer *schnapps* de salamandra sin crueldad

Es obvio que no estaba dispuesto a recrear el método «tradicional» de elaboración de schnapps de salamandra. No hay libro que merezca la pena torturar a un animalillo hasta la muerte. Pero, tras rumiar un poco el asunto, caí en la forma de cómo preparar mi propio schnapps de salamandra sin convertirme en un monstruo. Iba a necesitar:

Ingredientes

1 salamandra de fuego europea.

1 botella de licor (de schnapps, de brandi, de vodka... todo vale. En mi viaje a Eslovenia oía hablar de schnapps de todas clases, desde ciruelas a patatas.

1 caja de guantes de vinilo

1 tarro de cristal.

Instrucciones

En resumen, mi plan consistía en comprar una salamandra de fuego propia y extraer el veneno de sus glándulas sin matarla. Encontré una web que me enviaría a casa una salamandra de fuego y pedí una de inmediato. Le puse un nombre (Mitchfordson II, en honor a un colibrí enfermo al que había tratado de salvar a principios de año, sin lograrlo), le di una jaula y le concedí tres semanas para adaptarse a su nueva madriguera.

Magenta Vaughn

Una vez que estuvo completamente instalada, llegó la hora de ordeñarla. Compren guantes de vinilo para protegerse las manos, en caso de que sean alérgicos al látex. Realicé diez sesiones de ordeño en el transcurso de treinta días. Antes de nada, lavaba los guantes con agua destilada para minimizar las posibilidades de lastimar a mi pequeño amigo, luego lo sacaba de su jaula y masajeaba las glándulas venenosas de su nuca hasta que segregasen un poco.

En cuanto tenía veneno en los guantes, lo lavaba con vodka para que cayese en el tarro.

Magenta Vaughn

No diré que Mitchfordson II disfrutó siendo ordeñado para obtener su veneno, pero también no parecía demasiado estresado por ello. Su apetito no se resintió y, mientras escribo este libro, vive feliz en el terrario de mi oficina. Tras treinta días de recolección me encontré en posesión de unos 150 mililitros de schnapps de salamandra... quizá el primer schnapps de salamandra producido fuera de Eslovenia. Lo herví en la estufa unos minutos y luego lo volví a echar en el tarro.

Y ya no quedaba sino probarlo.

Resultados

Me bebí los 150 mililitros en unos veinte minutos. Inicialmente, no sentí nada que no fuese estar un poco bebido. Acabé el tarro y bien achispado, decidí que tocaba acostarse. No era una retirada borracha triunfal, ya que sentía que había fracasado a la hora de crear algo que no fuese un vaso de vodka turbio.

Y luego, como una hora más tarde, me levanté para ir a orinar. No es infrecuente que me ocurra cuando bebo y, por supuesto, esperaba que al saltar de la cama las piernas hicieran de piernas.

Casi me caí de culo.

Veamos, un lingotazo son unos 42 mililitros. Así que me bebí algo menos de cuatro veces esa cantidad en rápida sucesión: lo bastante para emborracharme, eso sí, pero seguro que no lo bastante como para dejarme tan desmañado una hora o así más tarde. Fui al baño, llegué como pude a la cocina, bebí un poco de agua y me fui de vuelta a dormir. Puede que fuese el vodka de salamandra, puede que estuviese más borracho de lo que había esperado.

Cuando me desperté a la mañana siguiente, todavía me sentía un poco extraño. Me dolía el estómago y me sentí algo mareado después de desayunar. Como a la hora de despertarme, estaba en una gasolinera llenando el depósito del coche, y entonces fui consciente de estar ido y confuso. Una taza de café no hizo desaparecer esas sensaciones; sentía el cuerpo extraño y estuve claramente falto de coordinación durante varias horas. No experimentaba ningún colocón erótico como indican las leyendas. Pero sentía menos firmes las piernas.

A partir de mis propias experiencias, creo que puedo afirmar concluyentemente que el schnapps de salamandra no es el alucinógeno poderoso que decía Blaz Ogorevc. No obstante, debo decir que la bebida parecía «dar más» de lo que dijo Miha Kozorog. No produjo una experiencia radicalmente diferente de la borrachera, pero es cierto que sentí sus efectos secundarios durante mucho más tiempo que con el alcohol normal.

En conclusión: mezclar veneno de salamandra con licor les joderá más que el segundo a palo seco. Pero no les hará joder con los árboles.

Conclusión

Así que, mi viaje a Eslovenia no resolvió el asunto del schnapps de salamandra. Tuve que hacer todo eso por mi cuenta. Pero terminé encontrándome con otro premio: vaso tras vaso de licor casero. Cuando la gente oía que estaba buscando schnapps de salamandra, no podían esperar a ofrecerme el schnapps que elaboraban ellos mismos.

La mayoría de los schnapps caseros eslovenos que probé no eran... excelentes. Pero eran completamente diferentes y las personas que traté eran apasionados devotos de licor que sus abuelos y los abuelos de estos habían preparado en una bañera y destilado en la cocina. Los schnapps eslovenos, así como el schnapps de salamandra, es lo que las personas que usan de forma innecesaria vocablos sofisticados llaman «droga autóctona». Porque autóctono justo significa que es una invención local y no importada de otro país y cultura.

Encontré mucha tradición de licores autóctonos cuando pasé por los estados balcánicos. En Serbia y Bosnia beben un aguardiente de frutas conocido como rakia. La gente hace rakia de peras, ciruelas, manzanas y en esencia cualquier cosa que fermente. Lo bebes de vasos de base ancha y cuello largo. Mi iniciación a la rakia fue en el apartamento de la prima de un amigo. Era rakia de la propia prima, hecha con ciruelas; tenía un sabor cálido, con un regusto como a azúcar quemado y humo. Tras varios vasos, sacó una cabeza de cabra de la nevera y comenzó a comer los sesos con una cuchara. Tuve la sensación de que para nadie en la habitación aquello era un viernes anómalo.

Estados Unidos no tiene muchas drogas autóctonas. Somos desde luego el país que hizo que famosas a sustancias como el LSD y la MDMA, y nos hemos convertido en el primer productor mundial de marihuana, pero nada de eso surgió aquí. En todos los países balcánicos, las personas brindan con rakia y la beben antes de las comidas como aperitivo o durante largas noches con los amigos. Pueden remontarse a siglos atrás y encontrar gente en los Balcanes elaborando y bebiendo rakia de la misma manera, y por las mismas razones.

Hoy en día, estamos inundados de cerveza y licores artesanales y de marihuana pija, pero todo eso es la punta de lanza de nuevas tradiciones. La Prohibición interrumpió las tradiciones etílicas de los Estados Unidos en la década de 1920, tanto que las cerveceras están produciendo cervezas de «pre prohibición» reproduciendo viejas recetas. La criminalización de la mayoría de los demás narcóticos ha limitado su capacidad de ganar peso cultural. Y eso es un problema.

En el capítulo 10, hablé de la capacidad del comportamiento ritual para limitar y moderar el uso de drogas. Cada vicio sobre el que he escrito sobre este libro surgió en forma de comportamiento ritual. El sarcasmo y el trolleo ofrecieron a nuestros antepasados un cauce para moderar los impulsos violentos de los jóvenes. La prostitución fue un día un sagrado deber religioso, territorio de los sacerdotes en lugar de los chulos.

Detrás de cada vicio existe un impulso. Podemos saciar esos impulsos de maneras que son saludables, que mejoran nuestra habilidad para enfrentarnos al mundo y que nos ayudan a crecer como personas. O podemos saciar esos impulsos de maneras que nos adormecen la percepción del mundo y nos alejan más y más profundamente de él. Mi esperanza es que este libro les haga ver el próximo cigarrillo que fumen, la próxima cerveza que beban, el siguiente lo que sea que se metan en una fiesta como algo más que un producto para consumir. Piensen en todo lo que hay detrás. Piensen en la suma de ingenio humano y de invención que tuvo que acumularse antes de que pudieran disfrutarlo con la misma facilidad y seguridad que ustedes.

Disfruten de tus vicios, pero respeten también.

Agradecimientos

Mi especial gratitud para mi prometida, Magenta, y a todos mis maravillosos amigos (en particular a Josh Sargent, David Bell y Brandon Rainboldt) que me dejaron probar recreaciones experimentales de drogas históricas en sus propios cuerpos. Siento lo de la estancia en el hospital, Dave.

Desde muy joven, Rebert Evans, fue consciente de que le gustaban más el sexo, las drogas y el *rock 'n roll* que el llevar corbata o el ir a diario a la oficina. Siempre consideró que estas aficiones le abocarían a una lucrativa carrera de mendigo o de traficante de drogas. Pero se dio otra posibilidad: escribir. Como editor de Cracked desde 2013, ha entrevistado desde trabajadores de burdeles en Nevada hasta milicianos ucranianos en el frente de su guerra civil. Actualmente vive en una casa fortificada en la costa noroeste del Pacífico y, de vez en cuando, en su coche.